U0919017

译林人文精选

10

阿列克西·德·托克维尔

[法国]

论美国的民主

曹冬雪 译

译林出版社

图书在版编目（CIP）数据

论美国的民主 /（法）阿列克西·德·托克维尔著；曹冬雪译．—南京：译林出版社，2019.2（2022.2重印）
（译林人文精选）
ISBN 978-7-5447-7445-1

Ⅰ.①论… Ⅱ.①阿… ②曹… Ⅲ.①民主-研究-美国 Ⅳ.①D771.209

中国版本图书馆 CIP 数据核字（2018）第 150872 号

论美国的民主 ［法国］阿列克西·德·托克维尔 / 著 曹冬雪 / 译

责任编辑 宋 旸
装帧设计 好谢翔工作室
校 对 蒋 燕
责任印制 单 莉

出版发行 译林出版社
地 址 南京市湖南路 1 号 A 楼
邮 箱 yilin@yilin.com
网 址 www.yilin.com
市场热线 025-86633278
排 版 南京展望文化发展有限公司
印 刷 江苏凤凰新华印务集团有限公司
开 本 880 毫米 ×1230 毫米 1/32
印 张 10
插 页 4
版 次 2019 年 2 月第 1 版
印 次 2022 年 2 月第 4 次印刷
书 号 ISBN 978-7-5447-7445-1
定 价 45.00 元

出版说明

托克维尔《论美国的民主》系政治学和社会学经典著作，至今仍具有深刻的现实意义，原书分上下两卷，篇幅较大，为方便中文读者阅读，我们特编选出版这个精粹本。

所选内容囊括了美国的地理环境、英裔移民的影响、美国的分权制度、联邦政府与各州政府的关系、政治社团的作用、美国联邦制的优点及与其他国家联邦制的比较，美国人的哲学观念、宗教思想、社会心理、民族性格，以及民主的弊端与可能导致的问题，等等，集中呈现了托克维尔对美国民主制度的观察与剖析，也体现了他本人对于国家制度和民主之路的探索与思考。

略去未选的则主要是偏重史实陈述、较为细碎繁琐、可读性稍欠的内容。如原书上卷第一部分第五章“在叙述联邦政府之前必须先研究各州的过去”和第八章“联邦宪法”等，就未全部收录，下卷的第一和第三部分涉及当时美国社会生活的诸多细节，亦未选入。此类内容今天或者已较为熟知，或者有众多的替代读物可供选择，故对于读者领会本书的主旨当不会有太大影响。

本书目录保留了原书章节次序，未做重新编排，以便读者明了所选和未选的内容。

由于水平所限，本书的编译难免存在疏漏与不足，欢迎读者批评指正。

托克维尔和他的“新政治科学”

王 焱

每个民族都有自己寻求自由的特殊道路。

——托克维尔

托克维尔是19世纪法国杰出的社会理论家。他的《论美国的民主》上部出版于1835年，下部出版于1840年。这部书在当年出版后获得了很大成功，托克维尔因此先后入选法国道德与政治科学院（Académie des Sciences Morales et Politiques）及法兰西学院（Académie Française）。但是在其后的一个多世纪，法国思想界却将这部书束之高阁，并没有给予应有的重视。倒是在美国，这部书自问世以来一直不断有人阅读。不过在美国人眼中，该书只是一位具有独特视角的外国旅行者对19世纪美国的观察与分析，而忽略了托克维尔这部作品所体现出的法国古典社会思想的整体传统的重要意义。在此期间，法国政治社会也深陷于大革命以后的动荡纷扰之中。

为什么这样一部重要的著作竟在法国知识界长期遭到冷遇呢？其重要原因盖在于托克维尔关于大革命的历史社会学分析。托克维尔采取的是一种独特的立场，不认为流行的意见就是真理。他既反对保守主义者对大革命的妖魔化，也反对激进主义左翼对大革命的神话化，从而揭示出大革命其实并不独特，它不过是法国历代君主制使命的一次性的、剧烈的完成。为此，他不得不同时两面作战，与上述两种意识形态化的观点展开论战。托克维尔的姨父、法国著名作家夏多布里昂曾经指出，由于托克维尔的这一揭示大大“限定了革命者的独特性”，因此“惹怒了所有的人”，结果托氏的著作被长期打入冷宫而无人问津。[1]但是一部具有深刻思想价值的著作，不会总是被偏见埋没。20世纪70年代末期，法国思想家雷蒙·阿隆写作了《托克维尔再发现》(*Tocqueville Retrouvé*)，呼吁法国学术界重视托克维尔思想遗产的重要意义，这才逐渐引起了知识界的深入思考。晚近二三十年，托克维尔及其思想在欧美学术界得到了普遍的重视。

一、托克维尔为何舍近求远，不去英国而远赴美国考察？

托克维尔出身于诺曼底的一个贵族世家。曾外祖父马勒舍尔伯(Lamoignon de Malesherbes)是法国政坛和知识界的名流。父亲是查理十世宫廷的显贵。但是1830年法国爆发七月革命，查理十世逊位，路易·菲利普登上了王位，托克维尔的父亲因此失势，被剥夺了贵族身份。迫于时势，托克维尔在当年8月和10月两次对新朝宣誓效忠。当时法国政坛派系林立，政局动荡不安，如果说七月革命让托克维尔真正认清了法国的结构保守主义的失灵，从而证明了近代条件下法国的“贵族不可能”，那么从长远看，民主的进程在法国是否具有希望呢？正是这一问题

1 参见《反现代派》，贡巴尼翁著，郭宏安译，三联书店，2009年，第87页。

意识，让他萌发了去北美新大陆考察的愿望。

托克维尔与他的朋友博蒙一道，于1831年5月抵达美国，1832年2月离开，在美国考察了十个月左右。而这次考察的成果就是《论美国的民主》。

托克维尔为何舍近求远，不去英国考察而远赴美国？他在参政时确实曾经反对与英国结盟，但这只是出于法国国家利益的考虑。对于当时英国的君主立宪政治和自由传统，托克维尔是非常了解和钦羡的，更何况他的妻子就是一位英国女性。1833年、1835年和1857年，托克维尔曾经三次访问英国，在这方面，他留下了很多书信和札记；其间，他还与以写作《论自由》而知名的自由主义思想家密尔（J.S.Mill）结成了密友。自1830年法国七月革命奥尔良家族登基以后，托克维尔的思想观点发生了一个重大的转变。他认为，在拿破仑战败被放逐以后，欧洲各国君主采取的一系列复辟政策并不能挽救旧制度的危机。从社会演进的角度来看，英国政坛尽管相对平稳，但是所代表的仍然是旧的贵族政治，代表了欧洲陈旧世界的社会建制。他认为，"英国贵族的权力，每天都在缩小疆域……本世纪是彻底民主的世纪。民主就像涨潮的大海，它后退只是为了更有力地推进。经过一段时间后人们会发现，它在波涛中不断地扩大地盘。欧洲社会不久的未来，将会是完全民主的社会"。[1]既然如此，英国对于法国的未来而言，还能有什么样的参照意义呢？

尽管在托克维尔所处的时代，法国还处在革命与复辟交替循环的动荡时期，而同时代的英国社会却似乎一枝独秀，波澜不惊，然而在托克维尔看来，英国却并不值得法国人效仿。他认为，以大革命作为世界历史的新标志，法国在世界上代表了民

1 *Oeuvres complètes de Tocqueville*, ed. J. P. Mayer, Paris, Gallimard, 1957, Tome V, II, p. 37.

主、平等这些新的现代价值的担当者，体现了一种逻辑上必然的、普遍的自由思想，负有在世界上捍卫自由民主体制的责任。而像英国那种贵族化的自由，由于它的特殊性，导致英国人往往只关心自身的商业利益和国家的霸权扩张。因此，他认为，英国的经验能够为包括法国在内的欧陆国家借鉴之处甚少。因为如果革命意味着猛烈的急剧的变化，那么革命在英国还时机未到；但是如果革命是指法律的重大变化、一种社会转型、以一种支配原则取代另一种，那么英国无疑已经处在革命当中了，因为曾经是其政体根本原则的贵族原则正日趋没落，而民主原则很可能将取而代之。更重要的是，由于社会民主（平等化）的变迁不可逆转，侈谈英国式的贵族自由主义对于革命后法国的社会现实，也是根本于事无补的。

在托克维尔看来，美国是一个移民国家，没有类似欧洲贵族的社会等级结构，是一个先天平等的社会。在《论美国的民主》的“绪论”中，托克维尔指出，美国最突出的特质就是“身份平等的社会状况”在该国已经得到最大程度的发展。在欧洲，这些特质尚处于展开的过程中。他认为经过大革命风暴，法美两国的社会平等程度正在逐渐趋同，因而他特别有兴趣了解，这给现代世界带来了什么样的结果。他意图通过对美国的考察，来对北美这一新兴民主制社会和老欧洲的贵族制之后的社会这样两种社会进行比较研究，比较它们的社会政治结构以及可以预见的未来。既然欧洲迟早会走向如同美国那样的完全平等的状态，那么研究美国，同时也就是研究法国乃至欧洲的未来。

二、“贵族不可能”与“民主没希望”

托克维尔考察美国并不是对北美新大陆的异域风情感兴

趣，他在考察中屐痕处处、念兹在兹的依然是他的祖国法兰西。

正如托克维尔的研究者们已经注意到的，《论美国的民主》一书，其上卷与下卷不但主题不同，而且两者在内容上也存在着深刻的差异。上卷的主要担忧是社会平等化的演进可能带来多数的暴政；而下卷却为欧洲的官僚专制作为一种柔性专制主义（despotisme mou），导致民众对于政治的日益冷漠而忧心忡忡；上卷只担心一个过分强大的议会可能带来“议会专制”；而下卷担忧的却是现代社会中的平等扩张最终有可能会压倒自由。一般而言，下卷的理论性更强，目前更受欧美思想界的重视。

同一本书的上卷与下卷之间，之所以会出现如此巨大的差异，并不在于美国这一认知对象有何变化，而关键在于托克维尔对法国社会的时代状况和困境的认识不断深化。

在托克维尔生活的时代，疾风暴雨般的大革命已经成为既往。法国政治社会的建设却还远远没有完成，依然陷于动荡之中。托克维尔在《论美国的民主》第十二版序言中说：“战士之后便是立法者。战士志在破坏，立法者专于建设，但两者都有功劳。”在托氏看来，对于后大革命时期的社会思想而言，应当主要致力的无疑是政治社会的重建。

在托克维尔所处的时代，人们普遍认为，一个国家要想实现宪政法治，没有贵族阶层是难以实现的。“欧洲的宪政主义是从建立在公认的社会等级（皇室、贵族、平民）之上的混合政体中逐步演化出来。18世纪以前，大多数人认为宪政主义取决于这些等级的存在。”[1]然而法国大革命的风暴却已将贵族阶层连根拔除。托克维尔回溯法国大革命的进程时说，“法国的民主由着性子向前冲，为了摆脱羁绊，它将途中遇到的一切都掀翻在地，

1 《自由民主与政治学》，詹姆斯·W.西瑟著，竺乾威译，上海人民出版社，1998年，第9页。

不能摧毁的则动摇之。它并不是一步步占领社会，从而和平地建立起自己的帝国，而是始终带着混乱和骚动，以战斗的姿态前进"(《论美国的民主》，第11页)。而对比于美国，"我所谈论的这场社会大革命……似乎达到了它的自然极限"，但"我也绝不认为，美国人设计的政府体制是民主的唯一实现形式"，"我们可以怀着极大的兴趣来了解同一基础在两国结出的果实有何不同"(《论美国的民主》，第14页)。这意味着，托克维尔远赴美国考察，是要力图解决大革命后的法国社会"贵族不可能"与"民主没希望"的两难困境。托克维尔的这一问题意识，后来被当代法国研究大革命史学的权威傅勒(F. Furet)进一步解释为："18世纪的法国太民主了[1]，无法保留贵族的东西；太贵族了[2]，无法拥有民主的东西。"[3]贵族为何不再可能？民主因何没有希望？怎样走出法国后革命时期的社会困境呢？

在托克维尔那里，"民主"(démocratie)这一用语与现代政治学的狭义民主概念并不同义。在很多时候，其含义就是"社会状况的平等"(l'égalité des conditions，法语condition这个名词有条件、状况、身份等含义，也有人将这个词组翻译成为"条件的平等")。正如英国政治学家拉斯基在为《论美国的民主》所写的《导言》中所指出的，托克维尔"基本上是把'民主'这个词看成是社会的各个方面走向平等的趋势的同义语，认为这个趋势是法国大革命的最重要的和最不可逆转的结果……他还用这个词指普选，指社会日益走向可以清扫一切特权，而主要是可以清扫政治制度方面的一切特权的平等的演变"。由此可知，在很大程度上，本书的书名*De la Démocratie en Amérique*，也可

---

1 指大革命之后社会状况的平等化。

2 指大革命后的法国社会中公务员阶层的倨傲自大。

3 《思考法国大革命》，弗朗索瓦·傅勒著，孟明译，三联书店，2005年，第217页。

理解为“平等(的社会状况)在美国”。

在托克维尔的词典中,所谓“民主”,并不都是指我们现在所说的通过选举更换领导人或者公民参与政治的制度机制。有时候他使用狭义的民主,指的确实是政治民主;更多的时候则用“民主”一词来指称历史结构性演变的客观趋势与力量,正是这种力量在历史的演进过程中不断使人们趋于**同质化**和**相似化**,在这种意义上,民主意味着公民在法权方面的平等地位。

对于托克维尔说来,现代与古代的一个本质性的差异就在于,在现代社会中,少数人已经再也无法以他们自己的名义拒绝大多数人与他们相似。这是“社会状况的平等”的重要含义之一。尽管传统主义者力图复辟依赖等级特权为治的贵族制时代,但是社会结构的巨大变化,让往昔用以维系等级特权的那些社会条件一去不复返了,因而想要重建贵族等级制度的人已经根本无法证明自己的正当性。这也是处在民主时代的传统主义者最大的悖论。在这样一个时代,“公务员贵族”意图享有老贵族原先享有的那些特权,但却找不到昔日贵族依赖自然秩序所享有的正当性,而且也不可能找回往昔贵族阶层所具有的高贵气质与社会担当。贵族依托的毕竟是自然秩序所形成的文化等级,而现代的公务员依赖的却是人为建构的秩序中的科层等级,后者所享有的特权与地位,除了权力之外没有任何政治文化可依傍。中古时代的贵族可以延续数代,但现代的公务员一旦失去权力就一无所有。如果是在一个人治的社会里,那其实除了短期的政治势利带来的虚荣外别无其他。

大革命以后的法国社会,尽管实际的状况并非完全平等,但是革命所带来的政治文化的巨变之一,就在于一种“想象的平等”(l'égalité imaginaire)日益深入法国社会的政教习俗当中。这种仅仅是“想象的平等”,在托克维尔看来,却要比人类状况的实际不平等更为重要，因为想象的平等使人想起所有等级关系或所有不平等的偶然性、人为性。在现代社会中，单单是这种"想象的平等就让所有的不平等成为非法"。不仅如此，"在现代社会起作用的社会状况的平等本身，就是使新的平等要求不断产生的一个动因"[1]。社会状况同质化的潮流一浪高过一浪，成为推进社会平等发展的强大动力。美国之行让托克维尔认识到，"社会状况平等的逐步发展，是势所必至，天意使然"。"想要阻止民主就是抗拒上帝本身，各个民族只有顺应上苍给他们安排的社会状况。"

贵族制和民主制的二元对立结构，是托克维尔社会思想具有根本性的主要社会范畴。他视民主制取代贵族制为法国大革命代表的现代性出场给世界带来的最大变化，影响和支配着包括政治制度在内的现代社会生活的各个方面。这意味着民主首先是一种社会状况。不管我们是否喜欢，民主已经是给定的客观事实，政治的上层结构是否能够与其社会状况的基础相适应，则是执政者能否顺应社会变化趋势、掌握政治主动权的关键所在。

但近代社会的演进，不仅仅带来平等，这一社会状况的巨大改变也与自由价值形成了高度的紧张关系。这是因为平等虽然给这个世界带来了重大的利益，但也使人们养成了一些极其危险的性格，它使人与人彼此孤立，使每一个人只顾到自己，使人的心灵过分向往物质的满足，致使社会到处弥漫着利己主义的思维。

大革命本来是穿着古罗马人的衣服，要求重建罗马那样的共和国式的政治共同体，但它在摧毁贵族阶层的同时，将已有的

---

1 *Essai sur les libertés*, Raymond Aron, Hachette, 1998, p. 9.

民间社会一并连根拔除，由于革命暴力铲除了一切社会的中间性结构，尽管平等使大家的处境相同，但彼此之间却失去了联系。专制使人变成一粒粒散沙，身份平等而缺乏自由的一个关键后果，就是社会生活朝向“过度私人化”发展。在这种社会中的个人龟缩在属于一己的私人领域的螺蛳壳里，只关心私人事务，结果又反过来加速了残存的政治自由的消解。托克维尔对此深感遗憾：“我看着芸芸众生全是一副相似的面孔，没有出类拔萃之人，亦无愚昧落后之徒。这番整齐划一的景象真使我感到悲凉，我几乎要怀念那一去不复返的社会。”（《论美国的民主》，第293页）由于法国人过度沉迷在私人领域里，过度考虑私人利益，社会的政治性和公共领域就消失了，社会成了“碎片社会”、“散沙社会”（société en poussière）。

社会中间力量的消失、地方自治的瓦解，导致法国中央集权的行政权力不断扩张，“他用那些琐碎、复杂、详尽、统一的规章制度交织成一张大网，即使最有才华、最坚强的人都无法挣脱这张大网，从人群中脱颖而出。他不摧毁公民的意志，但是会软化、弯曲、领导他们的意志。他不强迫公民去行动，但是会不停反对公民的行动。他不去破坏什么，但是阻止新事物诞生。他不暴戾，但是让人觉得不舒服、不自在、不愉快。他使人消沉，使人愚笨”（《论美国的民主》，第280页）。在这样一个人人都蜷缩在私人领域之中，只顾自己发财的原子化社会（société atomique）里，政治民主是根本无力实现的。

托克维尔考察美国，正是为了从中觇知革命后的法国政治社会的前景和命运。托克维尔认为，必须把美国的政府形式，与旧制度末期的法国政治结构，以及从革命中诞生出来的法国政治结构，进行一番比较研究。在他看来，法国的历史道路，并不像革命者想象的那样独特，也不像保守主义者想象的那样黑暗，不过意味着一种进入民主时代的特殊方式。所以，其实"即使没有这场革命，革命所做的一切也会产生，对此，我深信不疑；革命只不过是一个暴烈迅猛的过程，借此人们使**政治状况**适应**社会状况**，使**事实**适应**思想**，使**法律**适应**风习**"(《旧制度与大革命》，第311页)。

托克维尔在实地考察美国的经验中，发现了维系美国政治社会完善运作的三项主要因素：一是自然环境与资源；二是典章制度，包括政府机构组织与宪政法治；三是政教习俗[1]。三者之中，尤以政教习俗最为重要。它指称的是一个社会所共同遵循的价值规范与一般心理习惯。作为社会状况的主要构成部分，"尽管最幸运的地理环境和最好的法律并不能够维持一种政体，但政教习俗却能够将即使最不利的环境和最糟糕的法律转变为有利的条件"。

美国的政治社会运作给予托克维尔的启示有哪些呢？

在考察美国的行程中，托克维尔从政治社会的制度和政教习俗两个方面发现了矫正民主时代的社会弊端的经验。在政治社会的制度层面，托克维尔发现了美国实行联邦制度的优越性，认为这种制度既融合了大共和国的力量，又保持了小共和国有利于民众自由的好处，实现了中央集权与地方自治的相容兼顾。在联邦制度之下的中央政府，既能够代表国家处理对外事务，又可以对内规划政令法令；而各个州政府对联邦政府也可以行使监督与牵制，从而最终让各州的地方行政机关与民众依然保有高度的自主性。所以他赞扬这一制度"乃是最有利于人类繁荣与自由的一种结合"。

---

1 Moeurs et coutumes，过去一般直译为"风尚与习俗"，这里笔者采用自己的译法。

托克维尔同时也高度赞扬美国发端于新英格兰地区的乡镇自治制度与精神。他认为,这一自治制度既是美国政治生活的起点,同时也分散了中央权力,形成了抵御联邦政府恶政恶法的一道有效屏障。更为重要的是,在美国,法官与律师等法律人群成为取代老欧洲贵族阶层的中间群体的角色。这一群体重视公共秩序、爱好和平与稳定的保守习性抑制了平等社会中大众的激情,成为稳定社会的中坚力量。托克维尔也赞赏美国法律实行的陪审团制度,因为在公民轮流参与审判的过程中,能够将法律的精神内化到民众的意识之中,形成良好的政教习俗,因此,他高度赞赏美国法治中的陪审团制度,认为其作为公民自由民主学校的积极意义,远远超过了其所具有的司法功能,公民通过这一制度与过程得到了免费的公民教育。美国之行对托克维尔最大的收获乃是让他认识到"在民主的国度中,结社的学问乃是学术之母"。在美国社会中,公民自愿组成的社团遍地发育,"公民的自由联合取代了旧欧洲贵族阶层的个人权威,避免了政治上的暴政和专横"。这就重建了现代民主社会中的"中间权力"(pouvoirs intermédiares)。

当然,在考察中托克维尔对美国的批判性审视,在本书中也不在少数。在他看来,考察美国并不是要让法国照搬美国的政治法律制度,他特别强调:"我们所要引以为鉴的是法制的原则,而非法制的细节。"他想要探求的,是现代政治社会共通的深层原理。

通过对于美国社会的考察,托克维尔进一步认识到:"在我们即将进入的这个时代,……任何想要将统治权赋予和保留给唯一一个阶级的企图都会失败。如今没有哪个统治者能够精明强大到通过在臣民中间建立永久的差别来建立专制……问题不在于重建一个贵族社会,而是在上帝让我们生活的这个民主社

会内部发掘自由。"(《论美国的民主》,第283页)

三、社会理论的政治之维

托克维尔在《论美国的民主》一书中特别强调指出,在贵族制消亡之后的现代社会,人类面对的是一个全新的世界,而"一个全新的世界需要一门新的政治科学"。那么这个所谓的"全新的世界"究竟"新"在哪里?而这种所谓"新的政治科学"究竟又"新"在何处呢?

在托克维尔的视野中,这个"全新的世界"新就新在它以民主制取代了贵族制。这一社会变迁之所以具有根本性,在于它不仅仅只是一种政治上的民主制,而且是一种社会状况;不仅意味着社会文化和经济结构方面的民主制,并且包含着整个社会意识对于民主制的充分接纳。现代性的挑战让人与社会的问题,成为具有根本性的问题。不仅政治结构要服从这一社会状况,事实也要适应思想的这一变化,法律更要服从政教习俗的这一巨变。在托克维尔看来,如果无视革命前后的这一重要社会变化,希图原样搬用君主绝对主义时期的政制,或者复辟等级为治的贵族特权制度,都不仅是不明智的,而且也注定是要失败的。

如此一个全新的世界,是古人未曾梦到的。托克维尔指出:"人是相似的,生下来就对自由拥有同等的权利,这本是一个极其一般而且同时又是极其简单的道理。但是,罗马和希腊的最精明最博学的天才,从未达到这样的思想境界。他们试图以种种办法证明,奴隶制度是合乎自然的,并且将永远存在下去。"由此可见,他并不是美国政治哲学界施特劳斯学派塑造的那个在古今之争中站在保守立场上的人物,也根本不持有传统主义的立场。在他看来,古代民主与现代民主并不同质。因此，与古典哲学家刻意贬低古代民主制不同，他的“新的政治科学”，不是要回到亚里士多德开创的古典政治学。托克维尔在自己的著作中，不仅很少论及古典政治哲学的影响，而且他特别强调，古典哲学家的重大缺陷在于缺乏一种能够包容所有人类个体，并无视其特定地位的一般的人类思想。

托克维尔的新政治学，也不是法国启蒙学派主张的那种唯理主义政治学。在托克维尔看来，启蒙主义强调个人的平等与自由，顺应了天意，但在启蒙哲学思想指引下的社会观念，乃是由原子化的个人集结而成的一种“单纯、齐一、连贯、平等而理性的社会观”。这种观念企图仅仅根据一些简单的理性原则重新设计与构造社会，在托氏看来，这只是体现了一种理性的傲慢与偏见。

托克维尔以“后革命时期的社会理论家”自居。他的新政治学，是要开创社会理论的政治之维。社会理论是近代社会的一项知识成就。一般而言，社会理论具有三个特征：一是试图把社会当成一个整体来理解（而非某种特定的政治形式），政治、经济、社会、文化四个子系统关联互动；二是区分不同类型的社会并加以一般化；三是特别关注分析现代性。英美的政治哲学家往往以一种规范性政治理论来看待托克维尔的政治学，这一类型的政治理论偏爱用抽象的思辨方法来界定诸如自由、民主等概念。但托克维尔作为一个社会思想家，是反对纯粹依赖概念的推导来建构抽象理论的。

托克维尔的“新政治科学”将民主制与贵族制的对立作为自身社会理论的中心性范畴，而社会理论的政治之维，正是要回应这一根本问题。这也就是他说的“政治世界正在变化，今后必须寻找新的方法去解决新问题”（《论美国的民主》，第290页）。“因此，应当警惕用从前社会留下的观念来判断正在产生的社会。这是不公正的，因为这两种社会截然不同，是不可比较的。”(《论美国的民主》，第294页)这是古典哲学家所从未有过的社会学视角，而托尔维克的新政治学就是强调政体的选择必须要适应社会状况的古今之变。

就学术路径而言，托克维尔更多取径于近代社会理论的创始人孟德斯鸠。正如西方有论者指出的，法国启蒙运动的“原子论个人主义”妨碍了孟德斯鸠社会理论观念的发展，是托克维尔超越了启蒙主义而遥遥上承了这一社会理论观念，并将其重新发扬光大。同时也实现了从孟德斯鸠的贵族自由主义，经卢梭的平等论转向，再到托克维尔的自由民主主义的转换，从而使法国古典社会思想传统获得了新的意义。

在《论美国的民主》的结尾，托克维尔说，“上帝创造的人类既不完全独立，也不完全是奴隶。上帝确实在每个人四周划了一个命定的范围，没有人能越界。但是，在这界限以内还有广阔的空间，在这空间里，人是强大而自由的。一个民族也是如此。当今各国不可能再让自己的国民身份不平等。但是，平等将导向奴役还是自由，开化还是野蛮，繁荣还是贫困，则取决于各国自身了”(《论美国的民主》，第295页)。

在托克维尔那里，平等(民主)并非全然属于理想的社会愿景，而是人类社会不可抗拒的一种历史发展趋势。旧时代的君主和老贵族固然抵挡不住这一趋势，新的资产阶级对此的抵抗最终也必将归于徒劳。在他看来，未来的岁月里，人们只有两种前景可以选择：是“宰制之下的平等”，还是“自由之中的平等”？

目　录

上　卷

下　卷

上　卷

绪 论

在美国考察期间，诸多新事物吸引了我的目光，其中最令我感到震撼的是身份平等。我毫不费力地发现身份平等这一事实对整个社会的运行产生了深刻的影响：它引导公众舆论，确定法律方针，赋予政府全新的指导思想，培养民众特殊的风俗习惯。

不久我发现这一事实的影响远不局限于政治与法律领域，它以支配政府的力度同样支配着市民社会：它创造舆论，催生情感，移风易俗，修正一切与其相违之事。

如此，随着我对美国社会研究的逐步深入，我越发觉得一切个别现象均源于身份平等这一事实，它就像一个中心点，汇聚了我对美国的诸般观察。

接着，我的思绪飘至我们这个半球，我似乎从中辨认出某种类似于新大陆所展现的景象。我看到，身份平等虽不像在美国那样达到极限，却也每日朝着这个方向发展。支配整个美国社会的民主，其力量好像在欧洲迅速壮大。

从这时起，我产生了写这本书的愿望。

一场宏伟的民主革命正在我们中间进行。每个人都在见证，却看法不一。有些人认为它新近出现，事发偶然，尚可遏制；而一些人却断定它不可阻挡，因为在他们看来，这是历史上已知的最持久、最古老和最经常发生的现象。

追忆七百年前的法国，那时，国家被少数家族瓜分，他们拥有土地，统治居民，统治权随着遗产的继承世代相传。人对付人的手段只有一个，那就是权力，而权势的根源只有一个，那就是地产。

接着教士开始拥有并扩张其政治权力。教会向所有人敞开大门，无论财产多寡，出身高低，是平民还是领主，皆可领受神职。通过教会的渠道，平等开始渗入政权。注定一辈子要受奴役、生活不见天日的农奴，一朝成为教士，便跻身贵族之列，与其平起平坐，甚至经常凌驾于国君之上。

随着时间的推移，社会渐趋文明与稳定，人际关系变得复杂多样。社会表现出对民法的急切需求，于是法律顾问应运而生。他们走出阴森的法庭和积尘的办公室，出入王公贵族之家，结交披裘佩剑的领主男爵。

国王因好大喜功而濒临破产，贵族在彼此争斗中大伤元气，而平民则通过商贸经营发家致富。在国家事务中，人们渐渐感觉到金钱的影响力。商业成为权力的新来源，金融家作为一股政治力量，既遭人鄙视又受人逢迎。

启蒙之光渐渐普照大地，随之而来的是文学与艺术的觉醒。拥有才智成为获取成功的一大要素。科学变为一种统治方法，智力成为一种社会力量。文人开始参政。

随着通往权力大门的各种新途径不断涌现，家庭出身的价值不再那么受人重视。贵族头衔在11世纪乃无价之宝，而到了13世纪用钱就可以买到了。第一次出售贵族头衔发生在1270年。平等终于被引进政府，而这是由贵族自身完成的。

在这七百年的历史中，为了与王室抗衡，为了削弱劲敌的实力，贵族将部分政治权力让渡给民众的现象时有发生。

更常见的则是，国王准许底层阶级参政，以降低贵族的地位。

在法国，国王表现得像是最积极、最坚定的平均主义者。野心勃勃、实力雄厚的国王，努力擢升平民地位以与贵族持平，而若国王性格温和、王权式微，则允许平民凌驾于自己之上。不同的国王，有些凭借才能，有些因其恶习，都在助长民主的力量。路易十一和路易十四小心翼翼地将御座之下的众生平等化，而路易十五最终跌下御座，带着他的宫廷湮灭在尘埃中。

一旦公民不再通过封建制度下的采地转让获取土地，而动产被视为能带来荣耀和权力的财富之后，艺术上的每一次创新、工商业的每一次进步，无不为人与人之间的平等创造新的条件。从这时起，所有新发现的工艺、新产生的需求、待满足的渴望，都推动了普遍的平等。对奢靡生活的向往、对战争的狂热爱好、对时尚的顶礼膜拜、人心最轻浮与最深沉的情感，似乎合力使得富人变穷，穷人变富。

自从知识可以创造权力和财富，我们发现科学的每一次发展，每一个新知识和新观念的产生，都蕴含了民众可以掌握的力量。诗意、口才、记忆、优雅的精神、熊熊燃烧的想象力、深邃的思维，所有这些得自上天的禀赋，都助长了民主，即使不幸落入民主之敌手中，也还是在为民主服务，因为它们凸显了人性的伟大。民主紧随文明与文化的发展脚步，拓展自己的疆界，而文学则成为所有人都能进出的军火库，弱者和穷人每日都来选取自己所需的武器。

翻阅历史这本皇皇巨著，可以说在这七百年间，找不到一件不促进平等的大事。

十字军东征和历次对英战争造成贵族数量锐减，土地流散；地方自治在封建君主政体中实现了民主自由；火器的发明使战场上的平民与贵族取得平等；印刷术向他们提供了相同的智力资源；邮政不仅将知识传至宫殿大门，也送抵茅屋柴扉；新教宣称所有人都能同样找到通往天堂的道路。美洲的发现，开辟了成千上万条致富新路，向那些寂寂无名的冒险家许诺财富与权力。

如果将从11世纪开始的每五十年作为一个考察期，我们不难发现，在每个周期结束之时，都会发生一场社会等级的双重革命：贵族地位下降，平民地位升高，一降一升。每过半个世纪，他们就彼此接近一分，在不久的将来，他们便要相遇了。

而这并不是法国独有的现象。无论面向何方，我们都能看到同样的革命在整个基督教世界中进行。

在各民族各地区不断见到促进民主的事件发生。人人都尽了力。这其中有人胸怀民主理想，也有人从不考虑为民主服务；有人为之奋斗，也有人宣称与之不共戴天。在一团混乱中，所有人被推上同一条道路，不管愿不愿意，无论知不知情，都合力促进着民主，盲目充当了上帝手中的工具。

因此，身份逐渐平等，乃天意使然，其发展过程具有如下特征：普世性、持续性、非人力所能掌控；一切事、一切人都在为平等的实现而服务。

认为一场源远流长的社会运动会被一代人的努力所阻挠，这明智吗？认为民主在摧毁了封建制、消灭了君主之后，会在资产者和富人面前却步，这可能吗？民主会因自身力量变得强大而对手变得弱小，就满意地偃旗息鼓吗？

我们将去往何方？还没有人能给出答案，因为无从对比，因为如今基督徒之间的身份平等达到了以往任何时期、任何地区所未能达到的程度，在这已取得的伟大成就基础上，很难展望如何取得新的进步。

我是怀着一种对上帝的敬畏之心写成这本书的。我看到这场不可逆转的革命穿越重重障碍,历经许多世纪走到今天,造成一堆堆废墟,而它在废墟之上继续前进。

上帝不必开口,我们就能发现显示他意志的明确征兆。要做到这一点,只需观察自然规律和历史趋势即可。造物主没有开口说话,我也可以知道星辰沿着他的手指画出的弧线在太空运行。

如果今天的人们凭借长期观察和认真思考,知道不管在过去还是未来,人类都在并且都将不断走向平等,那么仅凭这一发现,平等这一发展趋势就被赋予了天主意志的神圣性。因此,试图阻止民主进程似乎意味着反抗上帝本身,各民族只有审时度势,顺应上帝给他们安排的社会状况。

在我看来,当今信奉基督教的各民族陷入了一个可怕的局面。席卷他们的这场运动,力量强大,无法被遏制,但速度不够快,引导它仍有希望。各民族的命运仍掌握在自己手中,但为时不会太久了。

在如今这个时代,政治领导人的首要任务是:对民主加以引导,如有可能,重新唤起民主的宗教信仰,净化民主风尚;规范民主运动,逐步以科学的方法治理国家与社会,走出民主经验不足的局面,逐步认清民主的真正利益,克服民主的盲目本能;民主治理要结合具体的时空条件进行,在不同情况下,针对不同人群时,应灵活调整。

一个全新的世界,呼唤一门全新的政治科学。

然而,我们却几乎从不加以考虑。我们被扔进一条水流湍急的大河之中,却死死地盯着岸上依稀可见的残砖片瓦,急流席卷而来,把我们冲进深渊。

我在前文描述的伟大的社会革命,在欧洲任何国家都不曾像在法国那样迅猛激进,但法国的革命总是带有几分随意性。

国家首脑从不想为革命做任何准备，在他们不情愿或者不知不觉的情况下，革命就已经发生了。整个民族最有权势、最聪慧、最有道义的那些阶层，从未试图占据革命的指挥权以引导革命。民主因此陷入自身的盲目本能当中。它像那些缺少父母关爱的孩子一样成长，那些孩子成长于城市的街头巷尾，对社会的认知仅限于罪恶与苦难。等到民主突然攫取了权力，人们似乎还不知道它的存在。接着，无论它提出什么要求，人们都百依百顺，把它当作力量的象征而崇拜。到后来，民主因为自身举止的过分，力量有所减弱，立法者便拿出粗制滥造的法案来摧毁它，而非设法引导和纠正它。立法者不愿意教它治理国家的方法，而一门心思要将它挤出政府。

结果，民主革命在社会实体中发生了，可是法律、观念、习惯、风俗并没有发生必要的变化以使革命发挥有益的影响。如此，我们拥有了民主，却缺乏能减轻其弊端、发扬其固有长处的东西。我们已经看到民主带来的坏处，却仍然不清楚它可能带来的好处。

当王权依靠贵族阶级太平无事地统治欧洲各族之时，普罗大众过着悲惨的生活，但同时也还享受到一些我们今天难以想象和理解的幸福。

某些臣子拥有的权力有效抑制了君王的暴政；而在君王方面，由于他觉得自己在国民眼中具有神的光辉，且因此受到无上尊敬，他决意不滥用权力，以配得上这份尊敬。

贵族高高在上，关心人民的命运就像牧师关心信徒们的命运那样，亲切而冷静。他们并不认为穷苦百姓的地位和他们平等，之所以关心穷人的命运，是因为把穷人看作上帝交到他们手里，让他们看管的物品。

人民对于自己的社会处境从未有过非分之想，也不敢想象可以和主子平起平坐。他们接受主子的恩惠，对主子的特权从未有过异议。如果主子宽厚正直，他们就爱戴他；如果主子严苛无情，他们也能毫无怨言、毫不自卑地服从，把这样的统治看作上帝设下的劫难。此外，民风民情也限制了暴政的肆虐，为强权制定了某种律法。

贵族丝毫不曾想过他自认为合法的特权会遭人剥夺，农奴认为他的卑下地位符合不可动摇的自然秩序，因此人们觉得这两个命运悬殊的阶级，彼此之间可以建立起一种友善的关系。当时，社会充满着不平等与苦难，但人的灵魂却没有堕落。

造成人心堕落的，并非执政者行使权力而民众习惯服从，而是执政者行使了一种被视为非法的权力，民众服从于一种被他们视为篡夺和压迫的权力。

一边是一些人享受财富、权势、悠闲，并利用这些条件追求奢侈，提升品位，开发智力，欣赏艺术；而另一边，一些人整日劳作，粗野无知。

但就在这群粗野无知的人当中，你也能发现澎湃的激情，宽广的胸怀，虔诚的信仰和质朴的德行。

照这样组织起来的社会可能是一个稳定、强盛，尤其是伟大光荣的社会。

但现在社会等级被打乱，人与人之间高高的篱墙变矮了；分地，分权，文化普及，智力水平趋于平等，社会状况变得民主，最终不管在法律制度还是在民风民情方面，民主都稳稳地取得了统治权。

于是我设想这样一个社会：所有人都把法律视为自己的作品，因此心甘情愿地守法；政府的权威得到尊重，并非因为它神圣，而是出于必须。人们对政府首脑的爱戴不是一种狂热的个人崇拜，而是一种理性和平静的感情。人人都拥有一定的权利，而且相信权利得到保障，所以各阶层之间能够产生稳固的信任感和不卑不亢的相互尊敬。

人民一旦知晓自己的真正利益，就会明白，若要享用社会财富，必须承担个人义务。这样，公民自由联合将取代贵族的个人权威，而国家也会避免出现暴政和专制。

我认为，按照这种方式建立的民主国家，其社会绝不会停滞不前，社会本身的运动会有条不紊、循序渐进地向前发展。民主社会不比贵族社会富丽堂皇，却也少了很多苦难；没有那么多穷奢极欲，但人民的生活普遍改善；伟大的科学发现减少，但文盲率也在降低，情感不再那么狂热，而行为更加稳健；恶习增多而犯罪减少。

即使没有虔诚狂热的宗教信仰，知识与经验有时也能让公民做出巨大牺牲。每个人都同样脆弱，也都同样感到对他人的需要。一旦个人了解到，只有帮助别人才能获得别人的帮助，便不难发现，个人利益与集体利益密不可分。

整体而言，国家没有过于耀眼的外表，没有太多惊天动地的壮举，国力也许没有那么强盛，但是大部分公民的生活条件将得到改善，人民显得安详满足，倒不是因为他们对更好的生活不抱希望，而是因为他们知道自己已经生活得很好。

虽然在这样的秩序下，一切并非尽善尽美，但社会至少具备使事物变善变美的一切条件。人们推翻贵族制，便永久放弃了贵族社会的优点，但他们可以得到民主制带来的一切益处。

我们摆脱了祖先生活的社会状态，将他们的法律制度、思想观念、民风民情一股脑儿地抛在身后，可产生的空白，我们拿什么来填补呢?

神圣的王权不复存在，法律的威严又没有树立起来。当今民众蔑视权威，可又惧怕权威，因惧怕造成的损失，超过从前因尊敬和爱戴所得到的好处。

我注意到，人们已经摧毁了可以单独抵抗暴政的个体存在；我看到，政府单独继承了原本属于家庭、行会和个人的一切特权：从前由一小部分公民掌握着偶尔是压迫性的，更多时候是保守性的权力，而现在所有公民都变得弱小了。

财富的分割减少了贫富差距，但在彼此靠近的同时，他们似乎又找到新的理由互相仇恨，富人向穷人投去恐惧的目光，而穷人则嫉妒地看着富人。他们都想把对方挤出政权，都没有法律意识。对他们来说，似乎权力是现时存在唯一的理由，是未来唯一的保障。

穷人继承了父辈大部分偏见，却没有继承父辈的信仰；保留了父辈的无知，却没有保留父辈的美德。他们将利益至上作为自己的行动准则，却不明白取之有道，他们的利己主义跟从前的忠诚一样，都充满愚昧。

社会一片安宁，这并不是因为它意识到自己的强大和富足，相反，是因为它觉得自己衰弱无力，怕稍一折腾就断气了。每个人都感觉到痛苦，但是谁都缺乏必要的勇气和精力来改善局面。人们有过欲望、遗憾、忧伤和快乐，这些情感从不表现在脸上，也影响不了什么，只是在心头倏忽而过，就像垂暮之人内心涌起的冲动，最终总是化为无奈的叹息。

如此，我们放弃了旧制度优良的一面，而没有获得现行制度可能提供的好处。我们摧毁了一个贵族社会，在其留下的残垣断壁之间满意地止步，好像要把那儿当成永久的栖息地。

知识界的状况也同样令人扼腕。

法国的民主由着性子向前冲，为了摆脱羁绊，它将途中遇到的一切都掀翻在地，不能摧毁的则动摇之。它并不是一步步占领社会，从而和平地建立起自己的帝国，而是始终带着混乱和骚动，以战斗的姿态前进。人人都燃烧着斗争的热情，被对手的言论和暴行激怒之后，发表极端与反常的言论，这样做，便忘记了自己追求的目标，所持言论也违背了自己真正的感情和隐秘的内心。

由此出现了我们不愿见到的古怪的混乱局面。

我徒劳地回忆着，想不出还有什么比眼前发生的一切更能激起人的痛苦与怜悯之心。在我们这个时代，似乎人们割断了见解与趣味、行动与信仰之间的天然纽带，破坏了情与理自古以来的和谐，而且，有关道德的一切规范都好像被废止。

在今天，依然有很多虔诚的基督徒，以一颗宗教的心灵相信永生。这些人很可能为了人类的自由而奋斗，因为有了自由，道德才是伟大的。[1]基督教使得上帝面前人人平等，也愿意看到法律面前人人平等。但是，在很多奇怪事件同时并发的局势下，宗教暂时加入民主所要推翻的势力阵营内，不时反对它所热爱的平等，并且将自由作为敌人来诅咒；但如果宗教与自由携手，宗教本可以使得自由具有神圣的地位。

在这些宗教人士的身边，我还发现了其他人，他们的目光不是投向天空，而是投向大地。他们追求自由，不是因为将其视为高贵美德的根源，而主要是因为在他们看来，自由可以带来极大好处。他们真心诚意地希望自由取得胜利，希望人们得到自由带来的恩泽。我觉得这些人会迫切地请求宗教的援助，因为他们知道，没有道德的权威就没有自由的胜利，而没有宗教信仰则无法培养道德。但是他们看到宗教加入了敌方阵营，感到无法容忍，于是一些人攻击宗教，另一些人也不敢捍卫它了。

---

1 如果一切的善均是出自上帝的安排，而非出于人的自由意志的选择，那么人对上帝的服从与敬畏就失去了意义，因此说"有了自由，道德才是伟大的"。——译注

在过去几个世纪，一些容易出卖灵魂的小人极力鼓吹奴性，而一些有着独立思想、宽厚心地的人则绝望地为拯救人类自由而斗争。但是，在如今这个时代却经常可以见到，一些天性高贵骄傲的人发表与自己的趣味截然相反的见解，他们颂扬自己并不熟习的奴性和卑鄙。还有一些人，与此相反，大谈自由，好像真能感受自由的神圣和伟大似的，他们打着人道主义旗帜，热切地要求取得各项权利，可对权利的真正含义却总是一知半解。

我见到一些正直温和的人，由于纯洁的品行、稳健的作风、富裕的家境和渊博的学识而被推举为民众领袖。他们对祖国怀有赤子之心，时刻准备为祖国做出牺牲，但他们中间却时常出现文明的敌人。这些人将文明的弊端与益处混为一谈，在他们的脑中，凡新事物必有害。

我又见到一些人，以进步的名义将人物化，他们罔顾公正追求利益，脱离信仰发展科学，撇开道德享受生活。他们自诩为现代文明的捍卫者，高傲地以时代领袖自居，窃据了他们本不配拥有的位置。

那么，我们究竟走到了哪一步？

宗教人士与自由作战，爱好自由的人攻击宗教，高贵宽厚的人颂扬奴性，卑躬屈膝的奴才鼓吹独立，诚实开明的公民反对一切进步，而不爱国和无道德的人却以文明和开化的使徒自居！

难道以前所有的时代都跟我们这个时代相似？难道人们所见到的世界总是跟今天这个世界一样？在今天这个世界，一切都失去逻辑，有德者无才，有才者无名，将爱好秩序与忠于暴君混为一谈，将健康地崇尚自由等同于蔑视法律，人们的行为只披了一层若有若无的良知，没有什么是被禁止的，也没有什么是被允许的，没有什么是正直的，也没有什么是可耻的，就连真假，也是真亦假来假亦真。

难道要相信造物主创造人类，只是为了让人类深陷今天这样的精神泥沼，做无尽的挣扎？我不能相信。我认为上帝为欧洲社会准备了一个比较安定平静的未来。我不太清楚上帝的意图，但我不会因为不能深入了解就停止信任，我宁愿怀疑自己的头脑，也不愿怀疑上帝的公正。

我所谈论的这场社会大革命，在一个国家似乎达到了它的自然极限。这个国家简易地进行了革命，或者更确切地说，这个国家没有经历我们正在进行的民主革命，就取得了革命的成果。

17世纪初定居美洲的移民，从他们在欧洲旧社会所反对的一切原则中离析出民主原则，并把这一原则移植到新大陆的各条海岸。在那儿，民主原则自由成长，在与民风民情的共同前进中和平地发展成为法律。

我毫不怀疑，我们早晚也会跟美国人一样，几乎实现身份的完全平等。我并不能由此断言，我们一定会形成和美国人一样，从身份平等的社会状况引发的政治面貌。我也绝不认为，美国人设计的政府体制是民主的唯一实现形式。但是，既然两国法制民情产生的基础相同，我们就可以怀着极大的兴趣来了解同一基础在两国结出的果实有何不同。

因此，我去考察美国，并不仅仅是为了满足一种好奇心，当然，就算为了满足好奇心也是无可厚非的。我的目的，是想在美国发现我们可以借鉴的经验教训。如果谁以为我写这本书是为了颂扬美国，那他就大错特错了，只要读过这本书，就会知道这绝不是我的意图。我的写作也不是为了提倡某种广义的政府形式，因为我和很多人一样，不相信法律能体现绝对的善。我甚至不曾想要判断，这场在我看来势不可当的社会革命对人类究竟是幸还是不幸。我把这场革命看作已经或几乎已经完成的事实，在经历过革命的众民族中，我寻找那个革命进行得最完整、最和平的民族，用来认清革命的自然结果，并且，若有可能，认识能让革命造福于人类的方法。我承认，在美国我不止见到了美国，我要寻找的，是民主本身的样子，想要知道它的喜好、特点、偏见和激情。我想要认识民主，也只不过是为了至少可以知道它有什么值得我们期待，又有什么会让我们恐惧。

在这本书的第一部分，我着力展现，在美国几乎完全听任本能和喜好自由发展的民主自然而然赋予法律的方向，给政府打下的烙印，以及一般情况下它在国家和地方事务中发挥的巨大影响。我想要弄清民主导致的善与恶。我研究了美国人为了引导民主所采取的措施和遗漏的措施。我也试图分析民主统治社会的原因所在。

第二部分主要用来刻画身份平等在美国产生的影响，以及民主统治对市民社会，对其习俗、观念和道德风尚所产生的影响，但我现在对完成这一计划已经没有那么热心了。等到我完成自己规定的这项任务，我的写作已经失去了意义，因为另一位作者即将向读者描绘美国人性格的主要特点，他在一层似有若无的面纱下描绘了一幅严肃的图景，而且刻画事实真相的曼妙笔触实非我所能及。[1]

我不知道是否已经很好地传达了我在美国的见闻，但我可以肯定地说，我真心想要做到这一点，而且绝不有意让事实迁就观点，而是让观点服从事实。

凡是借助文字资料立论的地方，我都核对了原文，参考了最

---

1 在这本书初版之时，和我一同前往美国旅行的古斯塔夫·德·博蒙先生正在写作一部题为《玛丽或美国的奴隶制》的小说。博蒙先生写作这本书，是为了刻画和告诉大众黑人在英裔美国人社会的处境。他的著作将使人们对奴隶制问题有一个生动而崭新的认识，这个问题也是对合众国来说生死攸关的问题。我不知道我说的是否正确，但我觉得博蒙先生的著作不仅会引起想从书中看到动人画面和感人情节的读者的强烈兴趣，而且一定能在首先想要得到真实信息和深刻真理的读者中间获得更为稳固和更加持久的成功。

可靠、最出名的著作。[1]所有引用都一一注明出处，读者可以进行核对。凡涉及公众舆论、政治风气、社会观察等问题时，我都请教了最开明的人士。当涉及重大问题或一件事情存有疑问之时，我不仅仅满足于一个人的证言，而是在倾听了多个人的看法之后再做结论。

所以请读者务必相信我的话。我本可以引用权威人士或至少可以称为权威人士的人的名字来证明我的论点，但我没有这样做。外国人经常可以在主人的壁炉旁听到一些重要的内情。这些内情，主人也许都没有向亲友透露过。而和外国人在一起的时候，他终于可以松一口气，不必再保持沉默，因为就算外国人嘴巴不紧也没有关系，因为外国人很快就要离开。每当听到什么秘闻，我就立刻记下来，但是从未拿来到处传播。我宁愿自己的作品不那么成功，也不愿给热情招待过我的人带来悔意和尴尬。

我知道，尽管自己如履薄冰，但若有人想批评这本书，还是极其容易的。

我想，只要是仔细读过这本书的人，就一定能发现一个可以说是贯穿全书各个部分的主旨。不过，因为我所讨论的各具体问题之间差异较大，读者可以毫不费力地在一个孤立的事例与我举出的全部事例、一个孤立的观点和整体思想之间发现矛盾之处。所以我衷心希望，读者能怀着和我写作时同样的心情来阅读这本书，在通读全书得出一个整体印象后再对这本书做出

---

1 承蒙有关方面惠赠关于立法和行政方面的资料，我不胜感激。在热情帮助我考察的美国公务员当中，尤其要提到时任美国国务卿的爱德华·利文斯顿先生。他现在是美国驻巴黎全权大使。在我访问美国国会期间，利文斯顿先生向我惠赠了很多有关联邦政府的文件，其中大部分我都保存下来了。利文斯顿先生是少数我在认识本人之前就因其所写文字喜爱和尊敬的人士之一。承蒙关照，本人感激之至。

评价，就像我自己不是基于某一条理由，而是基于众多理由来做出判断的一样。

另外还不应忘记，作者为了得到理解，不得不给自己的每一个观点做出理论性的结论，这些结论经常接近谬误，或者根本不具实际操作性。人们行动的时候有时出于需要偏离逻辑，但发表言论的时候却不可以。要想说话不合逻辑，就跟做事具有逻辑一样难。

最后我还想指出一点，也许很多读者会将这一点作为本书最大的缺陷。那就是，这本书并非为了讨好任何人而作。写这本书的时候，我无意服务或攻击任何政党。我不想标新立异，只不过想比各政党看得更长远些。在各政党只为明日而奔忙之时，我已在遥想未来。

第一部分

第一章　北美的地貌

北美大陆具有一些明显的地貌特征，很容易就能辨识。

陆地和水系，山岳与河谷，一切都被布置得井井有条。虽是千姿百态，万象杂陈，却不乏简洁肃穆之美。

两大地区几乎各占北美的一半。

第一个地区北抵北极，东西濒临大洋。它向南伸展，形成一个三角形。三角形的两个不等边最后在加拿大五大湖区下方与底边相交。

第二个地区始于第一个地区的终点，包括大陆的所有其余部分。

第一个地区的陆地缓缓向北倾斜，坡度很小，几乎可以说是一片平原。在这片广袤的平地上，既无高山亦无深谷。

这里的水是散漫的水，到处流浪。大河之间分分合合，纠缠不休。它们会被无数沼泽牵绊，会在湿润的水系迷宫里失去方向，最终抵达北方的大海时，已是千回百转，历经曲折。欧洲的大多数湖泊都依偎于丘陵或巨石脚下，而北美这一地区的湖泊却并非如此：湖岸平缓，只比水面高出几英尺，看上去就像一只只盛满水的巨杯。些微的地壳运动就能使水流向北极或涌入热带海洋。

第二个地区虽然地势更加起伏，但更适合人类居住。两条大山脉矗立其中：一条名叫阿勒格尼山脉，它顺着大西洋海岸延伸；另一条（落基山脉）与南海（太平洋）平行。

两条山脉之间的面积为228 343平方里约[1]，约为法国面积的六倍[2]。

然而，这片广袤的大地只形成了一个河谷，这个河谷从阿勒格尼山脉的圆形顶峰而下，再逐渐往上爬，直至落基山脉的各个山巅，途中没有任何障碍。

河谷底部流淌着一条巨川，自群山而下的条条河流，从四面八方汇入其中。

从前法国人为了纪念远方的祖国，将这条巨川命名为圣路易河。而印第安人用他们夸张的语言，称其为"诸水之父"：密西西比河。

密西西比河发源于我在前面所说的两大地区的交界处，源头距分隔这两大地区的高原的最高点不远。

在这最高点附近，还流出另一条河[3]。那条河流向北极的海洋。而密西西比河却似乎有段时期对自己该走的道路不甚明确。它几次改道，只是在湖区和沼泽地带放缓了脚步之后才明确方向，缓缓流向南方。

密西西比河有时在大自然给它挖出的黏土质河床中静静流淌，有时随着暴雨而咆哮，它的总流程超过1 000里约[4]。

在离河口近600里约处[5]，平均水深已达15英尺。载重300吨的货船，可自河口上溯200里约左右。

---

1 1 341 649英里。见达比《美国概览》第449页，费城，1828年。我在把英里换算成里约时，是按照每里约等于2 000图瓦兹进行换算的。（里约和图瓦兹均为法国旧长度单位。1里约等于4公里，1图瓦兹相当于1.949米。——译注）

2 法国的面积为35 181平方里约。

3 鲁日河（红河）。

4 2 500英里，合1 032里约。见沃登译《美国概览》第1卷，第166页。

5 1 364英里，合563里约。

有57条可通航大河向它供水。据计算，在密西西比河的支流中，有一条长1 300里约[1]，一条长900里约[2]，一条长600里约[3]，一条长500里约[4]，四条长200里约[5]。至于四面八方汇入其中的小河更是不计其数。

密西西比河灌溉着河谷，而河谷似乎只为这条河而生。它赐予河谷丰饶，也不时带来水患，如神一般，一切凭其心意。在近河地区的大片沃野之上，大自然展现着无穷的生命力。距河岸越远，土地就越贫瘠，草木也就越稀疏，万物都呈现出荒凉衰败之象。地壳运动留下的痕迹，再没有哪处地方比密西西比河流域更明显的了。整个流域的地貌都是水流运动的结果。贫瘠也好，繁茂也好，都跟水息息相关。古代大洋的海水，在今日的谷底沉积下厚厚一层适于植被生长的沃土，而且在水退时将它冲得平平坦坦。河的右岸是一望无际的平原，像农民用磙子碾过的麦田一样平整。离山越近的地方就越崎岖和荒芜，大地看上去千疮百孔。地上耸立着原始的巨石，这儿一块、那儿一块，像一副尸骸残留下来的骨头，至于血肉早已被时光吞噬。地表是一层由花岗岩风化而成的沙子，镶嵌着一些形状不规则的岩石。 一些植物好不容易才穿越这重重障碍冒出幼芽。给人感觉曾经有一座宏伟的建筑倒塌于此，将碎石撒满一地，遮盖了原先的沃土。经过分析，不难发现这些岩石和沙子，在成分上与落基山嶙峋不毛的山顶上的沙石毫无二致。洪水在把泥土冲到谷底之后，毫无疑问又把一部分岩石从山上冲了下来。这些岩石

---

1 指密苏里河（1 278里约）。

2 指阿肯色河（877里约）。

3 指鲁日河（598里约）。

4 指俄亥俄河（490里约）。

5 指伊利诺伊河，圣皮埃尔河，圣弗兰西斯河，得梅因河。以上河流的长度，我是按照标准英里和每里约等于2 000图瓦兹换算的。

顺着最近的斜坡滚下来，你推我挤，最终停在原来所在的山巅的脚下。

总之，密西西比河河谷是上帝迄今为止给人准备的最好的居住之地。但在目前，它还是一片荒漠。

在阿勒格尼山东麓，位于山脚和大西洋之间的，是一条由岩石和沙子构成的狭长地带，似乎是大海退去时留下的。这个地带的平均宽度只有48里约[1]，长度却达390里约[2]。美洲大陆的这一部分土地，几乎不适合开垦。这里草木凋敝，种类单调。

正是这条荒瘠的海岸迎来了第一批开拓者。也正是在这一条狭长的不毛之地上，建立起了英属殖民地，这些殖民地逐渐壮大，成为日后的美利坚合众国。今天，实力的中心仍然在这里。但是在后方几乎悄悄地聚集起建立一个强大民族的有利因素，这个未来的强大民族也许要掌握整个大陆的命运。

当欧洲人先登上安的列斯（西印度）群岛的海岸，后又登上南美大陆之时，他们以为来到了诗人们吟咏的仙境。海面闪耀着热带光芒；海水清澈得使航海者第一次见到了海底。[3]小岛星罗棋布，散发着迷人的芳香，仿佛一只只花篮漂在静静的海面上。在这迷人的地方，目所能及的一切，似乎都是为了满足人的需要而准备的，或为了人的享乐而精心安排的。大部分树木都挂满了富有营养的果实，而一些不太能吃的果实则有着令人赏心悦目的绚丽色泽。在由芬芳的柠檬树、野生的无花果树、圆叶的桃金娘树、带刺的金合欢树和夹竹桃树汇成的丛林里，一条条

1　100英里。

2　约900英里。

3　马尔提—布伦在其《世界各洲地理概要》（1817年）第3卷第726页这样说道：安的列斯群岛的海水清澈得可以看见水下60米的珊瑚和鱼类。船只好像浮在空中。透过透明液体俯视海底公园，航海者会感到眩晕。在这个海底公园内，五光十色的贝类和鱼类，在黑角藻簇和海带丛中闪闪发光。

缀满鲜花的野藤把所有的树木都缠绕起来，一群群在欧洲见不到的飞鸟在阳光下炫耀其绛红色和天蓝色的华丽羽衣，啁啾鸟鸣汇入万籁之声，奏响一曲欢腾热烈的天地大合奏。

在这辉煌的外表下隐藏着死亡，但人们当时并未察觉到。这种自然环境对人产生一种我说不出的刺激作用，能使人沉湎于现时而完全不考虑未来。

北美的情形与此不同。在北美，一切都是严肃、郑重和庄严的。仿佛这里是为了施展才智，而南美是为了愉悦感官创造出来的。

汹涌多雾的大海冲刷着岸边。大自然用花岗岩的石块和沙砾给海岸系上了一条腰带。海边茂密的树木忧郁地看着大海。这些树只有红松、落叶松、常绿栎、野橄榄和桂树。

横穿这第一道屏障之后，便进入中央森林的腹地。在这里，东西半球最高大的树种并肩生长。法国梧桐、梓树、糖枫、弗吉尼亚白杨与栎树、山毛榉、椴树枝叶交错。

在这些大森林里，就像在那些人工管理的森林里一样，死亡不断侵袭生命。但是没有人来清理残枝烂叶。它们层层堆积，因为时间来不及将它们化为尘土，为新生命腾出地方。但是，即使在这些残枝烂叶当中，繁殖活动仍然在进行。蔓生植物和杂草克服重重阻碍钻出地面，爬上横在地上的枯树，穿过树表厚厚的积尘，顶起并穿破仍然覆盖在树干上的枯皮，为自己的新芽开辟了一条成长的道路。如此可以说死亡在这里又帮助了生命。生与死同时在场，似乎有意将各自的作品混为一体。

森林里幽暗不明。到处是汩汩的溪流，自然天成，赋予森林永恒的湿度。在这里，难得见到几朵鲜花、几只野果、几只飞鸟。

一棵老树顶不住岁月的压力倒地的声音，一条河行至无路跌落的声音，野牛的哞哞声，风声，只有这些能打破森林的寂静。

在大河以东，森林已经消失了一部分。在森林消失的地方，是一望无际的草原。究竟是自然在其千变万化的运动中不肯给这些沃野撒下树种，还是覆盖这片沃野的森林在往昔被人破坏？这是一个无论是传说还是科学研究都未能解答的问题。

但是，这些无边无际的荒野并不是完全没有人烟。许多世纪以来，一些游牧民族的部落生活于此，在浓荫密布的森林或辽阔的草原上迁徙。从圣劳伦斯河河口到密西西比河三角洲，从大西洋到南海（太平洋），其间分布的这些野人具有相似之处，他们应该有着相同的起源。但是，他们又区别于现在已知的一切人种。[1]他们既不像白种人那样白，又不像大多数亚洲人那样黄，也不像黑人那样黑。他们的皮肤微红，头发长而亮，嘴唇很薄，颧骨突出。美洲各土著部落所持的语言，虽然在词汇方面有所不同，但是都符合相同的语法规则。这些语法规则，有许多地方跟现在已知的规范人们语言结构的语法规则不一样。

美洲土著的方言似乎拥有新的构造方式。这些构造方式表现了起初发明它的人某种程度的智力水平，而这种智力水平似乎是现代印第安人所不具备的。

这些部落的社会情况，在许多方面也与欧洲不同。他们一直在他们的荒野上自由繁殖，从未与比他们文明程度更高的种

1　后来发现，北美的印第安人与通古斯人、满洲人、蒙古人、塔塔尔人和亚洲其他游牧民族，在体型、语言和习惯上有某些相似之处。亚洲的这些民族聚居地离白令海峡不远，因此可以推测，他们可能在古代某个时期经过白令海峡迁徙到荒凉的美洲大陆上来了。但是，科学还没有达到弄清这一问题的地步。关于这个问题，请参见马尔提—布伦著作第5卷；洪堡的著作；费舍，《美洲大陆起源的推测》；阿代尔，《美洲印第安人史》。

族有过接触。因此，他们不像欧洲那些从文明堕落到野蛮状态的民族那样善恶不分、是非不明，也不像后者那样，日常生活中充满着无知、粗暴和腐化。印第安人的一切都是自生自长的：他们的德行、恶习与偏见都是他们自身的产物。他们是在野生独立的状态下自然成长起来的。

在文明国家，有些人之所以粗野，不仅是因为他们无知和贫穷，还因为他们成天跟文明人和富人打交道。

他们自身的贫弱，每天都与某些同胞的幸福和权势形成鲜明的对照，这同时激起他们心中的愤怒和恐惧。他们怀着自卑感和依附感，既愤愤不平，又感到屈辱。他们的这种内心状态，也表现在他们的言行举止上：既蛮横又卑鄙。

只需稍加观察便可证实我的看法。贵族制国家的平民比其他任何地方的平民都要粗野，繁华都市的居民比乡下人粗野。

在有钱有势的人云集的地方，贫弱之人会感觉自己卑微得无以复加。由于看不到跟那些人平起平坐的希望，他们就对自己完全绝望了，从而自甘堕落乃至失去做人的尊严。

地位悬殊造成的这种恶果，完全不见于野蛮人的社会。印第安人虽然无知贫困，但大家都是平等和自由的。

当欧洲人最初来到北美时，那里的土著居民还不知道财富的价值，对文明人利用财富获得的享受也不以为然。但是，他们的举止非但毫不粗野，反而表现出一种习惯性的含蓄和一种贵族式的风度。

印第安人平时温和而又好客，但在战时表现出来的残忍，却又超过了已知的人心残忍的限度。他们宁愿自己冒着饿死的危险，也要搭救一个夜里敲门求宿的生人。但是，他们又能亲手撕碎俘虏仍在颤抖的四肢。古代的一些著名共和国，从来没有显示出生活在新大陆原始丛林里的那些野人的坚定、无畏、高傲与对自由的无限热爱。[1]欧洲人当初在北美登岸的时候，土著人对此几乎毫不在意。欧洲人的出现既未引起他们的嫉妒，也未引起他们的恐慌。对于这样的人，欧洲人能施加什么影响呢？印第安人一生无欲无求，苦而无怨，载歌而亡。[2]像人类大家庭的其他成员一样，这些野人也相信有一个比尘世更美好的世界的存在，他们用不同的名称来称呼宇宙的造物主并对其加以崇拜。他们对于伟大真理的认识，往往是简单而富于哲理的。

我们对印第安人的性格做了诸多描述，不管他们显得多么原始，我们都无法怀疑，另一个在一切方面都比印第安人更文明、更先进的民族，曾经在同一地域范围内存在过。

在大西洋沿岸大部分印第安部落流传着一个模糊的传说，根据这个传说，这些部落从前生活在密西西比河以西。在俄亥俄河两岸和整个中央盆地，经常可以见到一些人造的土丘。对这些土丘进行深入挖掘，便可以见到人骨、奇形怪状的工具、武器、各种各样的金属器皿，它们的用途迄今不为人知。

今天的印第安人，已经无法提供任何有关这个未知民族的信息。三百年前发现美洲时，当时的人也没有留下任何资料能让我们至少提出一个假设。那些传说、那些容易毁坏而又不断发现的遗迹，也不能提供任何线索。然而，我们的千千万万的同类，确实在那里生活过，这是毋庸置疑的。他们何时去到那里？

---

1 我们在杰斐逊总统的著作《弗吉尼亚纪要》第148页可以读到："当易洛魁人受到强敌进攻时，老人们都耻于逃命或在家园破碎之后苟活下来。他们就像古罗马人抵抗高卢人围攻罗马城时那样视死如归。"接着，在第150页有这样一段话："印第安人落入敌手而求饶的例子一个也没有。恰恰相反，被俘的人都是百般侮辱和嘲弄胜利者，以求速死。"

2 参见勒帕杰·杜·普拉茨，《路易斯安那史》；夏尔瓦，《新法兰西史》；《美国哲学学会报告》第1卷所载的赫克韦尔德来信；杰斐逊，《弗吉尼亚纪要》，第135—190页。杰斐逊的话特别有分量，因为这位作家人品高尚，地位与众不同，写作的时候正处在美国上升期。

他们的起源、命运和历史是怎样的？他们是在何时又是怎样消亡的呢？没有一个人知道。

真是怪事！一些民族竟从地球上消失得干干净净，就连名字都从人类的记忆中抹去了。他们的语言早已失传，曾经的光辉就像没有回响的声音那样从人间蒸发。我猜想，有些民族甚至就连坟墓都未留下，证明他们曾经来过人间。因此，在一切人类作品中，最经得起时间考验的，竟还是最能体现生命虚无和苦难的坟墓！

尽管我们描述的这个广袤地区居住有许多土著部落，但是我们仍然有理由说，在美洲被发现的时候，它还是一片荒野。印第安人居住在那里，却并未拥有它。人类通过农业征服土地，而北美的先民却以狩猎为生。他们的根深蒂固的偏见、带有野性的激情、他们的种种恶习，还有也许是他们的原始美德，所有这些使他们不可避免地走向了毁灭。这些土著部落的灭亡，始于欧洲人登上他们的海岸之日。从此以后，灭亡持续进行，到今天已接近尾声。上帝在把他们安置于新大陆的沃野之上的时候，似乎只赋予了他们暂时的使用收益权。从某种意义上说，他们在那里，只是为了等待别人的到来。这些适于发展工商业的海岸，这些深水大河，这取之不尽用之不竭的密西西比河谷，这整个大陆，在当时就好像是为了一个伟大民族所准备的空摇篮。

正是在这里，文明人开始尝试建立一个基础全新的社会，并在这个社会首次应用直到那时还为人所不知或被认为行不通的理论。他们将为世界舞台提供一出前所未有的精彩演出。

第二章　英裔美国人的起源以及该起源对他们未来的影响

一个人刚来到世上，生命最初几年混沌的时光耗费在童年嬉戏或学习中。孩子渐渐长大，开始向成年迈进。世界终于敞开大门迎接他。他开始建立人际交往。这时，人们对他进行研究，相信这时候在他身上，正在形成日后一切德行与恶习的种子。

这个认识，我觉得是个天大的错误。

时光往前追溯，一直追溯到在母亲怀中度过的婴儿时期，看看外部世界如何第一次映射于婴儿混沌的大脑，观察一下吸引他视线的最初事物，听听唤醒他潜在思维力的最初话语，再观看一番他进行的最初争斗，这时您就会明白主宰他一生的偏见、习惯和激情从何而来。因此可以说，一个人完全形成于襁褓之时。

对民族而言也是如此。各民族总是受到起源的影响。伴随一个民族诞生并有助于它发展的具体情形，会一直影响它日后的演变。

若能追溯社会成员的历史，审视他们留下的最古老的遗迹，我毫不怀疑能从中发现民族性的第一起因，而这所谓的民族性是由各种强势偏见、习惯、情感等构成的。在这追源溯流的过程中，我们也许能找到原因来解释如今社会上一些跟主流风尚相悖的习俗、有违普世价值的法律和一些互相抵牾的看法，这些就如同我们有时在一座老房子里看到的残缺不全的链条，已经挂不住任何东西，却依然悬在屋顶一样。因此可以理解有些民族的命运，它们似乎被一股未知的力量所掌控，走向一个连自己都不清楚的未来。但直到今日，进行这样的研究还缺乏材料。一个国家只有发展到一定程度才会试图研究自身，等到它终于开始想到观察自己的摇篮时，时间已给摇篮罩上重重迷雾，无知和傲慢又让种种传说环绕其左右，于是真相隐而不现。

我们若想观察一个社会自然平和的发展历程，就只能将美国作为观察标本，在那里，我们能够研究各州的起源对其未来的影响。

欧洲人在新大陆登岸之时，他们原先的民族特性已经完全定型。每个民族都有其鲜明的外在特征。由于他们的文明已经发展到一定程度，对自身能够展开研究，所以他们忠实地记录了本民族的见解、风俗和法律。我们对15世纪人类的了解几乎像对当今世纪的了解一样多。我们国家的祖先因为无知或野蛮而没有留下任何关于自身的记录，因此我们对本民族的起源所知甚少，而美国人却保留了关于他们起源的真实记录。

今天我们可以追溯到美国社会初建之时，近距离观察当时社会生活的具体细节，也可以立足现在，审视它此后的发展轨迹，这样一来，我们似乎能比前辈更深入地观察人类历史。上帝赐予我们一把火炬，用来寻找和发现决定各民族命运的最初原因，而我们的父辈不曾拥有这一火炬，身处黑暗之中，虽万般寻觅而一无所得。

仔细研究过美国历史，再深入考察美国政治与社会现状，便可以确信：没有哪条见解、哪个习俗、哪项法律，我甚至可以说没有哪起事件不能在社会起源中轻松地找到解释。因此，本书的读者可以在这一章找到以后各章论述的萌芽和几乎可以开启全书的钥匙。

在不同时期迁至当今美国境内的移民，在很多方面各不相同，他们有着不同的目的，根据不同的原则实行自治。

然而，他们也有着共同点，都处在一个相似的处境中。

语言也许是能够把人们联合起来的最强劲持久的纽带。所有移民都说同一种语言。他们都是同一民族的后代。在他们出生的那个国家，几个世纪以来，各政党争斗不休，各宗派不得不轮番处于法律的保护之下，他们的政治教育就完成于这一残酷的现实课堂中。他们比欧洲大多数国家的国民拥有更多的权利意识，也更加懂得真正的自由原则。在移民初期，自由制度充满生命力的种子——市镇自治，已经深深扎根于英国人的习俗。随着自治的开展，人民主权原则甚至被引进都铎王朝内部。

当时，因为教派纷争，基督教世界动荡不安。英国几乎带着一种狂热情绪投入其中。英国人的性格本来严谨持重，却变得严苛善辩。人们在争辩中得到了更多的教育，思想也变得更为深沉。宗教辩论净化了社会风气。英国民族的这些一般特点，多多少少被前往大洋彼岸寻找新生活的英国儿女所继承。

另外还有一个特点，我在后文会提到，不仅适用于英国人，而且适用于法国人、西班牙人，适用于先后在新大陆登岸的所有欧洲人。那就是：欧洲的一切新殖民地，如果说没有发展，那么至少也都保存了一种完全民主的萌芽。导致这一结果的原因有两个：可以说总体而言，移民在离开祖国之时，丝毫不认为彼此存在等级关系。移民并非幸福之人、有权势之人，贫穷和苦难是平等的最好保证。然而，一些大领主因为政治或宗教纠纷也来到美洲。他们制定法律，企图划分社会等级，但很快便意识到，在美洲大地上，根本无法建立起贵族领主制度。只有依靠土地所有者本人坚持不懈的努力和关心，才能开发这片不易开垦的土地。就算有了一块土地，土地带来的收入也不足以使地主和农民同时致富。因此，土地自然而然就被分成了小块，由所有者亲自耕种。贵族制度维系于土地，依赖于土地，然而，并不是特权和门第造就了贵族制，而是土地遗产继承制度。一个国家可能产生巨富和赤贫，但如果财富不是土地的产物，尽管我们可以见到穷人和富人，却不能说这个国家存在贵族制。

因此，英属殖民地各部在建立之初如同一个大家庭，似乎从一开始就注定为了自由的发展而存在，他们的自由不同于祖国的贵族阶级的自由，而是平民阶级的民主自由，在当时，世界历史还没有为这种自由提供一个完整的范本。

上文所述乃是英属殖民地的总体特点，但是其内部仍存在较大的差异，在此有必要指出。

英属殖民地分成南北两支各自发展，直到今天，南北方都未能完全融合在一起。

第一个英国殖民地建立在弗吉尼亚。移民于1607年抵达。当时的欧洲仍然抱着一个顽固的想法，认为金银矿的采掘能够使国家致富。这是个有害的想法，造成的恶果比战争和所有的坏法律加起来造成的后果都更加严重，它使得醉心于此的欧洲各国陷入贫困，使得无数人命丧美洲。因此，当时被送往弗吉尼亚的都是些淘金者[1]，这些人物质匮乏，也没有良好的教养，性情焦虑，暴躁不安，扰乱了弗吉尼亚的童年[2]，使得它的成长充满不

1 1609年英王颁布的特许状规定：殖民地金银矿所得之五分之一上缴国王。参阅马歇尔，《华盛顿生平》（第1卷，第18—66页）。

2 斯蒂斯在《弗吉尼亚史》一书中说：殖民地的大多数移民都是有着不良家庭背景的青年，他们的父母为了让他们躲避厄运，将他们送上开往新大陆的船只。其余的则是些老仆、破产者、诈骗犯、登徒浪子之流。这些人更善于劫掠破坏，而非建家立业。一些不法头目很容易就能将这些人招募入伙，挑衅滋事。关于弗吉尼亚的历史，可读下列著作：斯密斯，《从建立首个定居点至1624年间的弗吉尼亚史》；威廉·斯蒂斯，《弗吉尼亚史》；贝弗利，《弗吉尼亚被发现以来的历史》，此书在1807年被译成法文。

确定性。接着工农业者来了，这些人品行稍好，性格也较为安静，但是无论从哪方面看，他们的水平都不会高过英国的下层阶级。[1]在新制度的创立过程中，既没有高贵的思想加以指导，也没有非物质的纽带将人们联系在一起。殖民地一建立就立刻引进了奴隶制。[2]这一重大事件对整个南方的性格、法律和未来都产生了巨大影响。

奴隶制，正如我们稍后将要解释的那样，是对劳动的侮辱。一些人因此而游手好闲，随之而来的是傲慢与无知，浅薄和奢靡。奴隶制使人意志消沉，行动懒散。奴隶制的影响，再加上英国的民族特性，可以解释南方的民风民情和社会状况的由来。

在这一背景下，北方的情况显得跟南方很不相同。请读者允许我指出几点。

正是在北方的英属殖民地，即在通常被称为新英格兰的诸州[3]，产生了形成今天美国社会理论基础的几个主要原则。

新英格兰的社会原则首先在相邻的几个州传播，然后逐渐向外扩散，最终可以说渗入了整个联邦。现在，这些原则越过了新英格兰的界限，对全美国都产生了影响。新英格兰文明如同高举的火把，不仅向周边传递温暖，而且用自己的火光一直照亮远方的地平线。

新英格兰的建立向世界提供了一道新的景观，在那儿，一切都很奇特新颖。

几乎所有殖民地的最初移民，不是没有受过教育、没有资

---

1 只是到了后来才有富裕的英国人前往殖民地定居。

2 奴隶制大约开始于1620年。当时一艘荷兰商船运来20名黑人到詹姆斯河岸。参阅查默斯的著作。

3 新英格兰诸州位于赫德森河以东，包括今天的下述六州：康涅狄格州、罗得岛州、马萨诸塞州、佛蒙特州、新罕布什尔州、缅因州。

产、因为贫苦和劣迹不得不离开祖国的人，就是些贪婪的投机商和包工头。有些殖民地甚至无法自称有这样的出身。比如圣多明各就是由海盗建立起来的，而在我们这个世代，英国的刑事法庭不也在源源不断地向澳洲输送犯人、提供人口吗？

在新英格兰登岸定居的移民都属于英国的有产阶级。他们在美洲大陆上聚居，从一开始便形成了一个特殊的社会，在这个社会里既没有大领主也没有属民，换句话说，既无穷人也无富人。从比例来看，他们之中受教育程度较高的人，远多于今天任何一个欧洲国家。他们几乎没有一个人不曾受过良好的教育，其中一些才华横溢、知识渊博，在去新大陆之前就已经闻名于欧洲。其他殖民地由一些无家无室的冒险家建立，而新英格兰的移民将妻小一起带至这片荒无人烟的土地，这就有利于秩序和道德的建立。但是将他们与其他移民区别开来的主要标志，是他们的移民目的。他们告别家园并非迫不得已，而是自愿放弃在本国值得惋惜的社会地位和稳定的经济保障。他们来到新大陆也并非为了增加财富，改善生活。他们离开舒适的家园是为了服从一个纯粹的精神需求。他们愿意忍受背井离乡之苦，为的是实践一个理念。

这些自称为朝圣者的移民属于英国一个因教义严格而被称为清教的教派。清教不仅仅是一个宗教派别，而且在很多方面与极为绝对的民主共和理论相契合，因此招来很多危险的敌人。他们在祖国被政府迫害，心中秉持严格的教条，感到自己所在社会的那种日常生活是一种侮辱，于是他们满世界寻找一块蛮荒之地，希望在那儿可以按照自己的方式生活，自由地祈祷上帝。

摘几段引文，它们将比我的赘述更好地说明这些虔诚的冒险者的精神。

研究新英格兰早期历史的纳撒尼尔·莫尔顿开宗明义地说[1]："我们的父辈在建立这个殖民地的过程中，蒙受了上帝多方面的仁慈的关怀，我一直坚信，用文字记载这段历史，使之千古流传，是我们神圣的义务。我们亲眼所见以及父辈讲给我们听的，都应当让我们的孩子知道，要世世代代学会赞颂上帝，让上帝的仆人亚伯拉罕的后代和上帝的选民雅各的子孙永远记住上帝的圣迹（《诗篇》第105篇，第5、6节）。要使他们知道上帝怎样把葡萄带到荒野，如何栽种葡萄，如何让异教徒远离葡萄，如何备好种葡萄的土地，将秧苗的根深深植入土地，以及后来又如何让葡萄生长，覆盖广袤的大地（《诗篇》第80篇，第13、15节）。不仅如此，还要让他们知道，上帝怎样将他的子民引向他的圣所，定居在他赐予的山间（《出埃及记》第15章，第13节）。这些事实一定要让他们知道，以使上帝享有他应得的荣光，那些作为上帝工具的可敬圣徒，让他们的名字因上帝的荣光而闪耀。"

开篇读到这样的句子，不能不产生一种庄严的宗教感，好像呼吸着古代的空气，闻到《圣经》的芬芳。

作者炽热的信仰使得他的文字更有分量。在作者眼中，在各位读者眼中，这已经不是一群为了致富漂洋过海的冒险家，而是上帝为了创造一个伟大的民族，亲手在选定的土地上播下的种子。

作者用同样的笔调继续描写首批移民出发的情形[2]：

"他们就这样离开了自己休养生息的城市（德尔福特—哈勒福特），内心平静，因为他们知道此生只不过是朝拜者和异乡客。他们并不留恋大地上的一切，而是把目光投向天空，投向他们亲爱的故园，在那儿，上帝已经为他们准备好了一座圣城。他

1 《新英格兰回忆录》，第14页，波士顿，1826年；另见哈钦森，《历史》，第2卷，第440页。

2 《新英格兰回忆录》，第22页。

们终于抵达港口，看到了将要乘坐的船只。很多不能跟他们一起离开的朋友一直将他们送到港口。那一夜无人入眠，大家互相倾吐友谊，言语间充满基督徒的虔诚和友爱。第二天他们上了船，朋友们还不肯离去，这时候可以听见深深的叹息声，所有人都在流泪，互相紧紧拥抱，热烈地祈祷，此情此景，就连陌生人也为之感动。开船的时间到了，他们都跪下来，牧师含泪仰望苍天，祈祷慈悲的上帝佑护他们。最终他们互相道别，对很多人来说，这一别便是永生。”

这些移民有男人，有女人，也有孩子，加起来一共一百五十人左右。他们想要在哈得孙河畔建立一个殖民地，但是在大西洋中漂泊了很长时间之后，却最终在荒芜的新英格兰海岸，也就是今天的普利茅斯登陆。朝圣者们当时登上的巨石，如今依然可见。[1]

我方才提到的那位历史学家接着说道：“在深入主题之前，先让我略述一下这群苦命人登岸后的情景，让我们共同来赞美上帝拯救他们所显示的慈悲。”[2]

“他们现在已经穿过了大西洋，抵达目的地，但是眼前既没有前来迎接的朋友，也没有可供遮风避雨的屋舍。当时正值寒冬，了解我们这儿气候的人一定知道这里的冬天有多么严酷，暴烈的飓风席卷沿岸各地，所到之处一片凄凉。在这个季节出门旅行都是件难事，更不用说在未知的海岸建立家园了。他们环顾四周，荒无人烟，景象萧条，野兽和野人到处乱窜，他们不清楚

1 这块巨石如今成了整个美国的膜拜物。我曾看过美国的一些城镇精心保存的此石的碎块。这不是清楚地表明人的力量和伟大完全存在于他们的心灵之中吗？这是一块曾被一些不幸的人踩过的石头，后来变成一块名石，吸引了一个伟大民族所有人的目光。人们在离它很远的地方保存着它的碎块加以崇拜。古往今来那么多宫殿的门槛也被人踩过，可如今变成什么样子，又被谁记挂着呢？

2 《新英格兰回忆录》，第35页。

这些野兽和野人残暴程度如何，数量究竟有多少。泥土都结了冰，森林和灌木丛覆盖着大地。一切呈现出野蛮原始的面貌。在他们身后，一片汪洋将他们与文明世界隔开。为了内心的平静，也为了找到一星希望，他们只能将目光投向上苍。”

不要以为清教徒的信仰只是一些抽象的理论，也不要以为他们的信仰远离俗世生活。正如我在前文指出的那样，清教教义既是宗教学说，也是政治理论。在这冷冰冰的海岸登陆之后，移民们首先考虑的便是组织社会。他们立即通过了一项公约[1]，声称：

“我们，下面的签名人，为了上帝的荣光、基督教的发展和祖国的荣誉，决定在这片偏僻的海岸建立第一个殖民地。今天在场的所有人，当着上帝的面，一致庄严地表示同意，将我们所有人组成一个政治社会，以便自我管理和实现我们的信仰。根据这份契约，我们将要颁布一系列法律法规法令，同时，根据实际需要，任命行政官员并加以服从。”

此事发生在1620年。从那时起，移民源源不断地来到新大陆。查理一世在位期间，宗教和政治纷争震荡着整个不列颠帝国，每年都有大批异见分子被赶到美洲海岸。在英国，清教徒的主体依然是中产阶级。大部分移民也都来自中产阶级。新英格兰的人口迅速增长，当祖国还在残暴地将人划分为三六九等的时候，殖民地却越来越呈现出一种社会均质化的新景象。这种在古代不敢梦想的民主，已经从陈腐的封建社会里逃脱出来，此时它身强力壮、全副武装。

英国政府看到大批大批的移民带走了骚乱和革命的种子，

---

1 建立罗得岛州的移民在1638年，定居于纽黑文的移民在1637年，康涅狄格的首批居民在1639年，普罗维登斯的创立者们在1640年，先后以书面形式定出社会契约，并经全体当事人一致通过。参见《皮特金的历史》，第42、47页。

心里很满意。它甚至全力促成移民，却似乎并不关心那些为了躲避它的严刑峻法而逃至美洲的移民未来的命运。可以说，在英国政府眼中，新英格兰就像一片由想象力勾画出来的地方，应该放手让那些革新者进行他们的试验。

英国殖民地总是比其他国家的殖民地享有更多的内政自由和政治独立，这也是它们取得繁荣的主要原因之一，但是没有哪个殖民地比新英格兰各州更好地实践了这一自由原则。

当时欧洲各国普遍公认，新大陆各处的土地，由哪个国家首先发现，就属于这个国家。

到了16世纪末，北美沿岸各地几乎都以这种方式落入英国手中。英国政府对这些地方有着不同的统治方式。有时，国王将新大陆的一部分委托给他选定的总督，在他的直接命令下代他治理这块土地。[1]欧洲其他各国也都采取了这样的殖民方式。有时，国王将一部分土地的所有权授予一个人或一个公司。[2]这时，政治和民事权力就集中在一个或少数几个人手中，这个人或这几个人在王权的监管下出售土地管理居民。最后，第三种制度是授予一些移民自行组织政治体的权利，这些移民受母国的保护，在不违反母国法律的前提下进行自治。

这种给予移民极大自由的殖民方式只在新英格兰得到实施。

1628年，一份具有这种性质的特许状由查理一世授予前往马萨诸塞建立殖民地的移民。

但是，对于新英格兰的各殖民地来说，一般只是在它们的存在成为既成事实很久之后，才会被授予特许状。普利茅斯、普罗

---

1 纽约州就是这样。

2 马里兰州、南卡罗来纳州、北卡罗来纳州、宾夕法尼亚州和新泽西州都是如此。参见《皮特金的历史》，第1卷，第11—31页。

维登斯、纽黑文、康涅狄格州和罗得岛州，均是在没有得到母国援助，几乎没有让母国知道的情况下建立起来的。新移来的居民并不否认宗主国的无上权威，但是他们并没有向宗主国寻求权力来源，而是自己建立政权。只是在三四十年之后，在查理二世在位期间，这些殖民地的存在才因为一道皇家特许状而合法化了。

因此，在浏览英格兰的早期历史和立法文献时，很难发现移民与其母国的联系。我们看到他们每时每刻都在昭显自己的主权。他们自己任命行政官员，自行缔结和约、宣布战事，自己制定治安条例，自己立法，好像他们只服从于上帝。[1]

再没有比这个时期的立法更独特和更富于教益的了。要理解今天呈现在世人面前的美国社会，得到那个时期的立法中去寻找答案。

在这些立法文献中，我们尤其注意到一部极有特色的法典，它是由小州康涅狄格在1650年颁布的。

康涅狄格的立法者们首先考虑的是刑法。在制定刑法时，他们很奇怪地以《圣经》为参考。

这部刑法的开头说："凡信仰除上帝以外的神的，一律处以死刑。"

接着有十到十二条是逐字逐句从《申命记》、《出埃及记》、《利未记》中抄来的同等性质的条文。

渎神、行巫术、通奸[2]和强奸者，均处以死刑。儿子凌辱父

---

1 马萨诸塞的居民在制定刑事诉讼法、民事诉讼法和法院组织法的时候，没有采取英国惯例。比如，在1650年，法院判决书的开头还没有英王的名字。见哈钦森著作第1卷，第452页。

2 通奸，按马萨诸塞的法律，也会被处以死刑。哈钦森（第1卷，第441页）说，确有一些人因犯此罪而被处死。对此，他引述1663年发生的一起事件。一个已婚妇女和一个年轻男子发生了恋爱关系，后来她成了寡妇，于是便嫁给那位年轻男子，一起生活了数年。人们最终发现他们在婚前就有暧昧关系，于是提出了控告，将两人投入了监狱，并且差点将他们处死。

母，也要被处以此种极刑。如此，人们把一个野蛮和半开化民族的立法移植到一个民风淳朴的文明社会当中。结果造成在法律中滥用死刑，最微不足道的罪行也会被施以死刑。

立法者在制定刑法的时候，主要考虑的是维护道德秩序和社会良好风气。因此，他们总是重视道德问题，简直没有一项恶行不被列入惩治的范围。读者可以注意到这些法律在对待通奸和强奸罪时是多么严厉。未婚男女间单纯的交往受到严格禁止。法官有权对罪犯处以下述三种惩罚之一：罚款、鞭刑和强令结婚。[1]如果纽黑文昔日法庭的记录可信的话，这类判决并不罕见。例如，1660年5月1日发出一份判决书，对一个年轻女子处以罚款和斥责，该女子被控说了几句轻浮的话，并接受男子的吻。[2] 1650年法典载有很多预防性惩罚措施。该法典规定，懒惰和酗酒都要受到严厉的惩罚。[3]小酒馆主卖酒，每位顾客不得超过一定限量。说谎只要可能造成危害就会被罚款或遭受鞭刑。[4]在其他方面，立法者完全忘了自己从前在欧洲要求的宗教自由的伟大原则，以罚款来强迫人们参加宗教活动，而对那些按照与他们不一样的方式礼拜上帝的基督徒则课以重刑[5]，甚至

---

1 《1650年法典》，第48页。有些时候，法官可能同时判处这几种惩罚。例如，1643年就有这样一个判例（载于《纽黑文往事》，第114页）：玛格丽特·贝德福德犯下言行不端罪，应处以鞭刑，同时合并判决她与共犯尼古拉斯·杰明斯结婚。

2 《新英格兰回忆录》，第104页。另外，在哈钦森的著作（第1卷，第435页）中，载有比这更为离奇的案例。

3 《1650年法典》，第50、57页。

4 同上，第64页。

5 在康涅狄格，这种情形并非罕见。见马萨诸塞1644年9月13日公布的驱逐再浸礼会信徒的法律（《历史文献汇编》第1卷，第538页）。另见1656年公布的反对教友会信徒的法律，其中说："鉴于正在产生一个名为教友会的可恶的异教……"接着，是关于以巨额罚款惩治向当地运来教友会信徒的船长的条例。对偷渡进来的教友会信徒处以鞭刑，并投入监狱劳动。支持他们观点的人，首先会被处以罚款，然后要受牢狱之灾，最后被驱逐出境（《历史文献汇编》第1卷，第630页）。

是处以死刑[1]。有时，立法者完全陷入一种立法狂热，连不该管的事情都要插手。比如，在同一部法典中，就有禁止吸烟的条款。[2]不过要注意的是，这些奇怪的或者说是专制的法律并非强加于人，而是由大家自由投票产生的。当地的风俗比法律更严苛、更具清教色彩。1649年在波士顿成立了一个正式组织，专门用来阻止人们蓄长发这一浮华行为。[3]

这样的失当也许会让人类的理性蒙羞。这些行为证明了我们天性低劣，无法准确把握真理和正义，往往只知道走极端。

这种刑事立法反映了狭隘的宗派思维，引发宗教迫害，并且宗教迫害进一步加剧了人们的宗教狂热，激荡着无数心灵。然而与之对照的是，由同样一批人所创立的政治法律体系在两百年后的今天看来，依然比我们这个世代的自由思想要先进。

作为现代宪法基础的一些基本原则，在17世纪还不为大部分欧洲人所理解，在英国也只是得到部分承认，然而在新英格兰，这些原则却通过法律得到承认和确定：民众参与公共事务、自由投票决定赋税、为公务员规定责任、个人自由、陪审团参加审判，这些都被毫无异议地纳入制度，并真正得到落实。

这些基本原则在新英格兰得到实现和发展的程度，在欧洲任何国家都不敢想象。

在康涅狄格，选民一开始就是由所有公民组成的，这一做法得到大家一致认可。[4]在这个新生的民族，财产几乎人人平等，

---

1 马萨诸塞的刑法规定，天主教神甫在被驱逐出境后仍执意入境的，一经发现即被处死。

2 《1650年法典》，第96页。

3 《新英格兰回忆录》，第316页。

4 《1638年约法》，第17页。

文化水平也相差无几。[1]

年满十六周岁的公民必须拿起武器,他们组成本州的国民军,自己任命军官,随时准备奔赴前线保卫家园。[2]

在康涅狄格以及新英格兰其余各州的法律中,产生和发展了这种地方独立,而这种地方独立直到今天都是美国自由的原则和生命。

在欧洲的大多数国家,政治生活起源于上层社会,然后逐渐而且是不完整地扩展到社会其他阶层。

美国的情况完全相反。在那里,乡镇的建立先于县,县先于州,州又先于联邦。

在新英格兰,乡镇在1650年就已经完全和最终形成。根据乡镇自主的原则,人们将自己组织起来,确立权利和义务,投入自己的感情,为着自身利益而奋斗。在乡镇内部,人们享受真正的、积极的、完全民主和共和的政治生活。各殖民地仍然承认宗主国的最高权力,君主政体仍然写在各州的法律上,但共和政体已在乡镇的实际生活中散发着活力。

乡镇任命自己的各种行政人员,规定自己的税则,分配和征收自己的税款。[3]新英格兰的乡镇没有采用代议制。对于涉及所有人利益的公共事务,如同在古雅典一样,都是在公共广场上召开公民大会集体讨论决定的。

仔细研究美国共和政体的早期法律之后,我们不由得为立法者的管理才能和先进理论所折服。

---

1 1641年,罗得岛州的州民大会全体一致通过决议:州政府按照民主政体建立,政权由全体自由人共享,只有他们有权立法和监督法律的执行。见《1650年法典》,第70页。

2 皮特金著作,第47页。

3 《1650年法典》,第80页。

显而易见，他们具有的社会应对其成员负责的观点，比当时欧洲的立法者们所具有的观点更为崇高和完整。他们为社会规定的义务，在其他国家直到今天仍被忽视。在新英格兰各州，自建州之日起，法律就规定保障穷人的生活[1]；采取严格的措施养护道路，并指派官员监督[2]；乡镇有各种公事记录簿，用来记载公民大会审议的结果，登记公民的死亡、婚姻和出生[3]；设置文书负责管理这些记录簿[4]；设置官员经管无人继承的财产，监察被继承地产的边界；还设置若干官员主管乡镇的公共秩序[5]。

为了迎合与满足社会生活的各种需要，新英格兰的法律涉及无数的细节问题。而直到今天，法国的立法者们还只是有着一些模糊的想法。

但是，最能够从根本上揭示美国文明特性的，还是有关教育的法令。

有一项法令如是说："鉴于人类之敌撒旦最有力的武器是人类的无知，鉴于不能让祖辈的智慧随着他们的死亡而湮没，鉴于儿童教育问题是州政府首要关心的问题之一，仰仗上帝之力……"[6]接着列出一些条款，规定在乡镇设立学校，责成居民出资办学，不出资者处以高额罚金。在人口多的县，以同样的方式设立高一级的学校，市政官员应该督促家长送子女入学，并有权对违者处以罚款。如果有家长拒不服从，社会便承担起家庭的职责，将孩子领走，剥夺父亲天然享有却不知合理利用的各项权

1 《1650年法典》，第78页。

2 同上，第49页。

3 见哈钦森著作，第1卷，第455页。

4 《1650年法典》，第86页。

5 同上，第40页。

6 同上，第90页。

利。读者也许可以从这项法令的序言中看到：在美国，开启民智的是宗教，而将人引向自由的则是对宗教戒律的服从。

对1650年的美国匆匆一瞥过后，再来观察当时的欧洲，尤其是欧洲大陆的状况，我们便会感到无比吃惊：17世纪初，在欧洲大陆，君主专制政体在中世纪封建寡头自由政体的废墟上取得全方位的胜利。当时的欧洲涌现出很多杰出人物，文学艺术繁荣发展，但是权利意识却从未像那个时期一样遭到完全的忽视，人民从未比在那个时期更少地参加政治生活，真正的自由思想从来没有比在那个时期更少地占据人们的大脑。然而，就在那一时期，欧洲人没有想到被他们加以轻视的那些原则，在新大陆的荒野上被宣告，成为一个伟大民族未来的信条。人类所能设想的最大胆的理论在这个极不起眼的、所有政治家都不屑领导的社会中得以实现；人类凭借其创造力和想象力，在这里创造了一个史无前例的立法制度。在这个还未出过将军、哲学家和伟大作家的默默无闻的民主社会，却有一个人站在一群自由人面前，在大家的喝彩声中，对自由做了如下精妙的定义：

“我们应当正确理解独立二字。确实，有一种堕落的自由，动物和人均可享用，这种自由意味着为所欲为。它与一切权威为敌，忍受不了一切规章制度。若行使这种自由，我们便会自行堕落。这种自由也是真理与和平的敌人。上帝也认为应当起来反对它。但是，还有一种公民的道德的自由，它的力量产生于团结，政权的职责就在于保护这种自由，因为这种自由能让人无所畏惧地行一切正义的善举。这一神圣的自由，我们应当冒着一切危险去保卫它，在必要的情况下甚至不惜牺牲自己的生命。”[1]

关于英裔美国人文明的特点，我已经做了足够的阐释。英

1 马瑟，《基督教美洲传教史》，第2卷，第13页。

裔美国人文明是两大因素共同作用的产物(这一起源应当始终牢记),这两大因素在别处经常处于斗争状态,在美国却相互融合,完美地结合在一起。我所说的这两大因素分别是宗教精神和自由精神。

新英格兰的创建者既是狂热的宗教分子又是热情的革新者。他们紧守着某些宗教教义,却摆脱了一切政治偏见。

因此出现了两种不同却并不对立的趋势。无论是在民风民情还是在法律方面,到处可见这两种趋势的痕迹。

有一些人为了某种宗教信念,抛弃朋友、家庭和祖国。为了得到这一精神财富,他们付出了高昂的代价,我们会以为,他们要继续追求精神财富。但是我们看到的,却是他们几乎以追求精神享受同样的狂热来追求物质财富。他们既看重天堂的永恒,也追求尘世的享受和自由。

在他们手中,政治原则、法律和各种人为的制度都是些富有韧性的东西,可以任由他们改变或加以组合。

在他们面前,曾经禁锢他们母国社会的藩篱倒下了;许多世纪以来控制世界的旧观念蒸发了;一块几乎没有边界的马场、一片一望无际的原野铺展开了:人类的思想在上面自由驰骋,四面八方都留下了它的足迹;然而,当它抵达政治世界的边境时,便停下了脚步。它颤抖着,停止使用自己的一切可怕的能力,放弃怀疑,不再感到革新的需要。它甚至克制自己不去掀开圣殿的帷幔。它毕恭毕敬地匍匐在未加争辩就接受了的真理面前。

因此,在精神世界,一切都已被归类调整,一切都已得到预见、被预先决定。而在政治世界,一切都充满着骚动、对立和不确定。在前一个世界是自愿而被动的服从,在后一个世界是独立、对经验的蔑视和对权威的猜疑。

表面看来如此对立的这两种趋势,非但没有互相伤害,反而步调一致，愿意相互支持。

在宗教看来，公民自由体现了人类对自身高贵能力的行使，而政治世界则是造物主赐给人类，让其发挥智力的园地。宗教在自身领域之内自由而强大，满足于划拨给它的位置，清楚地知道，要想实现更好的统治，不能仅靠自己的力量，而是要以整个社会的风俗作为依托。

在自由看来，宗教是它在斗争和战胜过程中的伙伴，是自己童年的摇篮，是自身权利的神圣来源。它把宗教视为社会风俗的保障，而把社会风俗视为法律和自由持久的保障。

英裔美国人某些特殊的法令和习俗产生的原因

希望读者不要根据前文所述就得出过于绝对和一般化的结论。初期移民的社会地位、宗教和观念习俗对他们新建国家的未来也许产生了巨大的影响，但是，他们建立的社会不可能只根源于他们自身。没有人能完全摆脱过去。初期移民会有意无意地将自身固有的观念习俗和来自教育和祖国传统的观念习俗混在一起。

要想认识和评价今天的英裔美国人，就必须仔细区分来源于清教和来源于英国人的东西。

在美国，我们经常能见到一些法律或习俗与周围的事物形成鲜明的对照。这些法律似乎有违美国的立法精神，这些习俗似乎跟整个社会状况相悖。如果英属殖民地是在遥远而不可知的古代建立起来的，又或者殖民地的起源已经消失在时间的晦暗中，那么问题就找不到答案了。

我只举一个例子来阐释我的思考。

根据美国的民事和刑事立法，对被告人只有两种处置办法：收监和保释。诉讼开始时要求被告交付保证金，若被告拒不支付，则将其关押。然后再审理被控告的事实和罪行轻重。

显而易见，这样的立法敌视穷人而只对富人有利。

即使是在民事诉讼中，穷人也并非总能交得起保证金。一旦他被收监，等待判决，就失去了人身自由，生活会更加恶化。

相反，在民事诉讼中，富人总能够逃避监禁。甚至，一个富人虽然犯了罪，却可以轻易免于刑罚，因为他交了保证金之后可以躲起来。因此可以说，对富人而言，法律规定的所有惩罚，最终只不过是罚款而已。[1]还有什么比这样的立法更具贵族制色彩的呢？

然而，美国是由穷人进行立法，通常他们利用法律最大程度地维护自己的利益。

只有在英国才能找到对这种现象的解释。我刚才谈到的法律本是英国的法律[2]，与美国的立法和美国人的精神理念相悖，然而美国人却将它们照搬过来。

一个民族最不容易改变的是习俗，其次便是民法。熟悉民法的只是那些法学家，也就是说那些因为了解法律，可以为了自己的利益将法律维持现状而不管其好坏的人。社会上大多数成员都不懂民法，只在特殊情形下才见到民法发挥作用，他们很难识别法律的倾向性，不假思索地就予以服从。

我只举出了一例，这样的例子还有很多。

打个也许不太确切的比方，美国社会呈现的这幅画卷，外面涂有一层民主，透过这一层，我们可以时不时窥见几笔先前描下的贵族制的油彩。

---

1 也许犯了有些罪行不需要交保证金，但这种情况属于少数。

2 见布莱克斯通和德洛姆的著作，第1卷，第10章。

第三章　英裔美国人的社会状况

社会状况一般而言是一个事件的产物，有时是法律的产物，更多的则是二者结合的产物。然而，一旦社会状况得以确立，它就成为规范国民行为的大多数法律、习俗和理念产生的首要原因。但凡不是它所产生的，它就要加以改变。

要理解一个民族的立法和习俗，就必须先研究它的社会状况。

英裔美国人社会状况最突出的特点在于它本质上是民主的

关于英裔美国人的社会状况，我们可以指出好几点重要特征，但其中有一点是最为关键的。

美国的社会状况极为民主。各殖民地诞生之初便具有这一特点，如今更为显著了。

之前我曾指出在新英格兰海岸定居的移民彼此之间非常平等。贵族制从来没能在合众国的这一部分播下种子。在这一地区，只有学识能够产生影响。人们习惯于尊敬某几个姓氏，认为它们是学问和美德的象征。某些享有声望的公民对民众具有一定的权力，如果这份权力能一成不变地世袭下去，也许人们有理由称其为贵族权力。

这是赫德森河以东的情形，而在该河的西南，直至佛罗里达，情况大不相同。

在赫德森河西南的大部分州里，定居着从英国来的大地主。贵族理念和英国的继承法也被他们一起带来。我已解释过为何在美国无法建立起一个强大的贵族政体，我所给出的理由在赫德森河西南各州也成立，但是不像在河东那样影响深刻。在南部，单独一个人凭借奴隶之力就可以经营一片广袤的农场。因此，在新大陆的这一地区，可以见到很多富有的大地主。但是准确地说，他们的影响却不同于欧洲贵族地主所发挥的影响，因为他们不拥有任何特权，也因为他们依靠奴隶进行种植，不像欧洲地主那样拥有佃农，要对佃农进行庇护和扶持。然而，赫德森河以南的大地主形成了一个上层阶级，这个阶级有自己的理念和趣味，并且基本控制了当地的政治生活。这是一种与民众区别不大的贵族，熟悉民众的情感和利益，民众对其既不爱戴亦不憎恨。总之，这种贵族显得衰弱，缺乏活力。正是这一阶层在南部领导了起义，为美国革命提供了一些伟大人物。

在这一时期，整个社会动荡不安：以人民的名义进行的斗争使人民成为一股强大的力量，人民产生了自主行动的愿望；民主本能开始觉醒；在打破宗主国桎梏的过程中，人们渴望一切形式的独立，以致个人影响力逐渐减小，而法律与习惯开始步调一致地向同一目标迈进。

但使得社会朝着平等迈出最后一步的，是继承法。

我很奇怪古代和现代的法学家们没有让继承法[1]对社会事

1 我所说的继承法，包括以决定财产在其所有者死后的归属为主要目的的一切法律。限嗣继承法也属于这一范围。没错，限嗣继承法的实施能够阻止财产所有人在生前处置财产，但是这样做的目的只不过在于使得财产完整无缺地传到继承人手里。因此，限嗣继承法的主要目的仍然在于决定财产所有人死后其财产的命运。其余的是实施手段。

务产生更大的影响。没错,它属于民法范畴,但是应被视为政治制度最重要的部分,因为它能够对社会状况施加不可思议的影响,而各项政治法律不过是社会状况的表现形式。继承法能够以稳定一致的方式作用于社会,能在人出生之前就决定其命运。通过继承法,人拥有一种近乎神赐的力量,可以左右同类的未来。立法者一旦制定好公民的继承法,接下来的数个世纪他就可以不用操心了,因为作品一旦完成,他就可以收手,任其自动运行了。继承法就像一架机器,凭借自身力量运转,向着既定的目标前进。按照一定方式,它可以先将地产,然后将权力聚拢和集中在某一个人手里。可以说,它使土地上生出了贵族。如果按照另外的原则,遵循另外的道路,它的运作会更快。那时,它会分割、分配、分散财富和权力。有时,它的运作之迅速让人感到恐惧,感到无法阻止它前进,于是人们想到给它设置困难与障碍,给它施加一些反作用力。徒劳!它将前进道路上遇到的一切障碍要么碾碎,要么撞得七零八落。它不停地上升、落下,扬起一阵载有民主的飘忽不定的浮尘。

若继承法允许,甚至规定父亲死后财产由所有子女平分,便会产生两种效果。有必要将二者加以区分,尽管它们的目标是一致的。

由于继承法的实施,每个财产所有人的死亡都会引起一场财产革命。不仅财产的主人换了,而且可以说财产的性质也发生了变化。财产在不断分割,不断缩小规模。

这是继承法的直接效果,从某种程度上说,也是它的有形效果。因此,在法律规定平分遗产的国家,私人财产,尤其是地产,必然有不断缩小的趋势。但是,如果让这种法律自行运转,它的效果只在很久以后才显现出来,因为只要子女数量不超过两个(像法国这样的国家,平均每家子女也不过才三个),子女平分了父母的总财产之后，并不比其父或其母穷。

但是，平分遗产的法律不仅影响着财产的归属，而且也作用于财产所有者的灵魂，激起他们的热情来支持法律的实施。这是它的间接效果，能迅速摧毁大的财产，尤其是大的地产。

在一些民族，继承法以长子权利为基础，地产经常能够完整地代代相传。这样做的结果便是，家族精神以某种方式通过土地得以具体地体现。家族代表土地，土地代表家族。家族的姓氏、起源、荣誉、势力和德行通过土地永世流传下去。土地既是往昔不朽的见证，又是未来珍贵的保证。

继承法一旦规定平分遗产，就破坏了家族精神与保持土地完整之间的紧密联系。土地不再代表家族，因为经过一代或两代，土地必然要被分割，越分越小直至消失。一个大地主的儿子如果人数不是太多，或者财运亨通，还可能相信自己的财产不少于父亲，但即便如此，他们也不是拥有和父亲完全一样的财产，而是依靠除继承以外的途径来获得新的财产。

但是，一旦大地主无法通过保存土地来维系感情、回忆、骄傲与雄心，他们迟早会卖掉地产，这是无疑的，因为出售地产可以带来相当可观的金钱回报，流动资本会比其他资本带来更大的收益，也更容易满足他们现时的欲望。

大地产一经分割，就永远不会重新集中起来，因为小地主的土地收益率高于大地主[1]，从而小地主的土地售价也要大大高于大地主的。因此，富人一旦出于经济的考虑卖掉大地产之后，就更不会以高价买进小块土地来恢复原来的大地产。

人们通常称为家族精神的东西，其实是为了迎合个人的自私心理，满足个人的幻想。人们幻想在子孙后代身上延续自己

---

1 我的意思不是说小地主更懂得耕种，但是他们往往在土地上投入更多的热情精耕细作，并以自己的勤劳来弥补技术上的不足。

的存在，实现不朽。一旦家族精神不再，个人的自私心理将重新用来满足个人的现实需要。在人们的意识中，家族成为了一个模糊而不确定的概念，于是每个人都只顾现实享受。人们会考虑到下一代的生活，但也就一代而已，不会考虑得更加长远。

人们不再努力使得家族不朽，或者至少可以说，人们不再努力通过地产使得家族不朽，而是想依靠其他途径。

如此，继承法不仅使得家族很难保持地产完整，而且使得家族不再具有保持地产的欲望。从某种意义上来说，它促使家族与其一道摧毁家族自身。

平分遗产的法律通过两条途径得以实施：通过作用于物进而影响到人；通过对人施加影响而最终作用于物。

凭借这两种方式，继承法深刻地改变了土地所有制，并且迅速摧毁了家族和财产。[1]

对继承法的威力加以怀疑的，也许并不是我们这些生活在19世纪的法国人，因为我们每天都在见证继承法引起的政治与社会变革。每天我们都能见到它在我们的土地上来来回回，推倒宅院的篱墙，拆卸田地的围栏。不过，尽管继承法在法国已经实现了一些变革，但仍然还有很多未竟之业。我们的传统、观念与习俗为它的前进设置了强大的障碍。

而在美国，继承法已接近完成它的破坏任务。正是在那儿，我们可以研究它所造成的主要后果。

---

1 因为土地是最可靠的财产，所以有时一些富人愿意为了增加地产而做出巨大的牺牲，为了保有土地而自愿放弃一部分重要的收入。但这仅是个别现象。通常而言，穷人更喜欢不动产。小地主的学识、想象力和激情都不及大地主，一般都把精力放在增加地产上。通过继承、婚姻或者买卖，小地主时不时会有增加地产的机会。

除了使人分割土地的倾向外，还有一种使人集中土地的倾向。这种可以防止地产无限分割的倾向，并没有强大到产生大规模的地产，更无法做到使大地产为几个家族所控制。

到独立战争时期，美国几乎所有的州都废除了英国的财产继承制度。

限嗣继承法被修改得几乎不影响财产的自由流通。

第一代人逝去了。土地开始被分割。随着时间的推移，这一分割运动变得越来越快。今天，只过了六十年，整个社会已经变得面目全非。大地主家庭几乎全部消散在大众之列。纽约州原本拥有数量众多的大地主家庭，现在只剩下两户，漂浮在漩涡之上，随时会被吞噬。那些富裕公民的儿子，如今都做了商人、律师和医生。这些人大部分都默默无闻。世袭特权和等级制度的最后痕迹已经消失。继承法到处发挥它的平均化作用。

这并不是说，美国的富人没有别处多。我还没有见过哪个国家的国民像美国人那样热爱金钱，像美国人那样蔑视财富永远平等的理论。然而在美国，财富却以令人难以置信的速度在流通，而且经验证明，很少见到上下两代均是富人的现象。

这幅图画尽管我已用心描绘，但还不能完全反映西部和西南部新建诸州的情形。

18世纪末，一些大胆的冒险家开始进入密西西比河流域。这等于再一次发现美洲。不久大批移民涌进来，一些不知名的聚居点突然出现在荒野。一些几年前连名字都还没有的州，纷纷加入联邦。在西部，可以说民主达到了它的极限。在这些偶然形成的州里，居民不过是刚刚踏上如今他们占据的这块土地。他们彼此之间几乎不认识，就连近邻的背景也都不了解。因此，在美洲大陆的这一部分，居民不仅没有受到望族富户的影响，而且远离那种因学识和美德自然形成的贵族所施加的影响。在那里，没有一个人因为毕生在众人面前做了好事，而被授予值得尊敬的权力。西部新建诸州虽然有了居民，却还没有形成社会。

在美国，人们不仅在财富上平等，从某种程度上说，甚至连学识水平都趋于平等。

我想，如果从人口比例来考察，世界上没有哪个国家比美国拥有更少的文盲和更少的学者。

在美国，人人都受过初等教育，而几乎无人受过高等教育。

这并不难理解，可以说是上文所述一切的必然结果。

几乎所有的美国人都过着小康生活，所以不难获得最基本的知识。

在美国，富人不多，几乎所有美国人都需要从事一门职业。不管从事什么职业，都要经过一段见习期。因此，美国人只能在一生的早年专心接受通识教育。到了十五岁，他们就步入职业生涯了。所以说在我们法国人刚开始接受教育的年龄，他们的教育就已经结束了。即使有人继续学业，也只是在专门的实用科目上努力。对他们来说，研究科学如同学习手艺。他们只注重科学研究的实际用途。

大多数的美国富人都经历过一段贫穷的岁月。如今几乎所有生活清闲的人，在年轻的时候都忙得不可开交。结果便是，当人们有学习的兴致时，却没有时间；而当人们有时间去学习时，又没了兴致。

因此，在美国不存在一个将求知欲随着世袭的财富和悠闲生活代代相传，并以脑力劳动为荣的阶级。

所以说，美国人既没有从事脑力劳动的意志，也没有这方面的能力。

美国人的知识水平处于中等。所有人都接近于这一水平，有些人比这高一点，还有些人比这低一点。

因此，许许多多的人，在宗教、历史、科学、政治经济学、立法和行政管理方面，都拥有大致相等的知识。

人类智力的不平等直接来源于上帝，人们无法改变这一事实。

不过,根据刚才所说的一切,至少可以认为,虽然造物主的意志决定了人类智力的不平等,但智力发展的条件是平等的。

由此可见,在美国一向薄弱的贵族因素,如今即使没有被完全摧毁,至少也是力量微弱,不足以对事态发展施加任何影响。

与此相反,在时间、重大事件和法律的共同作用下,民主因素不仅在美国占据主导地位,而且可以说是独一无二的地位。无论是家庭还是团体,现在都毫无影响可言,个人影响力也极为有限,无法长久。

因此,美国的社会状况呈现出一种非同寻常的现象。人在这里比在世界上任何国家,比在有历史记载的任何世纪,彼此之间在财富或学识上,换句话说,在力量上都更趋于平等。

英裔美国人社会状况的政治后果

这种社会状况的政治后果是不难推断的。

平等进入所有领域,却不进入政界,这是无法理解的。人们在其他方面都取得了平等,而在一个方面却永远处于不平等,这也是无法想象的,因此,所有人早晚都要在一切方面享有平等。

然而,我所知的在政界建立平等的方式只有两种:要么让每个公民都拥有权力,要么让他们每个人都没有权力。

因此,对于社会状况已经达到如英裔美国人这样地步的民族,很难在全民主权和个人专权之间找到折中点。

不必讳言,我刚才所描述的社会状况,既容易导致前一种政治后果,也同样容易导致后一种。

确实,有一种豪壮而正当的要求平等的激情,在这一激情的驱使下,所有人都渴望变得强大,受别人尊敬。因而,这一激情能够帮助弱者跻身强者之列。但是,人心也有对平等的变态爱好,即弱者希望打击强者,使强者沦于他们的水平。他们宁愿在奴役中平等,也不愿在自由中不平等。这并不是说社会状况民主的民族天生轻视自由,相反,他们出自本能地爱好自由。然而,自由并非他们最渴望、最持之以恒追求的事物。平等才是他们永远爱慕的对象。他们一时冲动,猛下功夫,想要得到自由。一旦未能达到目标,他们就妥协了。但是,如果没有平等,那么什么都不能使他们满意,他们宁死也不愿失去平等。

另一方面,当所有公民几乎都享有平等时,很难抵制权力的入侵,捍卫自身的独立。他们当中没有人拥有足够的力量单独进行斗争,只有通过联合所有人的力量才能捍卫自由。然而,这样的联合并不总是存在。

因此,同一个社会状况在不同的民族可能引发两种不同的政治后果:这两种政治后果有着天壤之别,却源于同一社会状况。

作为第一个直面二者必取其一的可怕抉择的民族,英裔美国人十分幸运地避开了极权政治。他们的环境、起源、知识水平,尤其是风俗习惯,使他们建立并维护了人民主权。

第四章　美国的人民主权原则

要想谈论美国的政治制度，总得从人民主权学说开始。

人民主权原则，几乎或多或少存在于一切社会制度的深处，一般隐而不现。人们服从它，却不加承认，或者有时尽管使它见了天日，又匆匆忙忙重新将它埋进黑暗。

民族意志，是古往今来一切阴谋家和独裁者惯用的字眼之一。它可以出现在某些政治人物的贿选中，在少数派因私利或畏惧而投票的过程中，甚至对于某些人来说，全民的沉默也在表达一种民族意志，他们认为民众的顺从这一事实赋予了他们执政的权力。

在美国，人民主权原则丝毫没有像在某些国家那样被掩盖或空洞无效，而是被民意所接受，被法律所承认。它在这块土地上自由伸展，不受任何束缚，将自身潜力发挥到极致。

如果说世界上存在一个国家能让人们恰当评价人民主权原则，研究其在社会事务中的应用，衡量其优点和危险，那么这个国家只能是美国。

我之前已经说过，人民主权原则一开始就是美洲大部分英属殖民地的基本原则。

但是，当时的人民主权原则远非如今天这样完全主宰社会的管理。

两大障碍延缓了它猛烈的发展势头，一个来源于外部，一个来源于内部。

当时，人民主权原则不能公然见诸法律，因为殖民地还必须服从宗主国。因此，它只能隐藏于各地的人民大会，尤其是隐藏于乡镇的管理中。在那些地方，它得到秘密的发展。

当时的美国社会丝毫没有准备好全方位接受人民主权原则。在很长一段时间内，新英格兰的文化水平、赫德森河以南富庶的物质条件，都产生着某种贵族式的影响，促使管理社会的权力集中在少数人手里。所有公务员并非都经选举产生，所有公民也并非都是选民。选举权到处受限，只有达到了一定的纳税额，才具有选举权。这一税额在北方很低，而在南方比较高。

美国的革命爆发了。人民主权原则走出乡镇，占领了各州政府。所有人无论阶级属性一律卷入其中，以人民主权原则的名义进行战斗和取得胜利。人民主权原则成为了法律的法律。

这时在社会内部产生了一个几乎同样迅猛的变革。继承法完成了粉碎地方势力的大业。

在大家都看清法律和革命产生的后果时，民主已经宣告了它不可逆转的胜利。确实，权力已经牢牢掌握在民主的手中，任何反抗都是禁止的。上层阶级只能乖乖地接受这一从此以后不可避免的厄运。他们经受了权力集团在失去权力之后一般都会有的遭遇：成员各怀私心，只为自身考虑。既然无法从民众手里把权力夺回来，再说对民众也没有厌恶到必须冒犯他们心里才会舒服的地步，于是他们就竭尽全力讨好民众，以求博得其好感。结果，最民主的法律正是由他们这群人踊跃投票通过的，即使这些法律对他们的利益伤害最大。这样，上层阶级并没有将人民的怒火引向自己，而是极力促成了新秩序的产生。这多么奇怪！最不可遏制的民主热情，竟在贵族因素最根深蒂固的州掀起。

马里兰州本是由一些大地主建成的，但它却第一个宣布了普选，并在州政府中全面采取了最民主的制度。

当一个国家规定公民必须达到一定的纳税额才能取得选举权时，可以预见到或早或晚总有一天会彻底取消这一规定。这是支配社会发展的不变法则之一。选举权的范围越大，人们就越想让它再扩大，因为每次取得进步之后，民主的力量就会得到增强，要求也随之增多。有选举权的人在总人口中占的比例越高，无选举权的人不平之心就越强烈，也就越想要争取选举资格。最终，例外成了常规，一方不断让与权力，一方不达普选决不罢休。

今天，人民主权原则已在美国取得人们可以想见的一切实际进展。它没有像在其他国家那样被虚捧，而是根据实际需要以各种形式出现在美国。有时，像在古雅典那样，由全体人民制定法律；有时，又由普选出来的议员代表人民，以人民的名义工作，并几乎受人民的直接监督。

有一些国家，其政权可以说是从外部强加于社会的，它管理社会并强迫社会按照某种道路前进。

还有一些国家，权力是分解的，同时由社会内部和外部的力量分享。在美国绝没有类似的情形。美国社会自己管理自己，所有的权力都归社会所有，几乎无人敢设想，更不用说敢提出去别处寻找权力的想法。人民通过选举立法者参与法律的制定，通过选举行政人员参与执法。可以说，人民自己管理自己，留给政府的那部分权力不仅微弱，而且受人民监督，政府时刻能感受到来自人民的影响，遵从建立政府的人民的权威。人民统治着美国的政界，正如上帝统治宇宙。人民是一切事物的原因和目的。一切取之于民，一切也都用之于民。

第五章　在叙述联邦政府之前必须先研究各州的过去

美国的乡镇组织

我先考察乡镇并非偶然。

乡镇这一组织形态在自然界中显得如此适宜，只要有人聚集，就会自然而然形成乡镇。

因此，全世界各民族不管习俗法律如何，都有乡镇组织的存在。是人建立君主制或共和制，而乡镇却像直接出自上帝之手。尽管乡镇自古有之，乡镇自由却属罕见，即使存在，也脆弱不堪。一个国家可以经常举行各种大型的政治集会，因为一般而言，它拥有一定数量文化水平较高、凭理性而非习惯处理公务的人民；而乡镇却由一群大老粗组成，他们经常不接受立法者制定出的法律。实现乡镇独立的困难并没有随着民族的开化而减少，反而随着人民文化水平的提高而增加了。一个文明程度很高的社会，只能勉强容忍乡镇自由的实验。一旦见到乡镇离经叛道的做法，它就立刻予以反对。在实验还未取得最终结果之前，它就已经对成功不抱希望了。

乡镇自由不仅是极难实现的一种自由，而且最容易遭到国家政权的侵犯。仅靠自身的力量，乡镇组织绝对斗不过庞大的中央政府。为了进行有效的防御，乡镇组织必须全力发展自己，使乡镇自由成为全国人民都接受的观念，成为社会生活的一种习惯。因此，只要乡镇自由还未成为整个社会普遍接受的观念，就易于被摧毁。只有将它以法律的形式确定下来，并推行很久之后，才能使其成为社会的普遍观念。

因此可以说，乡镇自由并非依靠人的努力而实现，它极少是由人创造出来的。可以说它是自己生成的。它是在半原始的社会中自己悄悄发展起来的；是法律和社会习俗的共同作用，是环境，尤其是时间，最终使它得以巩固。欧洲大陆几乎没有一个国家知道何谓乡镇自由。

然而，自由的人民所产生的力量，只存在于乡镇中。乡镇组织之于自由，正如同小学之于科学。乡镇引导人民认识自由，让他们学着和平使用自由，并养成使用自由的习惯。一个国家如果没有乡镇组织，即使可以建立一个自由政府，也没有自由的精神。片刻的激情、暂时的利益或偶然的机会可以给这个政府造就一种独立的表象，然而，潜伏在社会机体内部的专制迟早会重新显露出来。

为了使读者清楚地了解到美国乡镇和县设立政治机构的基本原则，我认为最好是以一个州为例，先详细考察这个州的情形，再瞥一眼其余各州。

我选了新英格兰的一个州。

在联邦各州，乡镇和县并不是按照同一方式建立的。然而却不难发现，在整个联邦，乡镇和县的建制，却几乎完全基于同样的原则。

但我认为，这些原则在新英格兰比在其他地方推行得更广，成果也更大。因此可以说，它们在新英格兰表现得更为突出，也更易于外人观察。

新英格兰的乡镇组织是一个完整而有序的整体，建立得很早。它由于法律的支持，尤其是由于社会普遍观念的承认而变得强大。它对整个社会产生了无比巨大的影响。

基于这些原因，它值得我们注意。

乡镇的行政区划

新英格兰的乡镇（Township）介于法国的区和乡之间，其人口一般为两三千人。因此，一方面，乡镇的面积并未大得使全体居民几乎无法拥有共同利益；另一方面，它又具备足够数量的居民，能保证从中选出高素质的行政管理人员。

新英格兰的乡镇政权

像在其他行政区一样，乡镇公权的源泉是人民，但人民在其他任何地方都没有像在新英格兰那样直接行使权力。在美国，人民是各级政府必须竭力讨好的主人。

在新英格兰，公民通过代表参与州公共事务的管理。这样做是必须的。但在乡镇一级，由于立法、行政工作和人民密切相关，没有采取代议制。没有乡镇议会，在任命行政人员之后，选举团便在一切方面领导他们。相比较而言，州一级法律的执行没有如此简便。[1]

这种制度与我们法国人的观念习俗相去甚远，因此有必要

1 一些规模较大的乡镇不采用这种方法。在这些乡镇，一般设一名乡（镇）长和一个由两个科组成的乡镇公所，但这种例外情形必须得到法律批准。参看1822年2月22日关于调整波士顿市政权的法令，载于《马萨诸塞法令汇编》，第2卷，第588页。这项法令是用于大城市的。但是一些小城市也往往设立自己的行政管理机关。1832年纽约州有104个乡镇设有这样的行政机关。参看《威廉氏纽约1832年大事记》。

举出一些例证来帮助理解。

我们在下面将要提到，乡镇的公务繁杂而琐碎。但是，大部分行政权力掌握在几个每年一选的名为“行政委员”（selectmen）的人手里。

州立法律对行政委员规定了一定的职责。他们在履行这些职责的时候不需要经过本乡镇人民的批准，如果玩忽职守，个人必须承担责任。例如，州法律责成他们呈报本乡镇的选民名单。如他们不报，就犯有渎职罪。但是，对于交付乡镇政权处理的一切事务，行政委员是人民意志的执行者，如同在我们法国，市（镇）长是市（镇）议会决议的执行者一样。通常，他们只要按照本乡镇居民先前通过的原则，便可自行处理公务。但是，如果想对既定事项进行修改，或拟办一项新事业，他们就必须请示他们权力的给予者。比如，为了创办一所学校，几位行政委员要找一个日子，在事先指定的场所召集全体选民开会。会上，他们指出创办学校的必要性，创办的方法，所需的花费以及拟建的校址。大会就这些议题进行讨论，制定原则，选定地点，表决筹措资金的方法，然后责成行政委员执行大会的决议。

只有行政委员有权召开乡镇居民大会（town-meeting），不过他人也可以要求他们召开。如果有十名选民提出一项新计划并要求得到全乡镇人民的支持，他们就可以请求行政委员召开乡镇居民大会，这时行政委员必须同意他们的请求，自己只保留主持大会的权力。

这种政治风范和社会习俗无疑和我们法国的有很大差异。在此，我既不想进行评论，也不想解释它们得以发生和发展的深层原因，我只是将它们说出来而已。

行政委员在每年4月或5月改选。同时，乡镇居民大会还会选出其他一些担任重要职务的行政官员。其中有：数名财产估价员，负责对居民的财产估价；数名收税员，负责按估价的财产征税；一名治安员，负责维护公共治安和执行法律；一名乡镇文书，负责记录会议和管理户籍；一名司库，负责管理乡镇财务。除了这些官员以外，还有：一名济贫工作视察员，负责济贫法的执行，可谓任务艰巨；几名教育专员，负责管理公共教育；几名道路管理员，负责大小街道一切事务的管理。以上就是乡镇行政管理的主要官员。但是，职务的划分还不止于此。另外还有几名负责管理宗教事务费的教区管理员，以及负责专门事务的视察员，比如，有些负责组织居民救火，有些负责收割工作，有些负责协助居民解决修建围墙时可能遇到的困难，有些负责测量森林，有些负责检查度量衡工具。

一个乡镇的行政共有十九个主要的职能部门。每个居民都必须承担一定的职务，违者罚款。但是，这些职务大部分是带薪的，为的是让贫穷的居民能付出时间而不受损失。还应当指出，在美国的制度里，官员没有固定的薪资。一般而言，他们根据每项具体的公务支取薪酬，收入多寡跟工作量大小成正比。

乡镇的生活

我之前已经说过，人民主权原则支配着英裔美国人的整个政治体系。本书的每一页都会揭示这一原则的某些新的应用。

在推行人民主权原则的国家，每个人都享有同等的主权，平等地参与国家的管理。

因此每个人的文化修养、道德境界和个人能力，也被视为与其他任何同胞水平相当。

那么，一个人为什么要服从社会呢？这一服从的自然限度又在哪里？

一个人服从社会，并非因为他比管理社会的人低劣，或者他自我管理的能力不如别人。一个人服从社会，是因为他感到跟同胞的联合对自己有益，因为他知道一种负责协调的权力的存在，对实现这一联合是必要的。

因此，当他要履行公民彼此之间的义务时，他就要受到约束；而在只涉及自身的事务上，他仍然是自主的。也就是说，他是自由的，其行为只对上帝负责。由此引出这样一条准则，即个人是其自身利益的最好也是唯一的评判者，而社会只有在个人伤害了公共利益，或社会需要个人援助的时候才有权支配个人行动。

这一准则得到美国社会的普遍承认。我准备稍后考察它对日常生活行为发生的一般影响，而现在只谈一谈乡镇。

在中央政府面前，作为整体的乡镇就像个人一样，我刚才提到的准则在它身上也完全适用。

因此，美国的乡镇自由正来源于人民主权学说。美国的各州都或多或少承认乡镇的这种独立，而在新英格兰各州尤甚。

在联邦的这一部分，政治生活始于乡镇。甚至可以说，起初每个乡镇都是一个独立的国家。后来，当英国国王相继要求行使他们的主权时，也只是限于州一级的权力。对于乡镇，他们并未加以干涉，而是使其维持原状。如今新英格兰的乡镇是隶属的，但在起初，它们绝非如此，或者说几乎不是如此。因此，乡镇并没有从别处取得权力，相反，似乎是它们向州政府让渡了一部分独立。这是一个重大的差别，读者务必谨记在心。

一般情况下，只有在涉及我所谓的“社会”利益，即各乡镇的共享利益的时候，乡镇才会服从于州。

乡镇在只跟自身利益有关的一切事务上仍然是独立的。我想，新英格兰的居民中没有一个人会承认州有权干预纯粹属于乡镇的事务。

因此，在新英格兰的乡镇，无论是商品买卖，打官司，还是增减预算，州政府从不横加干涉。[1]

对于全州性的义务，各乡镇非尽不可。比如，州需要钱，乡镇就没有同意或拒绝支付的自由[2]；州想要修一条道路，乡镇不能不让路从其境内通过。州制定一项公安条例，乡镇必须予以执行，州想在全州范围内实行统一的教育制度，乡镇就得设立法律规定的学校。当我们以后叙述美国的行政组织时，我们将会谈到在上述各种情况中，乡镇是如何和通过什么途径进行服从的。在这里，我只想指出有这些义务的存在。义务是必须尽的，但州政府在制定义务的时候，只是规定了原则，在执行的时候，乡镇一般又恢复了自身的个体独立权。比如，赋税是由州议会表决的，但计征税款的却是乡镇；设立学校是州里规定的，但花钱办学和管理学校的却是乡镇。

在法国，是国家税务人员去收乡镇的税，而在美国，是乡镇的税务人员去收州的税。

也就是说，在我们法国，是中央政府把它的官员借给乡镇；而在美国，则是乡镇把它的公务员借给州政府。仅这一个事实就足以说明两个社会的差别是如何之大了。

新英格兰的乡镇精神

在美国，不仅存在着乡镇制度，而且存在着支持和激活这种制度的乡镇精神。

---

1 见《马萨诸塞法令汇编》，第1卷，第250页：1786年3月23日法令。

2 同上，第217页：1786年2月20日法令。

新英格兰的乡镇具有两大优点：独立和强盛，而这两大优点不断激励人们投身乡镇事业。乡镇走不出自己的圈子，确实如此，但是在圈内，乡镇的各项活动是自由的。乡镇人口不多，幅员有限，可是仅凭自身的独立性就能切实保证自身的重要地位。

应该相信，人们通常只热爱强盛的地方。在一个被外族征服的国家里，人们的爱国心不会持续太久。新英格兰的居民热爱自己的乡镇，与其说是因为他出生于那里，不如说是因为他感觉到自己所属的乡镇共同体自由而强大，值得付出努力去经营。

欧洲的政府首脑经常慨叹乡镇精神的缺失，因为他们都认为乡镇精神是维护社会秩序和社会安宁的重要因素，可是他们却不知道如何创造乡镇精神。如果让乡镇变得强大和独立，他们就会害怕中央权力遭到切分，害怕国家陷入无政府状态。然而，不让乡镇强大和独立，从那儿就只能得到属民，而非公民。

再例举一个重要的事实：新英格兰的乡镇因其组织方式良好，能够引发人们的依恋之情，而且，在乡镇以外，并不存在一个能够激发人们野心的体制。

县的官员不是选举产生的，且权力有限。州这一级政权本身就处于次要地位，其存在并不彰显。很少有人愿意为了去州里当官，放弃自己的事业，扰乱自己的生活。

至于联邦政府，确实它赋予政府官员权力和荣耀，但能够施政的毕竟是极少数。总统是达到一定年龄之后才能取得的最高官职。至于联邦政府的其他高级官员，可以说是偶然获得了现在的职位，他们在上任之前，往往已经在其他行业取得了令人瞩目的成绩。所以，一个人即使有野心，也不会将这些高级官职作为自己奋斗的目标。乡镇，即日常生活关系的中心，才是人们渴求他人尊重、求取实际利益、追逐权力和荣誉的所在。人的这些欲望往往会造成社会混乱，但是，如果是在乡亲邻里，在家庭内部实现这些欲望，其性质就会变得不同。

在美国乡镇，人们以高超的手段将权力进行分散，以使更多的人参与到公共事务中去。

选民的任务是经常开会审议乡镇的管理措施，而在此之外，有多少人在担任形形色色的职务，在自己的职权范围以内，代表这个强大的乡镇共同体，并以这个共同体的名义行动！又有多少人受益于乡镇的强大，并且为了切身利益而关心乡镇事务！

美国的制度将乡镇政权分给多数公民，在分权的同时，它也并不惧怕增加公民的义务。在美国，人们理性地认识到爱国之情是在实践中养成的。

通过实践，人们每时每刻都能感受到乡镇生活；通过履行一项义务或行使一次权力，人们每天都在参与乡镇生活。这种政治实践使得社会处于持续不断的运动当中，激活而非扰乱着社会，因此是和平无害的。

美国人依恋自己的乡镇，这是因为，好比山民热爱自己的山水，故乡对他们来说有着明显的特征，有其他地方不具备的独特面貌。

一般而言，新英格兰的乡镇生活是幸福的。乡镇的管理方式是居民根据自己的喜好选择的。在生活安宁物产丰富的美国，乡镇极少发生骚乱。地方事务也容易管理。而且，民众的政治教育早已完成，更确切地说，他们来到一块地方落脚的时候已经受到过政治教育。在新英格兰，人与人之间不存在等级，甚至没有关于等级的集体记忆，因此，在乡镇内部，没有哪部分人试图压迫其他人。至于不公正的行为也是有的，但只属于个体行为，不影响整体的幸福感。政府也存在一些缺点，而且很容易就可以指出来，但这些缺点并不引起人们的特别注意，因为政府确确实实来自人民，只要工作得还可以，人民就会出于某种父爱护着它。再说他们也没有其他可比之物来判定政府的优劣。从前各殖民地受英国统治，但是乡镇事务却一直由人民自己管理。因此，乡镇的人民主权不仅过去就存在，而且起初就与乡镇一同诞生。

新英格兰的居民依恋自己的乡镇，因为它强大而独立；他们热心乡镇事务，因为可以参与乡镇管理；他们热爱乡镇，因为生活其中不需要抱怨命运；他们在乡镇实现自己的抱负，将未来寄托于乡镇；他们关心乡镇生活中的每个事件，在力所能及的有限范围内试着管理社会。他们逐渐习惯自由赖以实现的这一体制，若没有这一体制，自由只能依靠革命实现。他们能深刻领会这一体制的精神实质，爱好秩序，理解权力之间的制约与平衡，最终，对自己应尽义务的本质和应享权利的范围都有着清晰实际的认识。

美国行政分权的政治效果

“集权”是现在人们经常使用的一个词，但几乎没有人想弄清楚这个词的含义。

然而，存在着两种截然不同的集权，必须将二者区分清楚。

一些事务牵涉到全国各地的利益，如全国性法律的制定和对外关系。

还有一些事务只跟局部地区的利益有关，如地区性建设。

将领导第一种事务的权力集中到同一地点或同一个人手中，这就是我所谓的政府集权。

以同样的方式集中第二种事务的领导权，这就是我所谓的行政集权。

这两种集权在有些地方界限不明，但是，通过总体考察它们各自管辖的对象，不难将二者区分开来。

可以发现，政府集权若与行政集权结合起来，便会获得无限的权力。到那时，人们将习惯于长期彻底地放弃自己的个人意志，习惯于不是在某一次或某一件事上服从，而是在一切事和每一天表示服从。因此，那时的集权不仅依靠权力驯服人民，而且依靠人民的习惯统治人民。

它将每个人孤立起来，再逐个击破，使每个人都成为自己的俘虏。

这两种集权互相支持，互相吸引，但我不相信二者不可分离。

路易十四统治时期，法国的政府集权达到了人们所能想象的顶点，因为他一个人制定全国法律并有权解释法律，他对外代表法国并以法国的名义行动。他说“朕即国家”，他说的没错。

然而，在路易十四统治时期，行政集权比今天少得多。

如今我们可以看到，在英国这个强大的国家，政府集权达到了很高的程度：国家就像一个单独的人在行动，它随心所欲地鼓动民众，聚集一切可以聚集的力量，并将这股力量用在它想用到的地方。

五十年来创造了如此多丰功伟绩的英国，没有行政集权。

就我个人而言，我无法想象一个没有强大的政府集权的国家能够生存下去，尤其是无法想象它能够繁荣昌盛。

但是，我认为行政集权只会削弱它统治下的人民的力量，因为它不断摧毁人民的公民精神。确实，行政集权能在某一特定的时期和地点集中整个民族的可用力量，但是它妨碍这些力量的再生。它帮助民族在战争中取胜，却损害民族的长远利益。因此，行政集权可以造就一个人的短暂辉煌，却无助于一个民族的持久繁荣。

请大家注意,当我们说,一个国家因为没有集权所以无法行动起来,这时候我们所说的集权几乎总是政府集权,而我们并没有意识到这一点。我们总是说,德意志帝国从未能完全利用它的力量。没错,可这是为什么呢?因为全国的力量从来没能集中起来,因为国家从来没能使全国性法律产生实际效力,因为即使事关全体公民,帝国的各部分总是有权或有可能拒绝与最高当局合作。换句话说,因为没有政府集权。中世纪的情形与此类似:不仅是行政权,就连统治权都被许多人分享,以成千上万的方式被分割,此为封建社会一切灾难的根源。政府集权的缺失造成欧洲各民族在前进的道路上萎靡不振,无法实现任何目标。

我们已经看到,在美国不存在行政集权,也几乎看不到等级制度的痕迹。美国的地方分权达到了很高的程度,这样的分权无论在欧洲哪个国家实行,我想可能都会非常困难,在美国本土,分权甚至产生了一些不良后果。但是,美国的政府集权也达到了极高的水平。很容易就能证明,国家权力在美国比在欧洲历史上任何一个君主国都要集中。不仅每个州只有一个立法机构,只有一个创造本州政治生活的政权机关,而且,一般而言,禁止数个县的议会联合行动,以防止它们图谋超越行政权限,阻碍政府工作。在美国各州,没有任何可与立法机构相抗衡的力量。不管是特权、地方豁免权还是个人影响力,甚至连理性的权威都无法阻挡立法机构的步伐,因为它代表多数,而多数自称为理性的唯一代言人。因此,在它行动的时候,除了受制于自身意志之外,不受任何限制。在立法机构旁边且受其领导的是行政权的代表,他们借助于暴力迫使不满者服从。

政府工作只在个别细节处存在弱点。

美国的各共和州没有常规军来镇压少数，不过直到目前为止，少数还没有落到必须发起战争的地步，所以各州没有感到建立军队的需要。州通常利用乡或县的官员来和公民打交道。比如，在新英格兰，由乡财产估价员计算税额，由乡税务员征税，由乡司库将收到的税金缴至州库，由普通法院审理税务纠纷。这样的征税方式既缓慢又麻烦，无时无刻不在阻碍一个需要大规模财政收入的政府的工作。一般而言，为了维持政府本身的存在，政府应该有自己的行政人员，有遴选和撤换官员的权力，有高效的行政手段。但是，像美国那样的中央政权，总是很容易就能根据实际需要，采取更有活力和更有效的行动手段。

因此，并不是像人们常说的那样，因为美国没有集权，所以新大陆的各共和州将走向灭亡。事实是，美国各州政府并非集权不够，而是过于集权。这一点，我稍后将会证明。各级立法会议每天都在蚕食政府权力，就像法国的国民公会那样，试图把所有的权力都弄到自己手里。像这样集中起来的社会权力经常易手，因为它服从于民众的力量。也因为它可以为所欲为，所以有时显得缺乏智慧与远见。这样对它来说，便产生了危险。因此，有朝一日导致它灭亡的，正是它本身的力量，而不是它的软弱。

行政分权在美国引起了多种后果。

美国人几乎完全把行政从政府分离出来，在我看来，这似乎不太合理，因为即使是在一些次要的事务上，全国也该有个统一的制度。[1]

州政府没有将自己的行政官员派驻到所辖领地的不同地

1 我认为，代表州的当局，即使不亲自管理行政，也不应该放弃监管地方行政的权力。比如，可以在每个县派驻一位州府的官员担任固定职务，将乡镇的违法行为向司法机关提起诉讼。如此，在没有侵犯地方独立的前提下，不是能建立起一个统一的制度吗？然而，美国从未建立起类似的制度。在各县法院之上，再无其他。从某种程度上说，各县法院得知某些行政违法行为并进行审判，纯属偶然。

点,授以固定职位,以进行统一管理,因此,它很少想到制定全州统一的治安条例。但是,制定这些条例,显然是必须的。欧洲人在美国经常能觉察到治安条例的缺失。初来美国的欧洲人,看到表面一览无余的混乱,会以为美国社会完全处于无政府状态。只是在深入了解之后,他才意识到自己错了。

有些事情虽然关系到全州,但因为没有全州的行政系统来管理,所以无法实行。交给乡镇或县,由被选举出来有着短暂任期的人去办理,最终要么无法取得任何有效成果,要么成果持续不了多久。

欧洲的集权主义拥护者认为,由中央政府管理地方,比地方自己管理自己要好。这种观点可以是正确的,但条件必须是:中央政权开明而地方无知,中央政权积极而地方消极,中央政权习惯于行动而地方习惯于服从。甚至可以说,中央集权越严重,上述两极分化的现象越明显,中央政权的能力越强,地方自治能力越弱。

但是,如果像美国这样,民智开化,人民积极关心并习惯于思考自身权益,那么,我认为上述观点是不成立的。

在这种情况下,我反而坚信,公民的集体力量总是能比政府的权力创造出更多的社会幸福。

唤醒一个沉睡的民族,给予它自身所缺少的激情和智慧,可怎样才能做到?我承认,要明确给出方法非常困难。说服人们应该管理他们自己的事务,我也不是不知道这是项艰巨的任务。让他们关心宫廷礼仪的细节,比让他们关心公共建筑的维修要容易多了。

但是,我同样认为,当中央行政企图完全取代最初几个热心公共事务的人的自由协作时,它要么自欺,要么想糊弄你们。

一个中央政权,不管它多么开明,多么睿智,都不可能独自处理一个伟大民族生活中的一切细节。它不可能做到，是因为这样的工作超出人力所及的范围。当它想要独自创造那么多发条并使其运转时，要么满足于不完美的结果，要么消耗大量精力而一无所得。

不错，中央集权确实轻易就能使人们的外在行为获得某种一致性，人们最终爱上了这种一致性，却忘了为何要有这种一致性，就像那些虔诚的教徒，只顾膜拜神像而忘了神像所代表的神是谁。中央集权可以毫不费力地让日常事务呈现秩序井然的外貌，可以合理整治社会治安的方方面面，镇压小规模骚乱，惩治轻微的违法行为，可以让社会维持一种既非衰退又非进步的现状，在行政上陷入一种习惯被官僚们称为良好秩序和集体安宁的昏睡当中。总而言之，中央集权长于保守，短于创新。一旦社会需要深入改革或快速发展，中央集权就显得力有不逮了。只要它的各项措施需要个体协助才能完成，这架庞大的机器便会突然暴露出自身的弱点，陷入无能为力的状态。

有时在万不得已的情况下，中央集权也会向公民求助，但说的却是："照我说的去做，我说做多少就做多少，一定要按我指定的方向去做。你们弄好细节就可以了，不要去想怎么指挥全局。你们要能经受黑暗，不要计较过程，要根据结果来评价我的事业。"这些条件显然不能使人的意志发挥作用。人需要行动自由，需要对自己的行为负责，才能发挥他的意志。他宁愿站在原地，也不愿被动走向一个他未知的目标。

我也不否认，我常为美国缺少那种无时无刻不在指导每个法国人生活的统一制度而感到遗憾。

美国时不时会发生因鲁莽和疏忽造成的重大事故，在文明的大背景下，也偶尔出现醒目的污点。

有些需要长期投入和精确筹划才能成功的事业，最终往往被放弃,因为在美国就像在其他地方一样,人民凭借暂时的努力和冲动行事。

欧洲人遇事习惯去找一位几乎能解决一切的公务员,所以很难适应美国复杂的乡镇行政制度。总体而言,可以说美国不存在那种能让人民生活得舒适安逸的社会治安细则,但是就像在其他地方一样,个人在社会受到的基本保障是存在的。在美国,各州行使的权力远不如欧洲那样条理分明,充满智慧,但力量却超过欧洲百倍。世界上没有哪个国家的人民像美国人民那样,为创造社会福利最终做出如此巨大的努力。我还不知道哪个民族建立的学校有如此之多又如此高效,建立的教堂如此切合当地居民的宗教需求,修建的乡镇道路维护得如此良好。因此,在美国不应该寻找事物统一长久的一面,不应关注细枝末节的处理方式和行政手续的完备规定。我们在那里看到的,是一个确实有点粗犷,但充满力量的权力机构,一幅时有意外,但充满活力和进取精神的生活图景。

不过,我也愿意承认,如果美国的村庄和乡镇由一个远离它们的陌生的中央政权管理,将会比由从它们中选出的官员管理更为有效;我也不否认,如果整个美国的行政权集中在一人手里,那人们将生活得更加安全,对社会资源的利用也会更为明智合理。但是,美国从分权制度取得的政治好处使我仍然偏爱分权,而非集权。

一个权威,时刻伴随着我,尽力满足我的需求,它在我的前方飞翔,为我排除一切潜在的危险,那些危险,我甚至想都不用去想,可是,如果这个权威在扫除我前进道路上的一切荆棘之时,也成为我生命的绝对主人,剥夺我的个体自由,那么,要这个权威做什么?如果这个权威控制了众人的行动,决定了众人的生存,以至于在它颓丧之时举世颓丧,在它沉睡之时举世昏睡,在它灭亡之时举世衰亡,那么,要这个权威有什么意义?

欧洲很多国家的居民像殖民地的居民一样,对自己居住地的命运毫不关心。国家发生了重大变革,而他并未参与其中。他甚至不太明白究竟发生了什么,那些事件,他只是偶然听别人讲起。而且,就连自己村庄的财产、家门口那条路的治安、定期去做礼拜的教堂和神甫住房的命运,他都从不加以关注。他认为这些事跟他没有任何关系,认为它们应该由我们称为政府的那个陌生权力来处理。对他来说,享有用益权就可以了,他的脑子里没有所有权的概念,也不考虑改良现状。这种漠然发展到一定程度,便会出现如下可能:如果某天他的个人安全或者他后代的安全受到威胁,他也不会努力化险为夷,而是双手抱在胸前,等全世界的人来救他。不过,这个人尽管完完全全牺牲了自己的自由意志,却不比其他人更喜欢服从。确实,他服从一名小职员的颐指气使,但是一旦没有强力的压迫,法律在他眼中就如同一个战败的敌人,他就敢于触犯法律。因此,我们看见他总是在奴性和任性之间摇摆。

当一个国家到达如此境地时,它就必须修改法律,改良民风,否则只能走向灭亡,因为公共道德之源已经枯竭,国有庶民而无公民。

在我看来,这样的国家正等着被征服。如果它还没有从世界舞台上消失,那是因为它周边的国家与它相似,或者还不如它,因为人们还怀着一种说不清道不明的爱国本能,不假思索地为祖国感到骄傲,对祖国历史上的辉煌有着模糊的记忆,这些情感,尽管没有什么实质内容,却在必要的时候使他们产生保卫国家的冲动。

有一些民族为了保卫祖国做出了英勇的努力和牺牲,而在这个祖国,他们却活得像外国人,如果以此来证明爱国本能之强烈那就大错特错了。要注意，他们保卫国家最主要的动机几乎总是宗教。

维持国家的寿命、荣耀与繁华成为他们神圣的信仰，在保卫祖国的同时，他们也保卫了自己的圣城，他们是这座圣城的公民。

土耳其人民从未参与社会事务的管理，却完成很多壮举，因为他们将苏丹征伐的战果视为穆罕默德宗教的胜利。如今他们没有了宗教，只有专制，便衰落了。

孟德斯鸠认为专制制度有一种独特的威力，在我看来，这是给了专制一种它不配享有的荣誉。专制制度本身无法使任何事物保持持久。只要仔细观察，我们便能发现，专制政权的长期繁荣维系于宗教而非恐吓。

无论做什么，人们只有通过自由行使意志才能产生真正的力量。然而，世界上只有爱国精神或宗教能让庞大的公民群体长期朝着同一目标前进。

要重燃信仰不能依靠法律，但要使得人们关心国家的命运却要依靠法律。人的内心有着永不泯灭的模糊的爱国本能，要通过法律唤醒和引导这种本能，并且，法律使得爱国心与日常思考、激情和习惯联系在一起，使其成为一种理智而持久的情感。要实现这一点，不能说为时已晚，因为国家不像个人那样容易衰老。每诞生一代人，就如同产生了一个崭新的民族，立法者可对这些新人进行教育和领导。

美国最让我激赏之处，不在于分权的行政效果，而是分权的政治效果。在美国，处处都能感受到祖国的存在。小到一个村庄，大至整个国家，祖国成为每个人关心的对象。一个居民就像关心自身利益一样关心国家的利益。他以国家的荣耀为自身的荣耀。他觉得国家的进步有自己的功劳，以国家的成就为自己的成就。他充分利用和享受国家的整体繁荣。他对祖国的感情就像一个人对家庭的感情，而他对州的关心就如同一个人对自己的关心。

对欧洲人来说，公职人员体现的常常是权力，而对美国人来说则是正义。因此可以说，在美国从不是人服从人，而是人服从正义或法律。

因此一个美国人经常会对自己有一种夸大的认识，但这种认识几乎总是有益的。他相信自己的力量，毫不畏惧，觉得可以战胜一切。他头脑里冒出一个想法，想要干一番事业，而这番事业直接关系到社会公益，这时候，他不会去向政府求助。他先进行宣传，然后实行自己的计划，在亲自克服一切困难之时，也号召别人助他一臂之力。也许，他完成得不像政府那么出色，但从长期看来，由无数个体完成的事业，其总成就要大大超过政府可能的作为。

行政当局与民众的日常生活没有直接紧密的联系，只是以某种方式代表民众，所以既不会引起嫉妒，又不会招来仇恨。其行动手段有限，所以每个人都觉得遇事不能仅仅依靠它。

行政权力要有所作为之时，不会像在欧洲那样陷入孤家寡人的境地。人们不会因为作为公共代表的政府开始行动就推脱个体的责任，相反，每个人都会帮助和支持它。

个体行动力量汇入社会行动力量，经常能产生巨大的效力，完成哪怕再有活力的行政集权体系都无法办到的事情。

我可以举出很多事实来证明上述观点，但我只想举一个我最了解的事实。

在美国，政府发现犯罪、追捕罪犯的手段非常有限。

美国没有行政警察，也不知护照为何物。美国的司法警察无法和法国的相比。检察官的人数很少，对罪犯的起诉经常不是由他们主动提出的，对罪犯的审讯很迅速，而且是口头进行的。但我觉得，在美国犯罪比在任何国家犯罪都更容易落网。

原因在于，每个人都认为提供犯罪证据、擒拿罪犯与自身利害攸关。

在美国考察期间，我亲眼见到一个县发生了一起罪行，当地居民自发组成一些委员会，合力追捕罪犯，要将他送交法庭。

在欧洲，罪犯是个使出浑身解数躲避官府的倒霉蛋，民众只是看客。而在美国，罪犯就是人民公敌，站在整个人类的对立面。

我认为地方分权制度对所有民族都是有用的，尤其对民主社会更是一种切实的需要。

一个贵族政体在给予自由的同时，总能确保维持一定的秩序。

由于紊乱对统治阶级造成的损失较多，因而他们特别关心秩序。

同时，我们也可以说，在贵族政体下，人民能够免于遭受专制统治的荼毒，因为社会上存在各种组织良好、可以抵抗专制的力量。

如果一个民主社会不实行地方分权，专制之害几乎不可避免。

如果一个民族没有学会在小事上自由决断，又怎能在大事上承担自由？

如果在一个国家，每一个体都羸弱不堪，对他人、对公共利益漠然视之，又怎能抵抗暴政？因此，无论是那些害怕动乱还是恐惧极权的人，都应该希望逐步发展地方分权。

另外，我坚信，没有哪个国家比一个民主政体的国家更容易遭受行政集权的压迫。

原因有几种,其中包括:

这些国家总是倾向于将所有的政府权力集中于直接代表人民的唯一权力机关,因为若对人民细加考量,我们会发现,所谓的人民,不过是一大群面目模糊的相似的个体。

但是,当这个权力机关具备政府的一切属性之时,它就很难不去设法干预行政细节,而且总能找到干预的机会。这样的例子在我们身边已经发生过了。

法国大革命中存在两股相悖的趋势,我们不能将之混淆:一个倾向自由,一个倾向专制。

在从前的君主政体下,由国王一人制定法律。但在君主专权的时候,地方分权制度尽管遭到破坏,却依然发挥一定的作用。那些地方权力机关各自为政,缺少协调,经常做出荒谬的蠢事。贵族阶级掌握了地方权力之后,有时便会作威作福,镇压百姓。

大革命宣称既反对君主制又反对地方分权制度。怀着满腔仇恨,它要将之前的一切一棍子打倒,既要推翻极权,又要毁灭可以制衡极权的因素。大革命走向的是共和与集权。

法国大革命的这一特点被极权分子隐秘地加以利用。当你看到他们捍卫行政集权的时候,你会以为他们在构建专制?不会。因为他们正捍卫着大革命最重大的成果之一。如此,一个拥护平民政体的人可能反对人民获得各项权利,一个宣称热爱自由的人可能秘密地为专制服务。

我访问过两个地方自由制度高度发达的国家,聆听两国各党派的意见。

在美国,我见到一些人暗自希望摧毁民主制度;在英国,我发现一些人猛烈抨击贵族制度,但在我遇见的所有人当中,没有谁不认为地方自由是一件大好事。

在这两个国家,人们将国家的弊端归咎于许多原因,但从来不会归咎于地方自由。

我听到这两个国家的公民谈论自己国家繁荣强盛的原因,在诸多原因当中,他们将地方自由置于首位。

这些人天性有别,信仰各异,持有不同的政治见解,却在一件每天都可观察到,因而可做出合理判断的事实上达成一致,难道我会认为他们的这一判断有误吗?

只有那些毫不享有或几乎不享有地方自治制度的民族才会否认这一制度的作用,也就是说,只有那些毫不了解该制度的民族才会对之横加诽谤。

第六章 美国的司法权及其对政治社会的影响

我计划专门辟出一章来介绍司法权。司法权的政治作用极大，我担心如果只是一笔带过，读者会意识不到它的重要性。

除了美国之外，其他国家也有采用联邦制的；共和制也不只是在新大陆的海岸上才建立起来的；欧洲好几个国家都已经实行了代议制。但我认为，迄今为止，世界上没有哪个国家建立起类似美国那样的司法权。

使一个外国人最难理解的，是美国的司法组织。他看到，似乎没有哪起政治事件不借重于法官的权威。所以，他自然而然地得出结论说，法官在美国是最重要的政治势力之一。当他接下来考察法院的组织时，他最初观察到的是司法职权和司法习惯。在他看来，法官似乎只是偶然干预公共事件，但这种偶然又好像每天都在发生。

当巴黎最高法院向国王呈谏书或拒绝为政府的法令备案时，当它主动传讯一个渎职的官员时，司法权的政治作用是显而易见的。但类似的行为在美国是看不到的。

美国人保留了习惯上所公认的一切司法权特征，将司法权严格限制在制度规定的范围内。

无论在哪个国家，司法权的第一特征都是尽仲裁的职责。要使法院做出行动，就必须有诉讼。要使法官发挥作用，就必须有案件。如果一个诉讼无法可依，那么法院就不会受理。这时司法权虽然存在，却无视该诉讼请求。如果在审理一起案件时，法官对跟案件相关的法律提出异议，他就扩大了自身的职权范围，但仍然没有超出这一范围，因为从某种意义上来说，必须先判断法律，然后再根据法律判断案件。如果该法官不从案件出发，直接对一条法律提出异议，那么他就完全超出了自身的职权范围，侵犯了立法权。

司法权的第二特征是对具体案件而非一般原则进行审判。如果一个法官在审理一起具体案件时，因拒不承认一条普遍原则的一切推论而使这条原则无效，从而推翻这条原则，那么他仍然是在职权范围之内活动。但是，如果他不以审理某具体案件为目标，直接攻击和破坏一般原则，那么他就超出了所有国家给司法权规定的界限。他成为某个更重要的人物，也许比法官这一角色更起作用，但是他却不再是司法权的代表。

司法权的第三特征，是只在有求于它的时候，或者套用法律术语，是只在有案件提交给它审理的时候才能做出行动。这一特征不如其他两点特征普遍。然而我认为，尽管存在例外，我们仍然可以将这一点视为司法权的基本特性。从本质来看，司法权是无为的。要想让它有所行动，就必须推动它。向它指控一起罪行，它会惩治罪犯；请它纠正不公，它会去纠正；向它提交一项法案，它会对其加以解释。但是，它不会主动去追捕罪犯，挖掘不公正的现象，调查事实。如果司法权主动做出行动，以法律审查官自居，那么从某种意义上说，它就破坏了自己的被动本质。

美国人保留了司法权的这三大特征。美国的法官只在有诉讼请求的时候才进行审判。他只负责审理具体案件。只在有案件提交的时候，他才有所行动。

因此,美国的法官跟其他国家的法官完全一样。然而他却拥有一项巨大的政治权利。

这项权利从何而来?他和其他国家的法官在同样的职权范围内活动,以同样的手段来行使司法权,为什么他拥有一项其他国家的法官所没有的权力呢?

原因只在于此:美国人规定法官审判的依据在于宪法而非法律。换言之,美国人允许法官不执行在他们看来违宪的法律。

我知道,其他国家的法院也曾要求获得类似的权力,但从来没有得到过。在美国,各方面都承认法官的这项权力,从来没有哪个政党或哪个个人对这项权力提出异议。

这一现象的原因可以从美国宪法的立法原则中去寻找。

在法国,宪法是不可修改的或被认为是不可修改的。任何权力都无法对宪法做出任何修改,这是公认的理论。

在英国,议会有权修改宪法。因此,英国的宪法处在不断变化之中,可以说宪法根本就不存在。议会不仅是立法机构,同时也是制宪机构。

在美国,政治理论比较简单,也比较合理。

宪法在美国并不像在法国那样被认为是不可修改的,也不像在英国那样可以被社会普通权力所修改。美国的宪法是一部独一无二的法典,代表着全体人民的意志,立法者和普通公民都要遵守宪法。但是可以根据人民的意志,在规定的情形下,通过规定的程序,对宪法进行修改。

因此在美国,宪法可以改变。但是,只要它还在施行,它就是一切权力的根源。只有它拥有绝对的主导权。

很容易便能发现这些差异是如何在我上文提及的三个国家里对司法机构的地位和权利产生影响的。

如果在法国,法院能够以违宪为由不服从法律,那么制宪权实际就落入了法院手中，因为只有它们有权解释谁也无法更改条文的宪法。这时，法院就代替了国家，统治了社会，其专制程度，至少跟法官能利用司法权的固有弱点进行的专制程度相当。

我知道，在拒绝赋予法官宣布法律违宪的权力之后，我们就间接赋予了立法机构改变宪法的权力，因为从法律层面来讲，我们没有给立法机构设置任何阻挡其行动的障碍。但是即使只把修改宪法的权力赋予部分代表人民意志的人，也比赋予那些只代表自己的人强。

如果赋予英国法官抵制立法机构意志的权力，那更不合理，因为制定法律的议会同样制定宪法，结果就是，由上下议院颁布的法律，无论在什么情况下都不能称为违宪。

这两种推理都不适用于美国。

在美国，宪法不仅制约普通公民，也制约立法机构。因此，宪法是一切法律之首，不能被任何法律所修改。因此，法院优先服从宪法而非其他任何法律是合理的。这甚至符合司法权的本质：在一切法律手段中选择那些约束得最紧的进行实施，可以说是法官的天然权力。

在法国，宪法同样位于一切法律之首，法官也有权以宪法作为判决的依据。但在行使这一权力的时候，他们几乎不可避免地要侵犯另一项更为神圣的权力，那就是他们以其名义行事的社会的权力。这时，普通理由必须对国家理由做出让步。

在美国，国家总是可以通过修改宪法，使法官服从国家意志，如此就不存在这类危险。在这一点上，政治和逻辑是一致的，人民和法官都保留了各自的特权。

当有人在美国法庭援引一条法律，而法官认为该法律违宪时，他就会拒绝按照该法律进行判决。这是美国法官拥有的唯一特殊权力，但正是这一权力产生了巨大的政治影响。

确实很少有法律可以长期避开司法分析，因为很少有法律不损害某项私人利益，不被当事人在法庭引用。

然而，一旦法官在某起案件中拒绝实行一条法律，该条法律就会立即丧失一部分公信力。之前被这条法律损害了利益的人，会意识到存在着逃避这条法律制约的手段。于是类似的诉讼请求大幅增加，该条法律形同虚设。最终会出现两种结果：要么人民修改宪法，要么立法机构废除法律。

因此，美国人赋予了法院一项重大的政治权力。但同时规定，只能通过司法手段对法律提出异议，如此，他们大大减少了这项权力的危险性。

如果法官可以普遍地从理论层面对法律发动攻击，可以弹劾立法机构，那么他就一举跨入了政界。他将成为某个政党的支持者或对手，激起全国人民斗争的激情。但是，当法官只是在一些不起眼的争端和为了一些具体案件而攻击法律时，他的攻击在公众眼中就没那么重要了。他的判决只影响到私人利益，法律只是偶然受到损害。

再者，被弹劾的法律并不完全被摧毁。尽管公信力受到损害，法律的强制力依然存在。只是在类似的判例逐渐增多的情况下，它才会完全消亡。

此外不难理解的是，因为弹劾法律的目标是私人利益，对法律的批判与对个人的诉讼紧密联系在一起，所以可以保证立法机构不轻易遭受攻击。在这种制度下，立法机构可以避开政党的日常攻击。指出立法者的错误，是为了满足一个切实需求：必须从确实和可信的事实出发，因为它是案件判决的基础。

我认为，美国法官的这种做法，不仅有利于公共秩序，而且有利于自由。

如果法官只能正面攻击立法者，他就会有时感到害怕而不敢行动，有时受党派意识的驱使每天都发动攻击。结果，当立法权软弱的时候，法律就会受到攻击；而当立法权强大的时候，人们便不敢吭声，老老实实地服从法律。也就是说，人们是在最需要尊重法律的时候攻击法律，而在法律已经成为压迫者的旗号时尊重法律。

然而美国的法官是身不由己地被推上政治舞台。他们之所以要审判法律，是因为他们有案件要审理，而且不能不审理。他们要解决的政治问题跟当事人的利益相关。如果不去解决就会造成不公正。他们正是通过严格履行法官的职责来尽公民的义务。不错，在这种制度下，由法院对立法机构进行的司法弹劾无法不加区别地扩及所有法律，因为有些法律永远都不可能引起我们称之为诉讼的明确表达的争端。即使发生了这种争端，也可以想象没有人愿意将它提交给法庭审理。

美国人常常会感觉到这种不便，但是他们宁愿这一机制不完美，因为担心它在一切情形下产生危险的效力。

美国法官拥有的宣布法律违宪权，尽管受到严格限制，却仍然是人们为反对议会专断而设置的最强大的壁垒之一。

赋予美国法官的其他权力

我想我不需要特意说明，在一个如美国这样的自由国家，所有公民都有权在普通法官面前指控公务员，而所有法官也都有权审判公务员，这是非常自然的。

允许法官惩治犯法的行政权的代表，并非赋予他们一项额外的特权。如果禁止他们这样做，倒是剥夺了他们的一项自然权利。

在美国，公务员必须对法院负责，在我看来这并没有削弱政府的权限。

相反,我觉得美国人在这样做的时候,增强了人们对政府的尊敬,因为政府更加注意自身言行,以免遭到批评。

我同时注意到,美国的政治诉讼案并不多。这一点解释起来毫不困难。不管诉讼的性质如何,诉讼总是既麻烦,花费又高。在报纸上谴责一位公职人员是很容易的,但要在法庭上控诉他就必须有十足的理由。因此,要通过司法程序起诉一名公务员,就必须掌握可靠的根据。而公务员因为害怕遭到起诉,几乎不会提供类似的根据。

这并不能归因于美国采用的共和制,因为英国人每天也都有相同的经历。

这两个国家并不把对政府主要官员的弹劾看作独立的保证。他们认为,要保障自由,与其依靠那些几乎无法指望或总是亡羊补牢的大诉讼案,不如依靠普通公民每天都可以提请的小诉讼案。

中世纪很难抓捕到罪犯,一旦抓到,法官就会对其施以酷刑,然而这并没有降低犯罪率。后来人们发现,司法越有保障、越温和,效果就越好。

美国人和英国人认为,对待专制和暴政要像对待盗窃那样:使追捕(诉讼)变得容易,使刑罚变得温和。

法兰西共和国八年颁布了一部宪法,其中的第75条表述如下:“部长以下的政府官员若有职务犯罪,必须根据行政法院[1]的决定才能对其提起诉讼。得到批准后向普通法院起诉。”

这部宪法后来被废除了,但这一条款却保留了下来。如今

1 法国的行政法院(Le Conseil d’Etat)创建于中世纪,一直延续至今。它有两大职责:一是作为政府顾问审查法令草案,二是作为最高行政法院审理行政诉讼案。——译注

每天都有公民对此提出公正的抗议。

我有时向美国人或英国人解释这第75条，但很难让他们理解。

他们一开始都把行政法院理解为位于法兰西王国中央的一个大法院。在他们看来，把所有的原告事先推到那里是一种暴政。

当我跟他们解释说，行政法院不是一般意义上的司法机构，而是一个行政机构，其成员隶属于国王。国王在听命于自己的一个被称为省长的手下做出伤天害理的事之后，会让另一个被称为行政法院法官的手下免去对省长的惩处；当我告诉他们，君主敕令在给公民造成伤害之后，公民想要得到公正对待，还不得不请求得到君主本人同意时，他们都不肯相信这样荒谬的事件，认为我要么是撒谎，要么是无知。

在旧君主制下，最高法院经常下令逮捕一个犯法的公职人员。有时王室会从中作梗，勒令取消诉讼。当时专制是以其本来面目昭然于世的，而人们只是在暴力的胁迫下才屈服于它。

因此，我们比父辈又倒退了几步，因为他们是迫于暴力的淫威，而我们是听任不义之事以法律的名义、打着公正的幌子大行其道。

第七章　美国的政治审判

照我理解，所谓政治审判就是一个被临时赋予审判权的政治机构进行的判决。

在专制政府中，给审判设置严密的程序是没有必要的，因为对被告的起诉是以君主的名义进行的，而君主作为法院乃至一切事务的主宰，并不需要四处寻找支持，他的威权就是最大的保障。君主可能怀有的唯一恐惧，是手下人连公正的外衣都不要了，做做样子都不肯，本想加强主子的权威，结果反而使他的权威受损。

但是在大部分自由国家，多数永远不可能像专制君主那样对法院施加强大的影响力，所以他们有时会把司法权交给社会代表。他们宁愿暂时把几种权力混在一起，也不愿破坏政府统一的必要原则。英国、法国和美国都有政治审判的相关法律。考察这三大民族分别如何利用政治审判是很有意思的。

在英国和法国，贵族院（上院）组成国家的最高刑事法庭。[1]该法庭并不审理一切政治犯罪，但是它有这个权力。

和贵族院并列的还有另一个政治机构，该机构享有起诉权。在这一点上，英法两国的区别在于：在英国，下院可以向上院起诉任何想起诉的人，而在法国，众议院只能向贵族院起诉国王的

1　英国的贵族院同时也充当某些民事案件的最高上诉法院。见布莱克斯通著作，第3卷，第4章。

大臣。

另外，两国的贵族院都可以依据刑法的一切条款来打击犯罪。

美国也和欧洲一样，立法机构两大分支中的其中一支享有起诉权，另一支享有审判权。众议院控告罪犯，参议院惩罚罪犯。

但是只能由众议院向参议院提出控告，而众议院在参议院控告的只能是公务员。因此，美国参议院的权限小于法国的贵族院，而美国众议院的起诉权大于法国的众议院。

但是，美国与欧洲最大的区别在于：在欧洲，政治法庭可以运用刑法的一切条款；而在美国，当政治法庭免除了犯人的公职，并宣布他将来不得担当任何公职时，它的任务就结束了，接下来案子就移交给普通法庭审理。

举个例子，假设美国总统犯了严重的叛国罪。

先是众议院弹劾他，参议院宣布罢免他的职务。然后他要接受一个陪审团的审判，只有这个陪审团有权决定剥夺他的自由或生命。

这正好揭示了我们正在探讨的主题。

欧洲人之所以将政治审判引入司法体系，是为了打击重大的刑事罪犯，而无论罪犯的出身、阶级和权力。为了达到这一目标，他们将法院的一切特权都暂时集中到一个大政治团体中去。

于是立法者摇身一变成了法官。他可以认定犯罪事实，裁定罪名，惩治罪犯。法律在赋予他法官的权力的同时，也要求他遵守法官的义务，遵守全部司法程序。

当一个法国或英国的政治法庭审判一名公务员并对他治罪时，会依法免除他的公职，并宣布他将来不得担当任何公职。但这里的免职和今后担任公职的禁令只是判决的结果而非判决本身。

因此，欧洲的政治审判与其说是一项行政措施，不如说是一种司法行为。

美国的情形与此相反。不难相信美国的政治审判更是一项政治措施而非司法行为。

参议院的审判从形式看来确实是司法性的。参议员们必须保持司法程序的庄严，遵守司法习惯。从判决的理由来看，审判更是司法性的。因为一般而言，参议院必须以普通法上规定的罪行作为判决的依据。但是从目的来看，参议院的审判是行政性的。

假如美国立法者的主要目的确实是赋予一个政治机构以极大的司法权，那么他们就不会把该政治机构的起诉对象限制在公务员群体，因为国家最危险的敌人可能不担当任何公职。这在共和制国家尤其如此，因为在这些国家，政党领袖的权势极大，而且往往在不担当任何法律意义上的公职时力量更强。

假如美国立法者想让社会本身以法官的方式预防重大犯罪，让人们因害怕惩罚而不敢犯罪，那他们就应该让政治法庭运用刑法的一切条款，但他们只是给政治法庭提供了一个不完备的武器，利用该武器无法打击最危险的罪犯，因为对于那些想要推翻法律本身的人来说，禁止其担当公职意义不大。

因此，美国政治审判的主要目的在于免除渎职者的公职，并禁止其在未来担当任何公职。正如我们所见，这是一条带有司法审判色彩的行政措施。

因此，美国人在这方面创造了一种混合制度。他们使行政撤职拥有政治审判这一强大的保障，又去除了政治审判中的刑事惩罚部分。

这一点明确之后，其余的就好理解了。比如，为什么美国各州的宪法规定所有文官都必须接受参议院的司法管辖而把军人排除在外，要知道军人犯起罪来比文官可怕得多。在美国的文官系统内，可以说没有可被撤职的官员，因为一些人的职务是终身制的，另一些人在任期内不能被罢免。要剥夺他们的权力，就必须将他们送上法庭。但军人隶属于州长，而州长本身是一名文官。打击了州长，也就打击了他们全体。[1]

现在，让我们来比较欧洲制度和美国制度已经或可能产生的效果，我们会发现一些重大的差别。

英法两国视政治审判为强大的武器，仅在危急关头才拿来拯救社会。

不可否认的是，欧洲的政治审判直接侵犯了传统意义上的三权分立原则，不断威胁人们的自由和生命。

美国的政治审判只是间接侵犯了三权分立原则，也不威胁公民的生存。它不像在欧洲那样盘旋在每个人头顶，因为它只对准那些担当了公职并事先同意接受其管制的人。

它不那么可怕，效果也不那么显著。

所以美国的立法者们不把政治审判视为医治社会恶疾的特效药，而是把它视为日常行政手段。

从这一点来看，也许它在美国比在欧洲对社会发挥着更为实际的影响。确实不应被美国政治审判温和的表象所迷惑。首先我们应该注意到，在美国负责这类审判的法庭，其成员构成以及所受外部势力的影响，和负责控告的机构是一样的，这就给党派斗争施加了强大的推动力。美国负责政治审判的法官虽不能像在欧洲那样对罪犯施以严厉的刑罚，但他们做出无罪宣判的情形也更为少见。其惩罚不那么可怕，但比较确定。

1 不能取消一个军官的军衔，但是可以剥夺他的指挥权。

欧洲人设置政治法庭的主要目的在于惩治罪犯，而美国人的主要目的在于剥夺权力。美国的政治审判可以说是一种预防措施，因此法官没有必要知道准确的犯罪定义。

美国的法律在定义政治犯罪时，实在是模糊得可怕。《美利坚合众国宪法》第二条第四项："合众国总统、副总统及其他所有文官，因叛国、贿赂或其他重罪和轻罪而遭弹劾并被判定有罪时，应予以免职。"而大部分州立宪法写得更是模棱两可。

《马萨诸塞州宪法》写道："犯罪或渎职的公务员应受到惩处。"[1]《维吉尼亚州宪法》："因渎职、贪污或其他罪行而危害本州的公务员将受到众议院弹劾。"还有一些州的宪法不列举任何具体罪名，从而使公务员承担无限责任。[2]

然而我敢说，在这方面，美国法律之所以可怕，是因为它温和。

我在上文提到，在欧洲，对一名公务员做出免职和禁止再担当公职的惩处，是他受到刑罚的后果之一，而在美国，这种处分本身就是刑罚。结果便造成这样的局面：在欧洲，政治法庭被授予可怕的权力，有时竟不知如何使用。有时因为担心惩治过重，反而就不去惩治了。而在美国，因为惩罚措施并不极端，所以可以放心大胆地拿来使用。为了剥夺一个政治对手的权力而判处其死刑，这在美国人眼中无异于谋杀。宣布对手不配拥有这权力，进而剥夺他的权力，同时无伤他的自由和生命，这似乎才是党派斗争的正当结局。

然而，这很容易就做出的审判，却会给普通受审者带来极大的痛苦。大犯罪分子也许对它采取的惩治措施满不在乎，可对

1 第1章第2条第8项。

2 参见伊利诺伊州、缅因州、康涅狄格州和佐治亚州的宪法。

于普通人来说，丢掉职位，丧失名誉，忽然陷入一种可耻的无所作为的状态，这简直生不如死。

因此，在美国，政治审判虽然外表看上去不那么可怕，却对社会的走势产生着深远的影响。它并不直接作用于普通公民，却让多数成为执政者绝对的主人。它并不赋予立法者以巨大的权力，以使其在危急关头力挽狂澜，它赋予立法者的，是一种温和的每天都可使用的常规权力。如果说美国的政治审判威力不太大，从另一方面来说，使用起来却更方便，也容易造成滥用。

在我看来，美国人通过禁止政治法庭施加刑罚，与其说是为了防止立法暴政，不如说是为了防止立法暴政带来的可怕结果。总而言之，我觉得美国的政治审判也许是多数迄今为止拥有的最强大的武器。

当美国的共和政体开始走向衰败的时候，我想很容易便能看出迹象来：只要看一看政治审判的数量是否增加便可以了。

第八章　联邦宪法

美利坚合众国宪法与其他联邦国家的宪法有什么不同

美国并不是第一个也不是唯一一个实行联邦制的国家。且不论古代，在现代欧洲就有好几个联邦。瑞士、德意志帝国、尼德兰共和国都曾是或仍然是联邦制国家。

当我们研究这些国家的宪法时，我们会吃惊地看到，这些国家的宪法授予各自联邦政府的权力，和美国宪法授予合众国政府的权力几乎是一样的：媾和权、宣战权、征兵权、征税权，以及满足全国性的综合需要和调整共同利益的权力。

但是，这些国家的联邦政府几乎总是羸弱无能，而美国的联邦政府却能干练有力地领导国家。

而且，美国第一个邦联未能维持下去，也是因为邦联政府极其软弱。然而，这一软弱的政府却和今天的美国联邦政府拥有几乎同样广泛的权力，甚至可以说在某些方面，它的特权更大。

因此，现行的合众国宪法一定隐含着某些新原则，这些新原则不太引人注意，但其影响却是显著的。

这部宪法乍看之下和其他联邦宪法没有什么太大区别，但它确实是基于一种崭新的理论而拟定的，这种理论应该作为当今政治科学的一项重大发现而受到关注。

在1789年美国联邦之前建立的所有联邦里，为了一个共同目标而联合起来的各地人民，同意接受联邦政府的管理，然而他们却为自己保留了对联邦法律的执行进行领导和监督的权力。

1789年联合在一起的美国各州，不仅同意遵守联邦政府制定的法律，而且同意由联邦政府本身来执行这些法律。

在上述两种情形下，法律是一样的，只有对法律的执行不同。但就这一点区别导致了极为悬殊的后果。

在当今美国联邦之前建立的所有联邦，其联邦政府为了满足自身需要，不得不求助于各州政府。如果其中一州对某项规定持抵触态度，那么它总是可以逃避义务，不去遵守这项规定。若联邦政府很强大，则会付诸武力；若它力量薄弱，则任由州政府抵制联邦法律，自认无能，消极应对。

如此，便会出现以下两种结果：一种是，实力最强大的州掌控联邦政府的各项权力，并以联邦政府的名义统治其他各州[1]；另一种是，联邦政府得不到各州支持，孤立无援，联邦陷入无政府状态，没有任何实际行动力[2]。

在美国，联邦治理的不是各州，而是普通公民。假设联邦政府想要征收一项新税，它并不向马萨诸塞州政府征收，而是对马萨诸塞州的每个居民征收。以前的联邦政府面对的是各结盟政府，当今的美国联邦政府面对的是个人。它不需要借助别处的力量，它自己本身就拥有。它有自己的行政人员、法院、司法人员和军队。

各州的民族意识、集体激情和地方偏见，也许还在有力地限

1 希腊在菲利普统治时期就是如此。当时这位亲王自封为近邻同盟的执行官。在尼德兰共和国也出现过这样的情况，当时的法律总是由其中的荷兰省制定。在当今，德意志联邦的情形同样如此。奥地利和普鲁士总是以国会代理人自居，并以国会的名义统治整个联邦。

2 瑞士联邦一直如此。若非邻国相互牵制，瑞士几个世纪前就不存在了。

制着联邦权力，形成一个个抵抗联邦意志的中心。主权有限的联邦政府不可能像拥有全部主权的全国性政府那样强大，这是联邦制的固有缺陷。

在美国，各州没有很多抵制联邦政府的机会，也没有很大的进行抵制的欲望。如果产生了这个念头，就只能以公然违反联邦法律、干扰司法正常程序、树起造反旗帜的形式进行。总之，需要采取极端行动，而人们在采取极端行动之前一般总是犹豫不决的。

在从前的联邦国家里，授予联邦政府的各种权力导致了战争而没有导致联邦政府的强大，因为这些权力增加了联邦政府的要求，却并未增加相应的手段使各地服从联邦政府以满足其要求。因此，我们几乎总是可以看到，联邦政府名义上的权力越大，实际就越软弱。

美国的联邦并非如此。像大多数一般政府一样，美国的联邦政府可以做到一切它有权去做的事。

人类头脑创造新事物比创造新词更容易，所以才会出现那么多不精确的词汇和不全面的说法。

几个国家之间建立永久同盟，设立一个最高当局，不像一个全国性政府那样直接治理公民个体，而是对结盟的各个政府采取行动。

这个与其他一切政府都不相同的政府，被称为联邦政府。

接下来我们会发现另外一种社会组织形式。在这种社会里，几个政府只是在某些涉及共同利益的问题上真正结为一体，其他情况下仍然保持独立，仅保持联盟关系。

在这种社会，中央政府就像一个全国性政府那样，直接对公民个人采取行动，拥有自己的行政机构和司法机构来管理公民，但是和全国性政府相比，它的权力更为有限。显然，这样的政府不是一个联邦政府，而是一个不完全的全国性政府。由此我们发现了一种新形式的政府，它既非全国性政府也非联邦政府。但是我们只能说到这儿，因为可以表达这一新事物的词还不存在。

正因为不了解这一新形式的联邦，从前的那些联邦才会陷入内战、奴役或毫无生机的状态。结盟的各国要么缺乏足够的智慧去找到纠正弊端的方法，要么找到方法却没有勇气实施。

美国的第一个邦联，也是因为存在同样的缺陷而解体的。

但是在美国，联邦各州在取得独立之前都曾长期属于同一个帝国管辖，因此它们并未养成完全自治的习惯，也没有养成根深蒂固的地方偏见。它们比世界其余部分更开化，彼此文明程度相当；通常对联邦权力起到限制作用的那种集体激情，在美国各州比较微弱。那种激情被最伟大的美国公民所抑制住了。美国人在发现弊端之后，坚定地寻找解决弊端的方法。他们修改了法律，拯救了自己的国家。

联邦制的一般优点及其在美国产生的特殊作用

在小国，社会之眼无处不在[1]，因而即使对于最微不足道的事情，人们也不敢懈怠，力求完美。人民因力量弱小而无甚野心，几乎所有的努力和财富都用来改善生活，而不会浪费在对虚荣的追逐上。而且，每个人的才能一般而言是有限的，欲望也有限。社会上鲜有大富大贵之人，多是小康之家，地位几乎平等，民风淳朴温良。所以总的来说，尽管国民道德和文化水平不一，但小国要比大国的生活更安宁，更自在，更适合繁衍生息。

1 这里的“社会之眼”可以理解为一个人所受到的邻居、亲友、熟人对他的注意，这里的社会也即熟人社会。——译注专制统治在小国比在其他地方更为暴虐,因为地方小,专制势力能渗透入每个角落。也因为地方小,专制政权无法大施拳脚,只能在诸多琐碎的事情上展现暴力,进行骚扰。本来它应该待在专属于它的政治世界,却非要进入私人生活。它不仅支配人们的行为,还试图控制人们的喜好。统治国家不够,它还要掌管家庭。不过上述情况并不多见,因为小规模社会的自然状态是自由。在小国,政府并不能提供足够的诱惑来激发人的野心,而公民个人的才华又很有限,没有能力轻松进行独夫统治。即使这种情况真的发生了,人民也不难聚在一起,合力推翻暴君及其专制政权。

因此,小国历来都是政治自由的摇篮。大部分小国在逐渐扩张的过程中丧失掉这一自由,由此可见政治自由源于国家的小规模,而非源于国家本身。

迄今为止在人类历史上尚未出现一个长期实行共和制的大国[1],因此可以说共和制大国这一模式是难以实践的。在我看来,人想要界定和判断未来,这是非常不谨慎的,因为人理解当下的现实都很困难,就连他最熟悉的事物也常常令他惊诧不已。不过可以肯定地说,一个大共和国总是比一个小共和国存在更大的风险。

随着国土面积的增加,共和国的一切致命的激情也随之高涨,然而支撑起共和国的那些美德却并没有随之加强。

个人野心随着国力的增强而膨胀;政党力量随着所定目标重要性的加强而壮大;然而,能够抵制这些破坏性激情的爱国心,在一个大共和国却并不比在一个小共和国更强烈。甚至可以证明在大共和国,人们的爱国心更少更弱。巨大的贫富差异、

1 我所说的不是几个小共和国组成的联邦,而是一个统一的大共和国。

大都市问题、风气的败坏、个人利己主义的盛行、利益纠纷，这些几乎都是国家扩张引发的恶果。这其中有几项并不影响一个君主国的存在，有些甚至能帮助稳固君主政权。再说，君主制下的政府有一种特有的力量，它利用人民而不依赖于人民。人口越多，君主的力量越强。而共和政府只能依靠多数公民的支持来克服这些危险。按照比例来衡量，多数的力量在大共和国并不比在小共和国更强。因此，尽管外界攻击不断增多增强，而抵抗的力量却保持不变，甚至可以说变小了，因为人口越多，人的思想和诉求就越多样化，也就越难形成一个紧密团结的多数。

此外可以发现，人们体验到的激情的强烈程度，不仅跟追求目标的重要性有关，也跟同时参与体验的人数多寡有关。没有谁不会感到，在激动的人群中和众人分享一种情绪，比一个人独品这种情绪有更为强烈的体验。在大共和国，一旦掀起某种政治热情，就会变得无法抑制，这不仅因为所追求的目标极为宏大，也还因为成千上万的人以同样的方式，在同样的时间被鼓动起来。

因此可以说，一般而言，再没有什么比大帝国更不利于人类的幸福和自由的了。

不过，必须承认，大国也有大国独特的优势。

在大国，普通人对权力的渴望比在其他地方更为炽热，对荣誉的向往也同样如此，在有些人看来，若能让一个泱泱大国的所有人都为他欢呼，那么无论多少努力都值得付出，他们相信，在争取荣誉的过程中，灵魂能够得到某种程度的升华。在大国，人们对于一切事物的思考都更为强劲有力，观念的传播也更为自由，大都市是巨大的文化中心，汇集和闪耀着人类的理性之光。这也就是为什么大国比小国更能促进文化乃至整个文明进步的原因。要补充说明的是，重大的发现通常需要强大的国力作为支持，而这是小国无法做到的。大国政府视野更为开阔，不那么墨守成规，也不容易陷入地方本位主义。大国政府更有思想，也更敢于行动。

只要处于和平时期，小国国民的生活普遍比大国更为富足，然而，一旦爆发战争，战争对小国的危害就甚于大国。大国的大部分居民远离国境线，有时能历经几个世纪而免受战乱之苦。对这些人来说，战争会造成一些紊乱，但不会带来灭顶之灾。

另外，看待这个问题就像看待许多其他问题一样，应该优先考虑到事物的必然性。

如果只有小国而无大国，人类必定可以过得比现在更加自由幸福，然而，没有大国的存在是不可能的。

大国的存在为国家繁荣提供了一个新因素：力量。如果一个国家总是面临被他国征服蹂躏的危险，那么空有自由富足的表象又有什么用呢？如果制海权和市场控制权掌握在他国手里，那么工商业再发达又有什么用呢？小国通常命运悲惨，这倒并非因其小，而是因其弱。大国昌盛，并非因其大，而是因其强。因此，强大的力量通常是国家幸福乃至国家存在的基本条件之一。于是，除少数特殊情形外，小国最终总是被强行或自愿并入大国。我不知道还有什么境遇比一个不能自卫自给的国家所处的境遇更可悲的了。

正是为了结合大国和小国各自的长处，才创立了联邦制。

只要稍微观察一下美国便可发现采用联邦制带给美国人的好处。

在一些实行中央集权的大国，立法者不得不出台全国统一的法律，而无法兼顾各地风俗的多样性；立法者往往不了解各种特殊情形，而只能从一些基本的规则出发来制定法律。因此，人们不得不服从于立法的强制性，因为立法不符合人们的实际需要和习俗，而这是引发骚乱和灾难的一大主因。

在联邦制国家，就不存在这样的弊端，因为国会只为社会生活制定主要的法令，而法令的细则则由地方立法机构去起草。

主权的这种划分对联邦各州带来的好处，怎么想象都不过分。各州的小社会无须为地区防务操心，也没有领土扩张的打算，公共力量和个人精力都用于本地区的内部改进。各州政府贴近辖区居民，所以能够感受到社会的实际需要。每年都有新计划提出，在乡镇大会或州的立法机构进行讨论，随后见诸报端，引起公民的关心和参与的热情。这种改进自身的精神不断激励着美国各共和州，而不会引发动乱。在联邦各州，权力欲望让位于对优裕生活的追求，这种追求也许比较平庸，但没那么危险。美国人普遍认为，新大陆共和制度能否存在以及持续多久，取决于联邦制度能否存在以及持续多久。他们相信，南美的一些新兴国家之所以命运悲惨，很大程度上是因为这些国家总想建立大共和国，而没有在内部实行主权分享。

毋庸置疑，在美国，对共和制的偏好和制度的演练，始于乡镇和地方议会。例如，像康涅狄格这样的小州，挖掘运河和铺筑道路就已经是大事。它不养军队，也无须应付战争。它不给领导人支付高薪，也不给他们戴上荣誉的光环。因此，想象不出在这里还有什么比共和制更自然，更合乎事物自然本性的制度了。这种共和精神和自由民族的风俗习惯，在各州起源发展之后，便顺利地通行于全国了。从某种意义上来讲，联邦的公共精神不过是地方乡土之情的集成。可以说，合众国的每个公民把对本地小共和国体的关心转化为对共同祖国的热爱。保卫联邦，也就意味着保卫本州县的繁荣，保卫自己参与本地事务管理的权力，以及保卫在本地区优先实行民生改善计划的希望，有了这些计划，个人财富才能增长。所有这一切，通常比国家的整体利益或民族的荣耀更能打动人心。

另一方面，如果说美国的居民因其精神风气比其他地方的人民更适合建立一个繁荣的大共和国，那么联邦制的设立已经大大减轻了他们任务的艰巨性。美国所有这些州形成的联邦，并没有因为人口繁多而出现常见的弊端。若论国土面积，联邦是一个大共和国，但是我们几乎可以将之视为一个小共和国，因为联邦政府负责的事务很少。它做的事情都很重要，但为数不多。联邦的主权是有限而且不完整的，所以这一主权的行使对自由不造成伤害，也不会激起人们过度的名利欲望，这种欲望对大共和国是极为有害的。在美国，并不是一切事物都必须集中到一个共同中心，所以这个国家没有巨大的城市，没有巨富和赤贫，也没有突发的革命。政治狂热不会野火燎原般地瞬间燃烧整个国家，而是会被各州居民的个人利益和个人爱好所熄灭。

然而，在合众国就像在一个大一统国家，物资流通与思想传播都很自由。没有什么能抑制美国人的商业精神。联邦政府尊重人才，尊重知识。在联邦境内，就像在一个统一的帝国内部一样，人们生活在和平之中。在境外，它与地球上各大强国并驾齐驱。它有800多里约（2 000英里）海岸对外商开放。由于它手中掌握着通往新大陆的钥匙，它的国旗在遥远的海外都受到尊重。

联邦既像一个小国那样自由和幸福，又像一个大国那样繁荣和强大。

联邦制为什么不能推及所有国家
以及为什么英裔美国人能够采用它

有时立法者在经过千辛万苦之后，最终能对民族的命运施加间接的影响，这时人们对他大唱颂歌，赞美他的天才。然而更常见的情况却是，他无法改变的国家地理位置、在他之前就已存在的社会状况、他已无法探源的社会风气和观念、他所不了解的民族生成，所有这些因素赋予了社会不可逆转的发展趋势，他非但抗争不过，反而会被席卷而去。

立法者就像在大海中开辟航线的人。他可以引导承载他的那只船的方向，但是却无法改变船的结构，无法造风，也无法阻止海洋在他脚底掀起巨浪。

我已经讲述了美国人从联邦制中得到的好处，接下来要讲的便是美国人能够采用联邦制的原因，因为并不是所有的国家都能从联邦制中受益。

联邦制的缺陷有时来自法律，这类缺陷可通过立法工作进行修正。然而，有些缺陷来自制度本身，非人力所能改变，因此一个国家如果采用联邦制，就需要该国人民有足够的力量来承受政府天生的缺陷。

在联邦制一切固有的不足中，最突出的是制度的复杂性。联邦制必定意味着两种主权的存在。立法者可以尽量使得两种主权的运作简单而平等，并能提出明确的规定，将二者限定在各自的范围之内。然而，立法者既无法将二者合二为一，也无法阻止二者发生冲突。

因此，无论做出什么努力，联邦制都需要一个复杂的理论来支撑，在理论实施的过程中，需要国民时时运用自己的理性。

一般而言，征服人心的都是些简单的观念。一个阐述得清晰而精确的观念，尽管是错误的，却总是比一个正确但复杂的观念更具有力量。所以一些政党，如同一个大国中的小国那样，总是急于找到一个名词或一条原则作为自己的标志，而这个名词或这条原则却往往不能完整代表这些政党的目标和为达到目标所使用的手段。然而，若没有一个标志，政党就既不能存在，也无法展开活动。那些基于一个容易定义的单一理念或观念而建立起来的政府,也许不是最好的政府,但无疑是最强大和最稳固的政府。

美国宪法是迄今为止所知的联邦宪法中最完美的一部,然而当我们检视这部宪法的时候,却被宪法的条目之繁杂和宪法隐含的对民众辨识力的高要求给吓住了。联邦政府几乎完全建立在法律的假设之上。可以说联邦是个只存在于人们思想中的理想国,它的版图和范围只有依靠思维去发现。

理解了总的理论之后,剩下的就是实践中的困难。而这些困难是不计其数的,因为联邦主权和各州主权彼此交织,根本无法一眼看清二者的界限。这样一个政府,它的一切都是通过人为约定建立起来的,只有一个长期以来习惯于自治、政治科学普及社会最底层的民族才适合这样的政府。对于美国人在解决联邦宪法引起的数不清的难题时所展现的辨识力和智力,我真是佩服得无以复加。凡是我见过的美国人,没有谁不能轻而易举地把国会法律和他本州的法律为他规定的义务区分开来,也没有谁不能区分属于联邦普通法院审理的案件和应由地方司法机构处理的案件,因为他们了解联邦法院管辖权和州法院管辖权各自的范围。

美利坚合众国的宪法就像一件由能工巧匠制造出来的美丽艺术品,它给创造者带来荣耀和财富,而落入他人之手却变得一无是处。

墨西哥的现状就是一个很好的例证。

墨西哥人希望实行联邦制,于是就把邻居英裔美国人的联邦宪法作为蓝本,几乎原封不动地照抄过来。[1]但是他们只抄走

---

1 见1824年墨西哥宪法。

了宪法的条文，而无法将赋予宪法生命的精神也一并移植过来。因此我们看到，受双重政府治理的墨西哥人成天生活得很不自在。州的主权和联邦主权跳出宪法为它们各自规定的范围，每天都互相干扰。直到今天，墨西哥都还是走不出从无政府状态到军事专制，再从军事专制到无政府状态的恶性循环。

我要谈论的第二个缺陷是一切缺陷中最致命的，而且我将之视为联邦制的固有缺陷，这便是联邦政府的相对软弱性。

一切联邦制国家所依据的原则，都是将主权进行划分。立法者能使这一划分不那么明显，有时甚至能使它完全不为人注意，然而却无法使它不存在。一个经过划分的主权无论如何都比一个完整的主权更脆弱。

我们在讲述美国宪法时已经知道，美国人是如何巧妙地做到既把联邦权力限制在联邦政府狭窄的职权范围之内，又使其具有全国中央政府的外表和某种程度上的中央政府的力量。

这样，联邦立法者们便减少了联邦制的固有危险，但是他们无法将之完全消除。

据说美国政府并不直接与各州打交道，而是把法令和政令下达给每个公民，以集体意志的名义迫使公民个体进行服从。

但是如果一项联邦法律严重触犯了一个州的利益和惯例，在对拒绝服从的人进行审判时，难道不应害怕这个州的每个公民都认为此事与他们的切身利益息息相关吗？如此，这个州的所有公民在同一时间以同一方式受到联邦权力的侵犯。联邦政府试图分化他们，进行逐个击败的意图最终会落空，因为他们会本能地联合起来进行抵抗，而他们州分享的那部分主权也能保护他们。这时，法律的假设消失不见，取而代之的是现实，于是我们会看到一个地方的公民团结组织起来对中央政权加以抵抗。

我认为联邦的司法也是如此。假如在审理私人案件时，联邦的法院侵犯了某州一项重要的法律，这时就会出现一场也许表面上看不出来，但实际一定是一个受害州和联邦之间的斗争，只不过前者由一个公民做代表，后者是由法院做代表罢了。[1]

只有那些涉世未深的人才会认为，在给予人们满足其激情的手段之后，还能借助于法律假设的帮助，阻止他们认识并利用这一手段。

美国的立法者们虽然使两种主权的斗争降低到最低限度，但并未消除斗争的根源。

甚至可以说，美国的立法者们并未能保证联邦在主权斗争时占据优势地位。

他们给予了联邦以金钱和士兵，然而各州却保存了人民的爱和固有观念。

联邦主权是个依附于一小部分外在事物的抽象存在，而各州的主权却是显而易见的，理解起来毫不困难，且每时每刻都在发挥作用。这两种主权，一个是全新的，一个和人民同时产生。

联邦主权是人工创造出来的，而各州的主权是天然的，如同家庭中的父权一样，无须费力就能依靠自身而存在。

联邦主权只涉及个人的某些重大利益，它代表着一个巨大而遥远的祖国，一种模糊而无法定义的情感。而从某种意义上说，州的主权贴近每个公民，每天与他发生着联系。正是州的主权负责保卫公民的财产、自由和生命，每时每刻对公民的幸福施

1 例如，按宪法规定，联邦有权出售空地，将进款作为联邦收入。假设俄亥俄州要求对其境内的空地享有同样的权利，理由是宪法上所说的空地，在该州看来，只是指从未受到任何州法庭审理的土地，因此俄亥俄州打算自己把这些土地出售。所产生的司法纠纷确实只是在从联邦购得土地的人和在俄亥俄州购得土地的人之间产生，然而，若联邦法院判定土地归前者所有，而俄亥俄州的法院认定归后者所有，这时，法律的假设又变成什么样了呢？

加正面或负面的影响。州的主权建立在历史记忆、传统习惯、固有观念、对地区利益和家庭利益的捍卫之上，总而言之，建立在一切使得人们乡土之情如此强烈的东西之上。怎能怀疑州的主权的优点呢？

立法者们无法阻止联邦制的两种主权之间发生矛盾，因此，为了让结成联邦的各州远离战争，就不仅需要立法者的努力，还需要能够给各州带来和平的特殊条件。

所以，如果只是有联邦公约，而没有一些有利于联合的因素，使各州能够和谐共处，使政府能够便捷地工作，那么联邦公约是不能长久的。

因而，联邦制要想成功，就不仅需要好的法律，还需要有利的环境。

在所有实行联邦制的国家，各州之间都存在共同的利益，这些共同利益作为理性的纽带将他们联合在一起。

然而，人除了物质利益之外，还有观念和情感。一个联邦要想长久，除了组成联邦的各州要有相同的需求，文明的同质性也是不可或缺的。在瑞士，沃州和乌里州的文明差异，就如同19世纪与15世纪的那么大，所以严格说来，瑞士从来没有过联邦政府。由几个州结成的瑞士联邦只存在于地图上。只要瑞士的中央政府试图对境内所有的州施行同样的法律，就立刻可以印证我的说法。

美国有一个维护联邦政府存在的极为有利的因素，那就是：各州不仅有着几乎相同的利益、相同的起源、相同的语言，还有着相同的文明发展程度。这就使得在他们之间保持和睦几乎总是不难的。美国的领土有半个欧洲那么大，然而我不确定在欧洲是否能找出一个小国，其境内各部分之间的同质性高于美国。

从缅因州到佐治亚州，相距约400里约（1 000英里），但两者间的文明差异却小于诺曼底和布列塔尼之间的文明差异。因此，位于这片辽阔区域两端的缅因和佐治亚，自然比仅有一溪之隔的诺曼底和布列塔尼更容易结成联邦。

除了人民的风俗习惯，美国的地理位置也给立法者们带来了有利条件。美国得以采用和维系联邦制，主要应该归因于国家的地理位置。

在影响国家生活的一切事件中，最重要的是战争。在战争中，面对外敌的国民，就像一个单独的个体那样为了自己的生存而斗争。

如果只是为了保持国内和平，促进国家繁荣，那么一个善于治国的政府、一群富有理性的国民，再加上人们几乎天生就有的某种爱国之情，拥有这些因素就足够了。然而一旦陷入战争，公民们就必须做出许多痛苦的牺牲。要是以为大多数人都能自觉服从这样的社会要求，那就对人性太不了解了。

所以，一切曾经需要应对大型战争的国家，都几乎无可奈何地去加强政府力量。那些没有成功加强政府力量的国家都输掉了战争，被他国征服。一场持久的战争几乎总是会让国家陷入非此即彼的可悲处境：输了战争，则国破家亡；赢了战争，则被一个专制政府所统治。

因此，一个政府的软弱，通常在战争中表现得最明显也最具危险性。我刚才已经提到，联邦政府的固有缺陷便是非常软弱。

在联邦制国家，不仅没有行政集权或类似行政集权的制度，就连政府集权都不完整，这就造成了政府在抵抗那些有着完整集权的国家时的软弱。

从美国宪法的规定来看，联邦政府虽然比其他任何国家的联邦政府都更有实权，但这种缺陷依然显而易见。

只要举一个例子，读者便可看到这种情形。

美国宪法授权国会在国家发生内乱或抵御外侮的时候，向各州召集民兵；根据另一条文，总统为合众国军队总司令。

1812年战争时，总统曾命令北方的民兵开赴前线，但是，康涅狄格和马萨诸塞这两州却因为战争会伤害自身利益，拒绝派出民兵。

这两个州指出，宪法是说在有内乱和外侮时联邦政府有权召集民兵，而目前并无内乱或外侮。又补充说，宪法授权联邦可以召集民兵，同时也为各州保留了任命军官的权利。因此，按照这两个州对宪法的理解，即使在战争中，除了总统本人以外，任何联邦军官都无权指挥民兵。然而，现在派去的民兵所服役的部队并非由总统本人进行指挥。

这种荒谬而有害的论调不仅得到两州政府和立法机构的赞同，而且两州法院也表示支持。于是，联邦政府只能到别处去招募所需的兵力。[1]

那么，拥有相对完美的法制作为自身保护的美国联邦，为什么没有毁于一场大战呢？那是因为根本没有能让它感到恐惧的大战发生。

美国位于一片可供人们无限开拓和生产的广袤大陆的中间，它仿佛四面都被汪洋大海所包围，与世隔绝。

加拿大只有一百万居民。它的人口是由敌对的两个民族构成的。恶劣的气候限制了它的领土扩张，而且使得它的港口六

---

1 肯特，《美国法释义》，第1卷，第244页。请注意，我上面举的例子，发生于现行宪法实施之后。如果我追溯到第一个联邦时期，还会举出一个更有说服力的事实。当时，举国欢庆，革命的代表者是一位人人爱戴的伟人。但在这个时期，国会可以说一无所有，始终缺乏人员和经费。国会提出的一些良好计划，总是在执行中搁浅；联邦一直处于垮台的边缘，与其说是靠自己的力量，不如说是因为敌人的软弱才得救。

个月不能通航。

从加拿大到墨西哥湾之间，仍然还有几个奄奄一息的原始部落，六千名士兵在对他们进行围剿。

在南部，联邦与墨西哥帝国接壤。未来可能就是在那儿发生大的战事。不过，墨西哥因其落后的文明、社会风气的腐化和积贫积弱，在很长一段时间内都不大可能跻身于世界强国之列。至于欧洲列强，则因相距甚远而不对美国构成威胁。

因此，美国最大的幸福并不在于找到了一部可以使它顶得住大战的联邦宪法，而是拥有一个使得它没有什么大战可以畏惧的地理位置。

没有谁比我更欣赏联邦制的优点。在我看来，联邦制是促进人类繁荣与自由的最强大的组织形式之一。我真羡慕那些已经采用联邦制的国家的命运。然而我却无法相信，在国力相当的情况下，联邦制国家能够长期抵抗一个政府集权的国家。

在我看来，一个国家面对欧洲那些大军事君主国还敢于将主权分成两部分，这无异于放弃国家政权，甚至是放弃国家自身，使国名不复存在。

新大陆的地理位置真是令人称羡，在那里，人们除了自己之外没有其他敌人！在那里，只要去追求，就会获得幸福和自由。

第二部分

第六章　美国从民主政府获得的真正好处

在开始这一章之前，我觉得有必要请读者回想一下我之前就重复过的看法。

在我看来，美国的政治制度是民主国家可以采取的政府形式之一，而不是一个民主国家必须采取的唯一和最好的政府形式。

因此，在说明美国人从民主政府中获得的益处时，我绝不断言，也绝不认为类似的益处只能从同样的法律中获得。

美国民主政体下法制的总趋势以及执法者的本能

民主政府的缺陷和弱点不难察觉，可以被一些明显的事实所证明，而它的良好影响却只能以不够明显的方式，甚至可以说是隐秘的方式表现出来。民主政府的缺点很快就能看出，而其优点却要花很长时间才能发现。

美国民主制度下的法律经常不够完善或者不够完整，有时会侵犯既有权益，或者视既有权益为危险权益而加以惩处，即使说美国的法律都是好的，但变更过频也是一大缺点。这些都是一眼就能察觉到的。

那么，美国的共和制度是怎么维持和繁荣的呢？

在研究法律时，我们应该把法律所要达到的目的与为达到目的所使用的手段仔细区分开来，把法律绝对的善与相对的善也仔细区分开来。

比方说，立法者的目的在于维护少数人的利益而牺牲大多数人的利益，而法律条文制定得能够使他在最短的时间内以最少的代价来实现这一目的。如此，法律制定得虽好，目的却不善。这种法律越是高效，其危害越大。

民主制度下的法律，维护的通常是大多数人的利益，因为它是公民中的多数制定出来的。这些人虽然可能犯错，却绝不会做出有损自身利益的行为。

相反，贵族制度下的法律总是倾向于将财富和权力集中在少数人手里，因为贵族生来总是少数。

因此可以说，总体而言，民主立法的目的比贵族立法的目的更能造福人类。

但是民主立法的好处也就仅限于此了。

贵族制比民主制更精于立法科学。贵族制善于自我控制，不会因一时冲动而失去头脑。它有长远计划，懂得在时机成熟时将其实现。贵族制深谙立法之道，知道如何将一切法律合力作用于一点。

民主制就不是如此，它的法律总是不够完善或不合时宜。

因此民主制的手段不如贵族制完善，民主制做出的努力经常会违背初衷，伤害到它自己，不过它的目的却比贵族制的目的更有益于人民。

设想一下，有这样一个社会，得益于其自然条件或组织结构，能够禁受得住不良法律的间歇性影响，能一直等到法律的总体趋势表现出来而自身没有灭亡，您可以想象，民主政体尽管有很多缺陷，却仍然是一切政体当中最能带给这个社会繁荣的政体。

这正是美国的情形。我再重复一下之前就已说过的：美国人的优势在于可以犯错误，犯了错之后能够及时纠正。

我认为，对于公务员的甄选，一般说来也是如此。

很容易便看出，美国民主经常选择不那么合适的人委以权力，可为什么国家还能在那些人手里繁荣昌盛，这就不容易解释了。

首先要指出的是，如果说民主国家的执政者不那么正直和富有才干，民主国家的人民却智力开化，做事认真。

民主国家的人民关心自己的事务，珍惜自己的权益，所以会阻止他们的代表偏离他们根据自身利益为代表们划定的路线。

还要指出的是，如果说民主国家的行政长官比其他国家的更滥用权力，那么通常他们执政的时间却更短。

然而除此之外，还有一个更全面、更具说服力的理由。

对很多国家来说，拥有一个富有美德或才干的政府是很重要的。但对它们来说，也许更重要的是，政府的利益不违背大多数民众的利益。因为，如果政府利益与民众利益相悖，政府的美德则几乎毫无用处，而政府的才干也将有害于人民。

我说过，重要的是执政者的利益不与大多数民众的利益相悖或相异，我并没有说，执政者的利益必须要与全体人民的利益相一致，因为我不知道这样的情形究竟有没有发生过。

迄今为止，从未发现哪个政体能不偏不倚地促进社会每个阶层的发展与繁荣。在一个国家里，有几个社会阶层，就像有几个小国。事实证明，将其他所有阶层的命运交给一个阶层主宰，就如同将一个民族的命运交到另一个民族手里，这是相当危险的。若是富人掌权，则穷人利益受害。若是穷人立法，则富人利益要冒很大风险。那民主的优点是什么呢？民主的真正优点，不像人们常说的那样在于促进所有阶级的繁荣，而只在于维护最大多数人的利益。

在美国，受人民委托管理国家事务的人，论才论德都不如贵族制的执政者，但他们的利益却和大多数同胞的利益是一致的。因此，尽管他们经常不忠于职守，犯种种严重错误，却绝不会树立一种敌视人民的立场，也不会让政府变得独断专行、危害人民。

而且，在民主制下，如果一个官员执政失当，那也只是孤立的事例，其影响仅局限在他的任期之内。腐败和无能，并不来源于将人们长期联系在一起的共同利益。

一个腐败或无能的官员，不会仅因为另外一个官员也像他一样腐败无能就与其勾结在一起，并共同致力于将腐败和无能在后辈繁衍。相反，一个官员出于野心和阴谋，会揭发另一个。在民主制下，官员的劣迹一般而言属于个人行为。

然而，在贵族制政府中，官员要受阶级利益的支配。尽管他们的阶级利益有时与多数民众的利益相一致，但大多数情况下是相违背的。这个阶级利益，在官员之间形成一个共同而持久的纽带，促使他们为了一个不总是能给多数民众带来幸福的目标而通力合作。这个阶级利益不仅使官员们彼此勾结，还将官员与一部分社会成员联合起来，因为有些公民虽不担任公职，却也属于贵族。

因此，贵族制下的官员得到来自社会和来自政府内部的双重支持。

在贵族政体中，官员与他们的一部分同代人有着共同利益和共同目标，不仅如此，他们的利益与子孙后代的利益也是一致的，甚至可以说，他们必须服从子孙后代利益的需要。他们既为现在也为将来而努力。因此，贵族制官员被部分社会成员的激情、自己的激情甚至是后代的激情，合力推向同一个目标。

对此，如果官员没有任何抵抗力，这又有什么值得惊讶的呢？所以，在贵族制国家我们经常可以看到，阶级精神甚至能牢牢控制那些并不贪腐的官员。怀着这种阶级精神，他们不知不觉地将社会改造得符合他们的利益，为把社会传给他们的后代而做好准备。

我不知道迄今为止有没有哪个国家的贵族制能像英国的贵族制那样自由。英国的贵族制源源不断地向政府提供人格高尚、思想开明的人才。

然而，很容易就可以看出，英国的立法经常牺牲穷人的利益以维护富人的利益，牺牲多数人的权利以维护少数人的特权。因此，当今的英国集巨富与赤贫于一身，有多少力量和荣耀，就有多少贫穷和苦难。

在美国，公务员没有特殊的阶级利益要照顾，尽管他们经常是些无能之辈，有些甚至是可鄙之徒，但政府的持续运作总体上是有益于人民的。

因此，民主制度虽然不乏缺点和错误，在其深处却隐藏着一种造福多数人的趋势，而贵族制度尽管可以培养德才兼备的官员，有时却存在一种秘密倾向，使得官员的才德不过是用于给同胞制造苦难。如此，贵族制政府的官员可能作了恶却出自无心，而民主制政府的官员可能行了善也并非有意。

美国的公共精神

有一种爱国心，主要来自那种将一个人的内心和他出生的地方紧紧联系在一起的本能的、非功利性的和无法定义的情感。这种本能的情感夹杂着对传统习俗的爱好、对祖先和历史的尊重。怀有这种情感的人，爱祖国如同爱自己的祖屋。他们喜欢在祖国享受的安宁和养成的稳定习惯，依恋祖国勾起的回忆，甚至觉得活在祖国，服从也是一种甜蜜。这种爱国之情往往与宗教信仰糅合在一起而变得更加炽热，从而创造出很多奇迹。爱国心本身就是一种宗教，因为它不进行推理，而是信仰、感受和行动。有些民族在与其他民族交往时，会以某种方式将祖国人格化，将君主看作祖国的化身。他们将爱国心转移到君主身上，为君主的胜利而骄傲，为君主的力量而自豪。从前在旧君主制下，有一段时期，法国人无可拯救地生活在君主专制之中，他们却对此感到某种程度的愉悦，并且不无骄傲地说："我们生活在世界上最强大的国王的统治之下。"

如同所有出自本能的激情一样，这种爱国心可以激发人们一时的热情，做出巨大的努力，然而却无法使努力长久。这种爱国心在将国家从危机中拯救出来之后，便往往任其于和平时期走向衰亡。

当一个国家民风依然淳朴，宗教信仰依然坚定，社会安然遵循古老的秩序，政权合法性还没有受到质疑时，这种本能的爱国心便大行其道。

另有一种更理智的爱国心，也许不那么慷慨和热烈，却更有生命力，更加持久。这种爱国心来源于理性。它借助法律而发展，随着权利的运用而增加，最终从某种程度上来说，与个人利益混合在一起。一个人能够领悟国家富强对个人福利的影响，知道法律可以帮助他实现这一福利，他关心国家的繁荣，首先因为国家繁荣于己有利，其次因为自己能对国家繁荣有所贡献。

但是有时在一个民族的生命历程中会出现这样一个时刻：古老的习惯变了，旧有的风俗毁了，一切信仰都动摇了，昔日的荣耀消逝了，而民智却仍然不够开化，政治权利还得不到保证或受到限制。于是人们眼中的祖国便只是一个模糊可疑的影像。祖国在哪里？是在地上吗？可是大地死气沉沉。是在祖宗的传统中吗？可有人教育我们说传统是桎梏。在宗教里？我们已经不信宗教。在法律里？立法的不是我们。在立法委员手里？我们害怕他们，也鄙视他们。于是哪儿都见不到祖国，只能每个人给出自己的看法。结果人人都陷入一种狭隘黑暗的利己主义中去。人们排斥从前的偏见，却又无法达到理性的认知。最终既没有君主制下的本能的爱国心，也没有共和制下的理智的爱国心，而是止步于两者之间，陷入迷惘和痛苦之中。

陷入这种境地能怎么办呢？回到从前吧。可是一个民族无法重新体验青年时期的情感，就如同一个人无法恢复童年时代天真的喜好。对于昔日的情感或喜好，人们可以怀念，却无力恢复。因此应该向前走，要尽快让人民认识到，个人利益与国家利益是统一的，因为对祖国无私的爱已经一去不复返了。

我并不认为，要达到这一目标，就必须立刻让人人都能行使政治权利。然而我觉得，要让人们关心自己国家的命运，我们所能拥有的最强大的，也许也是唯一的手段，就是让他们参与政府管理。在我看来，如今这个时代，公民精神和政治权利的行使不可分割，未来欧洲公民数量的增减与人民政治权利的多寡直接相关。

在美国，居民们不过是刚刚定居下来，既未带来习俗也未带来回忆，彼此从未谋面，互不相识，简言之，本能的爱国心几乎不存在。他们又为何会对本乡本县乃至整个州的事务就像对自己的个人事务那样关心呢？那是因为每个人都以自己的方式积极参与了社会管理。

美国的普通民众都明白国家的整体繁荣对个人幸福的影响，这一看法很简单，却往往为人所不知。而且，他们习惯将国家繁荣看作自己努力的成果。因此，他们视公共财富为自己的财富，对他们来说，为国家福祉而工作并不仅仅出于义务或自豪感，还出于一种我大胆称之为贪婪的心理。

要想认识这一看法的真实性，并不需要研究美国的制度和历史，观察美国人的性格态度便可知晓。一个美国人，因为参与了一切社会事务的管理，所以只要别人对美国提出批评，他就要进行捍卫，因为别人批评的不仅是他的国家，也是他自己。于是便能看到，他费尽心机来维护作为美国人的骄傲，有时不免显得虚荣而幼稚。

在与美国人的日常交往中，没有什么比这一触即发的爱国之情更让人不舒服的了。一个外国人当然愿意对美国大加溢美之词，然而他可能也想表达一些批评或不满，而这，却是完全不可以的。

没错，美国是一个自由的国度，可是为了不伤害到任何人的感情，一个外国人在美国既不能痛快地聊一聊某个人，也不能痛快地聊一聊国家；既不能痛快地评论政府，也不能痛快地评论人民；既不能痛快地发表对公共事务的意见，也不能痛快地表达对私人事务的看法，总之对于在美国所见到的一切，他都不能无所顾忌地畅所欲言，也许对于气候和土地例外。即便如此，在谈论气候或土地的时候，一些美国人也会随时准备为之辩护，就好像他们曾经出力创造了自己国家的气候和土地一样。

如今，我们必须表明立场，勇敢做出选择：要么是全民的爱国之情，要么是少数人的政府，因为我们不可能同时拥有前者形成的社会力量与活力，以及后者有时能够保证的社会安稳。

美国的权利观念

除了道德的总体观念之外，我不知道还有什么观念比权利观更美好，或者毋宁说这两者是浑然一体的。权利观念无非是引入政治世界的道德观念。

有了权利观念，人们才能定义何为专制与暴政。权利观念明确的人，独立而不显得傲慢，服从而不显得卑微。如果一个人服从暴力，那么他就会自我压制，自我贬低；相反，当他对自己同意授予的别人对他的指挥权加以服从时，从某种意义上说，他就高于指挥他的那个人。没有哪个伟人没有道德，同样，没有对政治权利的尊重，也就没有伟大的民族，甚至可以说也就没有社会。因为，一群理智而聪明的人聚在一起，如果暴力是他们彼此联系的唯一纽带，那么这个人群是什么呢？

我不断思索，在如今这个时代，怎样教育人们才能使得权利观念深入人心。我所能想到的唯一办法，是赋予所有人一些权利，让他们去和平地行使。这一点从儿童身上便可以看出。除了力量和经验不足之外，儿童和成人并无两样。当一个婴儿蹒跚学步之时，他开始接触到外界物体，出于本能，他将碰到的一切东西都拿来玩耍。他并没有物品所有权的概念，甚至连物体存在的概念都没有。不过渐渐地，他知道了物品的价值，发现别人也会夺走自己的东西，于是便会谨慎起来，尊重别人以使别人也能尊重自己。

成人对待自己财产的心理，正如儿童对待自己玩具的态度。在美国这个有着出色民主制的国家，为什么没有人抗议财产所有权？而此类抗议时常在欧洲回响。这还用解释吗？因为美国没有无产者。每个人都有一份财产要捍卫，所以每个人原则上都承认财产权。

在政治世界也是如此。普通美国人之所以有很强的政治权利观念，那是因为他们享有各项政治权。他们不侵犯别人的权利，以使自己的权利不受别人侵犯。在欧洲，一个平民就连国家首领都不放在眼里，而一个普通美国人却能毫无怨言地服从最低级别的行政官员。

这个道理也表现在各民族生活的最微小的细节上。在法国,很少有专门服务上层社会的娱乐活动,几乎所有富人玩乐的地方穷人都能进出。因此,法国的穷人举止端庄,且因为他们自己也参与享乐,所以尊重一切有利于享乐的事物。在英国,富人不仅享有政治上的特权,也享有娱乐的特权。英国的富人经常抱怨说,只要穷人偷偷溜进他们的娱乐场所,就喜欢在里面搞些无谓的破坏。这有什么好惊奇的呢?富人已经处心积虑让穷人没有什么可失去的了。

正如同财富分配使所有人都树立了财产权观念一样,民主政府将政治权利观普及每个公民。在我看来,这正是民主政府最大的功绩之一。

我并不是说,教会所有人行使政治权利是件容易的事;我只是想说,如果能做到的话,其效果将是巨大的。

我再补充一句:如果有一个时代应该尝试去做这件事,那正是我们这个时代。

君不见宗教式微,神授权利观已经消失?君不见世风日下,道德权利观也已不存在?

放眼望去,哪里不是思辨取代信仰,谋算战胜感情?于此大动乱中,若您无法将权利观念与个人利益——人心这唯一的不动点联系起来,除了制造恐怖,您还有什么手段来统治世界呢?

因此,如果有人对我说,法律软弱而民众又好闹事,人心容易冲动而道德又缺乏约束力,在这种情况下,是不应该考虑增加民主权利的,我会回答说,正因为如此才更要加强民主权利。事实上,我认为政府比社会更需要加强人民的民主权利,因为政府容易垮台,而社会是不会灭亡的。不过,我不愿滥用美国的例子。

美国历史早期公民数量少且民风淳朴,在那时候赋予人民各项政治权利,人民不难做到正确行使自己的权利。随着人口的增长，美国人并没有增加民主权力，而只不过是扩大了权利的范围。

一个民族一直被剥夺各项政治权利，如果突然之间赋予其政治权利，毋庸置疑这对民族是一大冲击，这一冲击是必须的，然而很危险。

在还不知道生命价值的时候，儿童会杀人；在不知道别人可能抢走他东西的时候，他会去抢别人的东西。一个平民在被授予政治权利的时候，面对自身的权利，正如同儿童面对整个自然。在他身上可以应用这句名言：Homo puer robustus[1]（“所谓恶人，即强壮的儿童”）。

这个道理甚至反映在美国身上。公民最先享有政治权利的那些州，也往往是公民最善于行使政治权利的那些州。

这样说并不过分：没有什么比驾驭自由的能力更能创造奇迹；然而，没有什么比学习使用自由更为艰难。专制却并非如此。专制政府经常在社会千疮百孔之时以修护者的面目出现，支持正当权利，救济穷苦百姓，建立社会秩序。专制政府的出现能给国家带来短暂繁荣，于是人民便在这繁荣当中昏昏睡去，一朝醒来，却发现身陷囹圄。与此相反，自由通常于暴风骤雨中诞生，在社会内部各种力量的碰撞和较量当中艰难成长，只有到了自由成熟之时，我们才能认识到它的好处。

美国对法律的尊重

让全体人民以直接或间接的方式参与立法，这并不总能实

1 这句话原话出自霍布斯（Thomas Hobbes, 1588—1679）的著作《论公民》（*De Cive*）：Homo malus, puer robustus（拉丁文）。儿童缺乏理性，若拥有足够的力量，便能任性作恶。同理，平民若没有理性，一旦拥有权利，也便容易作恶。——译注

现。然而不可否认的是，一旦得以实现，所制定的法律就能获得极大的权威。立法的这一民众基础，虽然可能使得法律没那么严谨和完善，却能大大增强法律的力量。

全民意志表现出来的时候，能够展现强大无比的力量。这一力量爆发之时，那些本想反对全民意志的人连想都不敢想了。

对于这一点，各政党是了然于胸的。

于是我们能看到，各政党四处活动以争取多数。若无法在已经投票的选民中争取到多数，他们就在放弃投票的那类人中争取；若还是不行，就在没有投票权的人当中寻找多数。

在美国，除了奴隶、仆佣和靠乡镇救济为生的穷人之外，没有谁没有选举资格，也因此没有谁不对法律产生间接影响。因而，那些想要攻击法律的人只能公开采取下列措施之一：要么扭转全民观念，要么践踏全民意志。

除了上述理由之外，还有一个更直接更有力的理由：在美国，每个人都觉得遵守法律对自身有利，因为一个今天不属于多数的人可能明天就会进入多数之列，今天他对立法者的意志表示了尊重，明天他就有机会让别人对他的意志表示尊重。无论法律多么糟糕，美国人都能毫无抱怨地加以服从，这不仅因为他们将法律视为多数的作品，也因为他们将法律看作自己的作品。在美国人眼中，法律是他们参与签订的一项契约。

因此，一群人数众多、总是骚动不安的民众，视法律为天生的敌人，只怀着恐惧和怀疑的目光看待法律，这样的现象在美国是看不到的。相反，无法不注意到，美国的所有阶层都对管理国家的法律表现得相当信任，对法律怀有一种近似于父爱的感情。

我刚才说“所有阶层”是不对的。欧洲的权力阶梯在美国要倒置过来，美国富人的地位相当于欧洲穷人的地位，经常是这些富人对法律持不信任的态度。我此前已经说过：民主政府的真正好处，并非像有时人们以为的那样保障所有人的利益，而只是保障大多数人的利益。在美国，居于统治地位的是穷人，因此富人总是担心穷人滥用权力损害他们的利益。

怀着这种精神状态，富人可能会在内心产生不满，但并不会因此给社会带来动荡，因为富人出于某种理由不信任立法者，而出于同样的理由，他们也不敢违背立法者的意志。富人因其富而不参与立法，同样，为了自身财产安全的考虑他们也不敢违法。在文明社会，通常只有那些没什么可失去的人才会造反。于是，尽管民主法律并不总是值得尊重，却几乎总是得到尊重，因为即使那些一心想要违法的人，也不会不遵守他们自己参与制定并能从中获利的法律，而那些可能会从违法行为中获利的人，出于性格和地位，也往往服从立法者的意志。此外，美国人民遵守法律，不仅因为法律是他们的作品，而且还因为，若在偶然情况下法律损害他们的利益，他们可以修改法律。如此，他们在服从法律时，首先将法律当作自己强加给自己的痛苦，其次当作一个暂时的痛苦。

美国无处不在的政治活动及其对社会的影响

当你离开一个自由的国度而进入一个不自由的国度，就会感到巨大的反差：在前一个国家，一切都很活跃，一切都在变化；而在眼前这个国家，似乎一切都处于静止停滞状态。在其中一个国家，人们一心想着改革和进步；而在另一个国家，似乎社会已经高度富足，人们只想着好好休息，安心享受财富。然而事实却是，通常那个为了幸福而努力奋斗的国家，比那个看起来对自己命运心满意足的国家更繁荣富裕。在对两个国家进行比较之后,你很难理解为什么第一个国家总是不断产生新的追求,而第二个国家却几乎没有。

如果那个自由国家保留了君主政体,由贵族进行统治,那么对比是明显的,而如果那是一个民主共和国,那对比就更明显了。在一个民主共和国,不再是一部分人,而是全体人民共同努力推动社会进步。社会不再仅仅为了满足某一阶层的需要和福祉而存在,而是为了同时满足所有阶层的需要,为了所有人的幸福而存在。

我们可以想象美国人所拥有的充分的自由,也能对他们的极端平等形成一定的看法。然而,若非亲眼所见,有一样东西是难以理解的:那就是美国无处不在的政治活动。

一踏上美国的土地你就会发现自己置身于一片嘈杂声中。喧嚣四起,无数呼声传至你耳边,每句呼声都在表达某种社会要求。举目望去,人们都在忙碌:这儿,街道居民在开会讨论是否应该修建一座教堂;那儿,人们在选举议员;不远处,一个选区的代表们正急匆匆赶往城区,商讨地区改革事项;在一个村庄,农夫们都离开自家田头,去参与讨论一项修路或建校计划。一些公民聚在一起,表达对政府施政的不满,而另一些则宣扬在位者为当地之父。还有一些人视酗酒为一切祸端的根源,组织起来宣传戒酒,且身体力行,誓做戒酒之表率。[1]

美国立法机构不断进行的大规模的政治运动,是我们从美国国外所能窥得的唯一的政治运动,然而这一运动不过是美国全民政治运动的一个片段,一种延伸。这一全民运动始于社会最底层,然后渐渐波及社会其他阶层。为了幸福,美国人真是不

---

1 各地的禁酒协会是一些表示保证戒酒的人成立的团体。我在美国考察的时候,各禁酒协会加起来已拥有27万名会员,大大减少了酒类消费,单在宾夕法尼亚州就能每年减少5万加仑。

惜做出一切努力。

很难说清政治活动在一个美国人生活中的地位。参与社会事务管理，参与公务讨论，这对美国人来说是头等大事，或者可以说是唯一乐趣。这一点从他们生活习惯的点滴细节便可看出。比如，女人们经常出席公共集会，对她们来说，听政治演讲是一种消遣，可以消除家务劳动造成的疲惫。政治俱乐部在一定程度上取代了剧院在她们生活中的地位。一个美国人不懂谈话的艺术，但却擅长辩论；他不大卖弄口才，却懂得论证分析。他跟你说话的时候，总像对着一个人群进行发言，有时候一激动会不小心对着你来一句："先生们！"

在有些国家，人们总是很不情愿地接受法律赋予他们的政治权利，就好像参与公共事务会浪费他们的时间。他们在心灵四周挖起壕沟，筑上篱墙，然后就窝在这狭隘的个人世界里不愿出来了。

与此相反，如果你让一个美国人只料理他的私事，他的生命就只剩下一半的乐趣，他会觉得生活陷入一片空虚，痛苦无比。[1]

我相信，如果哪天美国出现专制，摧毁自由使民众养成的习惯，要比压制民众对自由的热爱更难。

民主政府在政治世界造成的这种此起彼伏的运动，随后会波及市民社会。从整体考虑，我不知道这是否为民主政府的最大优点。我赞美民主政府，与其说是赞美它的所作所为，不如说是赞美它的所作所为客观上引发的积极效果。

毫无疑问，民众对公共事务的管理经常是很糟糕的。但是，民众在参与公共事务管理的过程中，不可能不抛开日常成见，使

---

1 这种现象在古罗马最初几位皇帝统治时期就已存在。

孟德斯鸠在某处说过，一些罗马公民感到最痛苦的事情莫过于在参加完激烈的政治活动过后，突然回到平静的私人生活中去。

思维得到拓展。一个进入政府任职的人往往有些自视甚高。由于他手里掌握着权力，一些学者和智者就来辅佐他，为他出谋划策。人们不断求助于他，想要从他那里获取支持。在经历成千上万种欺骗之后，他受到了锻炼，积累了经验。在政治领域，他参与各项事务的管理，这些事务尽管并非由他发起，却使他养成开拓的精神。每天都有人向他提请改革事项以增加公共财富，如此他内心也产生了增加个人财富的欲望。他也许不比他的前任们更高尚更幸福，但却比他们更老练更积极。很多人认为民主制度和自然环境是美国实业高度发展的直接动因，对此我不敢苟同，但我相信这两者起到了间接的促进作用。法律并没有直接催生实业，而是人民在立法的过程中学会去办实业。

民主的敌人声称，一个人单独管理比所有人共同管理效果更好，在我看来这种说法不无道理。假设双方才智均等，在管理各项事务时，一人比多人更有系统性，更懂得坚持，更有全局观念，更讲究细节的完美，在选择人员的时候也更有辨别力。否定这一点的人要么从未见过一个民主共和国，要么只通过极少的例子进行判断。即使民主能够依靠当地环境和人民习性得以维持，民主政府也无法体现行政的连贯性与系统性，确实如此。民主自由在做每件事的时候，并非都像开明专制那样完善。对于某项事业，它经常等不及取得成果就半途而废，或者鲁莽地拿事业去冒险。但从长远看来，民主自由比开明专制取得的成果更多。它在每件事上做得不如后者周到，但它做的事情更多。在民主制度下，政府的作为并不显眼，反倒是撇开政府，在政府之外完成的事业引人注目。民主制不会赐予人民一个特别能干的政府，但即使是最能干的政府，也未必能创造出民主所能创造的一切。民主使得整个社会充满一种永不满足的欲望、一种强劲的力量、一种离开它就不可能存在的活力，而这种活力，只要稍微具备有利条件就能创造奇迹。民主的真正优点就在于此。

在如今这个时代,基督教世界的命运似乎悬而未决,一些人视民主为强大的敌人,急着攻击它,而民主仍在茁壮成长;另一些人已经开始将民主当作一个新神,一个诞生于虚无的新神来加以膜拜。然而,无论是第一类人还是第二类人,无论是仇恨还是渴望民主,对它的认识都不够全面。这两类人在黑暗当中互相攻击,只是偶尔才碰到对方一下。

你对社会和政府有什么期许呢?你应该弄清楚自己的想法。

你是否希望人类思想达到一定高度,能无私慷慨地对待世间万物?你是否希望人们能够从某种程度上看轻物质财富?你是否渴望每个人的内心都有着深沉的信仰,懂得坚持,不怕牺牲?

或者,你希望看到高雅的举止,高贵的言行,希望艺术大放异彩?你希望生活在诗歌、盛名和荣誉当中?

又或者,你希望一个民族能对其他民族施加强有力的影响,希望这个民族开创伟大的事业,并且无论结果如何,都要让它在世界历史上留下浓墨重彩的一笔?

如果以上这些就是你所认为的人生在世的主要追求,那么就不要建立民主政府,因为民主政府不一定能帮你实现目标。

相反,如果你觉得与其花费那么多精力去从事智力和道德活动,不如转而去满足物质生活的基本需求,将精力花费在物质财富的生产上;如果你认为理性比神更能造福人类;如果你的目标并非培养英雄式的美德,而是温良的习惯;如果你希望看到轻微的弊端而非深重的罪孽,只要罪孽能够减少,你宁愿少一些宏图伟业;如果你不需要生活在一个高雅的社会,而是只要生活在一个繁荣的社会就心满意足了;最终,如果对你来说,政府的主要职责并非使国家拥有强大的军事力量或威震四海的影响力,而是使组成社会的每个个体尽可能富足,尽可能远离贫穷灾祸,那么就使公民地位平等地去组建民主政府吧。

如果现在已经来不及选择,如果一个超人类的力量在未征询你意见的情况下,已经将你推向两个政府中的其中一个,那么你至少应该试着利用这个政府所能提供的一切好处;去认识它善的天性和恶的习性,努力抑制后者而发展前者吧。

第七章　多数在美国的无限权力及其后果

民主政府的本质决定了多数对政府的统治是绝对的，因为在民主制度下，谁也无法抵抗多数。

美国大部分州立宪法，还特别人为地增加了多数的这种天然力量。[1]

在一切政治权力中，立法权最容易受到多数影响。美国人要求立法机构的成员由人民直接任命，并将他们的任期规定得很短，使他们不仅遵守选民的长远规划，也迎合选民的一时心意。

他们从同一些阶层，用同一种方法选出两院议员。因此，这个由两院构成的立法机构，其行动与单一的立法机构几乎同样迅疾，同样具有威势。

以这种方式建立立法机构之后，他们便把政府的几乎所有权力都控制在立法机构手里。

在一切政治权力中，有些权力本身就很强势，有些则天性较弱，美国的立法者们通过加强前者而不断削弱后者，使强者更强，弱者更弱。如此，行政权的行使缺乏稳定性和独立性。政府

1　我们在考察联邦宪法时已经看到，联邦的立法者们曾试图遏制这种力量。由于立法者的努力，联邦政府比州政府的独立性更强。但是联邦政府只主管对外事务，而实际管理美国社会的，则是各州的政府。

完全听命于变幻无常的立法机构，使得在民主政体下行政权原本可以拥有的稍许影响力也荡然无存了。

在某些州，法律规定，司法机构也由多数选举产生；而在所有州，立法者甚至使得司法机构在某种程度上受制于立法机构，因为法律规定，议员拥有每年审定法官工资的权力。

习惯法比成文法走得更远。

在美国，有一种习惯正日益风行，在这种习惯的影响下，代议制政府的各项权利很难得到保证。这一习惯便是：选民在任命一位议员的时候，经常会给他制订行动计划，要他遵守一系列实际义务，对于这些义务，议员是无法逃避的。如此，多数好像在亲自议政，却又没有多数人在一起议事时的嘈杂混乱。

此外，美国还有一些特殊的环境条件，促使多数的权力不仅占据主导地位，而且拥有不可抗拒的力量。

多数的不可动摇的道德优势，部分来源于这种观念：多数人的才智加起来总比一个人的高，因此，为了保证立法质量，不能单单看重立法者个体才智，而更应保证立法者的广泛多数。平等理论就这样被应用在智力领域。这一理论对人的骄傲穷追猛打，让人不得不放弃他最后的骄傲——对自己智力水平的骄傲。因此，少数几乎不承认这一理论，只是久而久之才慢慢习惯了。多数的权力，如同其他所有权力，都需要经历一段时间之后才能显示自身的合法性，也许它比其他任何权力都更需要如此。多数在刚取得权力的时候，是通过强制手段来使人服从的。只有在它的法制下长期生活之后，人们才开始对它表示尊重。

多数凭借其才智拥有管理社会的权利，这一理念由最初的那些移民带进美国。仅凭这一理念就足以缔造一个自由的民族。如今，这一理念已经深入人心，表现在社会生活的方方面面。

法国人在旧制度下坚信国王永远不会犯错。如果国王加害他们,他们就会认为这是国王身边的顾问的错。这种信念无限巩固了人们对国王的服从。人们也许对法律颇有微词,对立法者却一如既往地爱戴和敬重。美国人对多数也怀有同样的态度。

多数的道德优势,还来自这样一种原则:大多数人的利益应当比少数人的利益得到优先照顾。然而不难理解,对这一优先权的尊重程度取决于政党的总体状况。如果在一个国家内部,存在几大不可调和的利益集团,那么多数的优先权经常不被承认,因为遵从这一优先权会带来极大痛苦。

如果美国存在一个公民阶层,立法者想尽办法要剥夺这个阶层世世代代就享有的特权,要将这些人从高高在上的位置拉下来,使其成为普罗大众的一部分,那么很可能少数不会轻易服从多数制定出来的法律。

但是,美国公民在各方面都比较平等,公民之间还不存在天然恒久的利益冲突。

在某些社会状况下,少数派不可能指望将多数拉进自己的阵营,因为若要做到这一点,就必须放弃他们为之斗争的目标。比如,一个贵族阶层不可能在保卫自身特权的情况下成为多数,而如果让出特权,他们也就不再是贵族了。

在美国,政治问题不能以这样一种普遍绝对的方式提出,各政党无一例外都承认多数的种种权利,因为他们都希望有朝一日自己能够成为多数,从而行使这些权利。

因此,在美国,多数有着强大的实权和几乎同样强大的支配舆论的力量。一旦在某个问题上形成了多数决议,可以说没有任何力量能够完全阻止它前进,甚至没有任何力量能够让它暂时止步,去听一听反对者的呼声——反对者已经被它碾在脚下！

这种状况会给未来造成危险的后果。

多数的无限权力在美国是怎样增加民主所固有的立法与行政的不稳定性的

我已讲过民主政府的固有缺点。这些缺点没有哪一个不随多数权力的增加而扩大。

现在，先讲最明显的缺点：

立法的不稳定性，是民主政府的固有弊端，因为民主政体出于本性会不断让新人执政。但是这一弊端的严重程度跟人们赋予立法者的权限大小和行动手段密切相关。

在美国，立法机构享有最高权力。它可以不受阻碍地迅速提出新的法案，每年都有新的议员产生。这就意味着，美国人既最大限度地发展了民主的不稳定性，又使得一切重要事务都听命于民主摇摆不定的意志。

于是，美国成了当今世界法律寿命最短的国家。三十年来美国的几乎所有制度都经过修改。相应地，在此期间，美国没有哪个州不曾调整过州立法律的原则。

至于法律本身，只需稍微看一眼合众国各州的法律档案，就可以坚信美国的立法工作从来没有放缓速度。这倒并非因为美国的民主比其他国家的民主本性更不稳定，而是因为美国人在立法的过程中，任其发展天性中的不稳定倾向。[1]

1　仅在马萨诸塞州，从1780年至今所立的法律就有整整三大卷。这还不算1823年在核查过程中剔除的许多陈旧或失效的法律。然而马萨诸塞州的人口并不比我们法国一个省的人口多，而且它还是美国最稳定、做事最有连贯性、最富智慧的一个州。

在美国，多数拥有最高权力，能够迅速绝对地实现自身意志，这就不仅使得美国的法律很不稳定，而且对法律的执行以及公共行政工作也有同样的影响。

多数是唯一不可不奉承的权力，只要多数提出什么想法，人们就会急切地促成其实现。然而一旦多数的注意力转移到别处，所有的努力也就戛然而止。与此相对的是，在欧洲的自由国家，行政权相对独立，自身地位较有保障，即使立法者开始关心新的事项，之前的决定仍然能够得到很好的贯彻落实。

美国人对某些改革投入的热情和活力超过其他任何地方的人。

在欧洲，对同样的改革投入的社会力量要小得多，然而却更加持久。

几年前，几个宗教人士提出监狱改造计划。他们的号召打动了公众，改造罪犯成为一场全民运动。

于是兴建了一批新监狱。监狱里第一次引入了改造罪犯的观念，而在此前，只有惩治罪犯的观点。公众对这场人性化的改革投入了巨大的热情，在公民集体努力下，改革势不可当，可惜未能持续下去。

那些新监狱固然得到了多数的大力支持，得到发展，然而，旧监狱仍然存在，关押着为数众多的犯人。新监狱不断得到改良，变得越来越卫生，与此同时，旧监狱却显得越来越肮脏破败。为什么会出现这种双重效果？这是不难理解的：因为多数只关心新的监狱，而忘了那些已经存在的。对于一个不再引人注意的事物，每个人都将视线从它身上移开，因此这个事物也就失去了监管。一系列有益的监督措施，先是自行松弛下来，随后竟荡然无存了。于是，一方面，新式监狱将永远见证我们这个时代人性的慈悲和理性的光辉，另一方面，旧式监狱让人不得不想起中世纪的野蛮。

多数的暴政

我认为，“人民的多数在管理国家方面拥有决定一切的权力”这个信条是渎神且可憎的。然而，我将多数的意志视为一切权力的根源。我是不是自相矛盾呢？

存在着这样一条普遍的律法，为全世界的多数人所制定或至少为他们所接受，而并不仅仅得到哪个或哪几个国家多数的承认。这条律法就是公正。

因此，公正构成每个国家的权利界限。

一个国家就如同一个陪审团，代表整个社会来维护公正这一社会的律法。那么，代表社会、负责维护社会律法的陪审团有权凌驾于社会之上吗？

因此，如果我拒绝服从一项不公正的法律，我并不是在否定多数的领导权，而只是相信人类的主权高于人民的主权。

曾经有些人大放厥词，说人民在只跟其自身利益相关的事务上，不可能完全不顾及公正，不可能完全丧失理性，因此我们不应害怕将全部权力交至代表人民的多数手上。然而，这是奴隶的论调。

所谓的多数是什么呢？不过是很多个体的集合，这些个体都有自己的观点，而且往往有跟组成少数的个体相悖的利益。然而，如果你承认一个拥有全权的人可能滥用权力来伤害对手，那么你为什么不承认多数派也可能对少数派做出同样的事？难道人们聚在一起之后性格就会发生改变吗？在困难面前，人们的毅力会随着力量的增强而增长吗？[1]我是不相信的。我拒绝赋予任何一位同胞为所欲为的权力，同样我也拒绝将其赋予任何一个团体。

这倒并不是说，为了保卫自由，就应该在同一政府中混合好几种理念，使它们互相抗衡。

在我看来，所谓的混合政府纯粹是不切实际的幻想。根据“混合”这个词的含义，严格讲来并没有什么混合政府，因为在每个社会，我们最终都能发现一个占据主导地位的行动理念。

18世纪的英国常被视为典型的混合政府，尽管其中包含若干民主因素，但它本质上是一个贵族制国家，因为，它此前建立的法制和习惯决定了贵族制将长期占据主导地位，并按照贵族阶级的意志领导公共事务。

错误在于，看到贵族利益与人民利益不断发生冲突，人们只想到斗争，却没有考虑斗争的结果，而这才是关键。当一个社会真正组建了一个混合政府，也就是说，各种敌对理念在政府中势均力敌，那么，这个社会不是在酝酿一场革命，就是行将瓦解。

因此，我认为必然要有一个高于其他一切权力的社会权力，但是，我同时相信，如果没有任何力量能够对这一权力加以限制，那么自由就会受到严重威胁。

在我看来，无限权力本身是一个危险的坏东西。对无限权力的行使超出了人类的能力范围。我认为只有上帝可以拥有无限权力而不造成危害，因为他的智慧和公正与他的权力相当。人世间没有哪个权威能因其本身足够值得尊重，或因其本身就拥有无比神圣的权利，使我可以接受它不受约束地行动和不受

---

1 任何人都不会支持一个民族滥用武力来对付另一个民族。然而，一个国家内部的各政党就像大国中的小国，它们之间的关系就像国与国之间的关系。

如果承认一个国家可以对另外一个国家实行暴政，那怎能否认一个政党也可以同样对付另一个政党呢？

任何阻碍地进行统治。因此，当我见到某个权威被赋予决定一切的权力和能力时，无论这个权威的名字是人民还是国王，是民主政府还是贵族政府，也无论这个权威是在君主国还是共和国发号施令，总之我都要说：这播下了暴政的种子，我会设法离开，到别的法制下生活。

美国人所组织的民主政府最大的弊端，并非像很多欧洲人声称的那样，是它的软弱性，在我看来恰恰相反，是它不可匹敌的力量。我对美国最反感的一点，并不是美国的极端自由，而是对于暴政几乎没有防范。

在美国，如果一个人或一个政党遭到了不公正的待遇，他（它）能求助于谁呢？公共舆论吗？正是舆论造就了多数；立法机构？立法机构代表多数且盲从于多数；行政机构？行政机构的成员由多数任命，且充当多数完全被动的工具；警察？警察不过是经过武装的多数；陪审团？陪审团是拥有判决权的多数。就连法官，在某些州都是由多数选举产生的。无论你遭受的待遇有多么不公正、不合理，你都必须忍气吞声地加以服从。[1]

---

1 1812年战争期间，在巴尔的摩发生一起因多数专制引起的暴力事件。在这段时期，巴尔的摩人非常支持这场战争。当地一家报纸却采取了相对的立场，结果引起居民极大愤慨。他们自动聚集起来，砸烂了印刷机，捣毁了报社，有人还想召集民兵，但民兵没有出动。最后，为了保护报社人员的生命安全，只能将他们当作罪犯投入监狱。这项预防措施并未生效。夜里人们再次聚集起来。当地行政官员召集民兵未果，人们强行闯入监狱袭击记者，一名记者当场死亡，其他的也差点被杀。这群暴民经陪审团审理后，被判无罪。

有一天，我对宾夕法尼亚州的一位居民说："请您告诉我，为什么在一个由教友会教徒建立且因宽容著称的州里，已经获得人身自由的黑人还不能行使公民权呢？他们依法纳税，让他们参加选举难道不是应该的吗？""要是您认为我们的立法者会制定出这样一项有失公允和宽容的恶劣法令，那您真是侮辱我们了。""这么说，在你们这里，黑人享有选举权？""当然。""那么，今天早晨我在选民会议上为什么连一个黑人都没有见到呢？"这位美国人回答说："这不是法律的错。黑人确实有权参加选举，但他们总是自愿回避。""他们可真谦虚。""啊！不是他们拒绝出席，而是他们害怕在那里受到冷遇甚至攻击。在我们这里，有时法律会因得不到多数的支持而失效。要知道，多数人对黑人充满偏见，立法者赋予黑人的权利不能得到保证，对此行政官员也爱莫能助。""怎么！多数已经拥有立法的特权，难道还想拥有违法的特权？"

相反，如果将立法机构组织得既能代表多数又不完全受多数激情的摆布，让行政机构拥有自己独立的力量，让司法机构独立于前两种权力机构，那么，政府仍然是民主政府，却不再给暴政以可乘之机。

我并不是说现今的美国暴政肆虐，而只是说它缺少防范暴政的手段，至于为什么美国的民主政府作风温和，这要从美国所处形势、人民的风俗习惯而非从法律中去寻找原因。

多数的无限权力对美国公务员专断行为的影响

必须把专制与暴政区分开来。暴政可以通过法律实施而毫不专断，而专制也可能是为了民众的福祉而毫不暴戾。

暴政通常会利用专制，不过有时出于需要也会避免专制。

在美国，多数的无限权力造成了立法者的合法专制，同时也造成了行政官员的专断。多数既能主宰立法又能监督执法，既控制着政府又控制着人民，视公务员为听话的下属，乐于利用他们去满足自己的意愿。因此，多数并没有详细规定公务员的职责，也没有费心去界定他们的权利。多数对待公务员，就像一个主人对待自己的仆役：仆人的一举一动总是在主人的眼皮底下展开，主人可以随时指导或纠正仆人的行为。

总体而言，在法律规定的框架内，美国公务员享有比法国公务员更大的自由。有时美国的多数甚至会允许公务员打破这一框架。只要得到舆论肯定和多数的大力支持，美国的公务员就敢做出大胆的举动，有些举动就连一个饱览专制万象的欧洲人都会大吃一惊。一些习惯就这样在自由之中发展起来，而这些习惯可能终有一天会给自由带来致命伤害。

多数在美国对思想的影响

当我们考察美国思想界的状况时，就会清楚地看到多数对思想的影响超过欧洲任何权力对思想的影响。

思想是一种看不见也几乎捉摸不定的力量，这种力量蔑视与嘲弄一切暴政。即使当今欧洲最专制的君主也无法阻止某些危害君权的思想在国内甚至宫内秘密传播。美国的情况却并非如此。多数的意见还不确定的时候，大家纷纷提出自己的看法，一旦多数形成了最终观点，所有人就都默不作声了。不管是敌是友，似乎所有人都站到同一个阵营，决心为多数效力。原因很简单：一个君主再怎么专制，都无法将社会的一切力量控制在自己手里，也无法消灭一切反对势力，而同时拥有立法权和行政权的多数却可以做到。

另外，国王只拥有一种物质力量，这种力量可以控制臣民行为却无法影响他们的意志。然而，多数所拥有的力量却既是物质的又是精神的，对人的行为和意志有双重影响，既能阻止人去行动，也能抑制人行动的欲望。

在我所知道的国家当中，总体而言，没有哪个比美国更缺少思想的独立性和真正的言论自由。

没有哪一种教义或政治理论不能在欧洲的立宪国家自由传播，即使在非立宪国也能发挥影响。原因在于：欧洲没有哪个国家完全由一个单一权力进行统治，所以任何一个想讲真话的人总能在欧洲国家获得某一权力的庇护，从而免遭因自身独立性招致的麻烦乃至灾难。如果他不幸生活在一个极权政府的统治之下，则人民往往站在他那一边；如果他住在一个自由国家，则必要时可以求助于王权的保护。在民主国家，他可以得到贵族的支持,而在其他国家又可以得到民主力量的帮助。然而,美国民主的组织方式使得美国只有一种权力、一种力量、一种成功,除此之外别无其他。

在美国,多数给思想牢牢划定了界限。只要不越界,作家可以自由表达,然而一旦胆敢越雷池半步,不幸就会降临到他身上。这倒不是说他有被宗教裁判所烧死的危险,而是说他要成为众人唾弃和天天受辱的对象。政界对他关上了大门,因为他冒犯了唯一能使他进入政界的权威。他什么都得不到,哪怕连个虚名都捞不着。在公开发表自己的观点之前,他以为会有不少支持者,结果发现一个都没有,而自己已经暴露在公众面前。于是,反对他的人对他口诛笔伐,而赞同他的人却因为缺乏勇气,选择沉默和逃避。他一天天妥协屈服,最终不再发表任何言论,就好像后悔说了真话一样。

镣铐和刽子手是昔日暴政使用的野蛮工具,而在今天,随着文明的发展,就连看似已经登峰造极的暴政都得到了改进。

昔日的君主可以说只靠物质暴力进行压制,而今天的民主共和国使用的则是用来钳制人们意志的精神暴力。在独夫统治的专制政府下,专制通过粗暴鞭打身体来打击灵魂,但灵魂却能逃逸出来,高傲地俯视施暴于它的专制。在民主共和国,暴政并不采用这种方法,它绕开身体直接压制灵魂。掌权者不再说"你必须跟我想的一样,否则就得去死",而是说:"你是自由的,不必跟我想的一样,你的生命、财产,所有的一切都仍然归你所有。不过,你在我们当中从此将变成一个外人。你的公民权得到保留,但是对你已经没有实际用处。因为如果你参加选举,人们不会将票投给你;如果你想得到的只是他们的尊重,他们也只是假装尊重你。你虽然还留在人群当中,却失去了做人的权利。在你接近你的同胞时,他们会像躲避污秽那样躲着你。即使那些相信你清白的人也会抛弃你，因为他们害怕人群也会躲着他们。你就安安静静地活下去吧，但这样活着比死还痛苦。”

专制的君主制已经使得专制为人所不齿。要警惕民主共和让专制死灰复燃，别让民主共和只对某些人变本加厉地实行专制，而向大多数人掩饰专制可鄙的面目和可憎的本性。

在旧大陆最自命不凡的国家里，出版过一些忠实描绘同代人恶行与愚蠢的著作。比如，拉布吕耶尔住在路易十四宫廷里的时候创作了《论大人物》一章，莫里哀在演给朝臣们看的剧作里批判宫廷。然而，统治美国的权威却不容人这样嘲弄。最轻微的批评都会使它不快，稍微刺耳的真话就会让它发怒。无论是它的语言表达方式，还是它坚定的美德，一切都要加以赞美。任何一个作家，不管他有多么出名，都无法逃避恭维同胞的义务。因此，多数永远活在自恋当中。一些事情的真实情况，美国人只有通过外国人之口或通过经验才能知晓。

如果说美国还没有伟大作家的话，那么不应该从别处寻找原因，原因就在这里：没有思想自由就产生不了文学天才，而美国正缺少思想自由。

宗教裁判所从未能制止与大多数人宗教信仰相悖的书籍在西班牙流传。相比之下，美国的多数统治做得更好：它直接扼杀出版此类书籍的念头。在美国可以见到一些不信教的人，但这些人没有自己的报刊。

有些国家的政府为了维护社会风气，禁止淫秽书籍出版。在美国，没有人会因此受罚，但也没有人想要去写此类书籍。这倒不是说所有公民都品行纯良，而是说多数公民在多数时候都品行端庄。

在这方面，权力的行使也许是好的，而我之前谈论的是权力本身。这种不可抗拒的权力会一直发挥效力，而权力的正确使用却只是偶然现象。

多数的暴政对美国国民性格的影响以及谄媚精神在美国的表现

我在前面几节指出的这种趋势,虽然在政界表现得还不突出,但已对美国人的国民性格产生了不良影响。我认为,当今美国活跃于政界的杰出人物不多,正是因为多数专制日益严重的缘故。

在美国爆发独立战争时,杰出人物大批涌现。当时,公共舆论引导着这些人的意志,却并未钳制他们的意志。那个时期的名人将自己的事业与时代精神紧密结合在一起,他们的伟大之处在于:他们用自己的光辉照耀整个民族,而没有借助整个民族的力量来抬高自己。

在专制政府中,接近王权的达官显贵们一味迎合主子的喜好,心甘情愿服从主子的任性。但是,人民大众并不情愿遭受奴役。他们之所以服从,常常是出于软弱、习惯或无知,有时也出于对王室或对君主本人的热爱。有些民族愿意牺牲自己的意志而满足君主的意志,并以此为乐或以此为荣,这种服从其实包含着某种程度的精神独立。这样的民族虽然不幸却并未堕落。再者,做自己不赞成的事与做自己假装赞成的事有很大差别:前者是由于软弱,而后者是出于奴性。

在自由国家,每个人都能或多或少地对国家事务发表个人意见;在民主共和国,公共生活与私生活不断互相渗透,谁都能接近统治者,只要稍微提一提嗓门就可以让统治者听到自己的意见,因此,在这两种国家,利用统治者弱点的投机客与依靠迎合统治者喜好而生活的人,就比在专制君主国的多。这倒不是说这些国家的人天生就比其他地方的人恶劣,而是说在这些国家,诱惑更大,有更多的人同时面临诱惑。结果就是,人们的灵魂更为普遍地堕落。

在民主共和国,大多数人都怀有谄媚精神,而且这种精神渗透到各个阶级。这是可以加诸民主共和国的主要谴责之一。

这样的谴责尤其可以加于美国这样的民主共和国。在美国,多数的统治如此专制和不可抵抗,以致如果一个人想要脱离多数规定的路线,就必须放弃自己的公民权,甚至可以说放弃自己做人的权利。

在挤进美国政界的一大群人中,如今很难见到那种豪迈正直之士,而从前这是美国人的突出性格,而且是一切伟人所共有的突出特性。乍看之下,仿佛所有美国人的头脑都是同一个模子制作出来的,所有人都分毫不差地沿着同一条路前进。不错,外国人有时能遇到一些离经叛道的美国人,这些人会慨叹法律的弊端和民主的多变,甚至会谈及败坏国民性格的各种缺点,并指出纠正这些缺点的手段。然而,除了你之外,没有人会听他们的。而他们虽然向你倾诉了这些隐秘的想法,你却只不过是个外国人,是个过客。他们愿意把真心话告诉你,但这对你并没有什么用处。一旦到了公共场合,他们就换了一套说辞。

如果上面这几行字哪天被美国人读到,我相信有两件事一定会发生:第一,读者们会放开嗓子谴责我;第二,他们当中的一些人内心会暗暗原谅我。

我在美国听到人们谈论祖国,也在人民中间体会到一种真正的爱国心。但是这种爱国心在国家领导人身上却没有见到。这一现象通过类比就不难理解:专制主义对服从专制的人比对施加专制的人毒害更大。在专制君主国,国王常常拥有高尚的美德,而朝臣却多是卑劣之徒。

在美国，当选的官员并不称其主子为"大人"或"陛下"，这似乎与君主国的朝臣有重大差别。然而他们经常称颂主子天生就有的智慧，却从不为主子究竟有什么值得称赞的美德而争论，因为他们认为主子具有一切美德，而且这些美德不是后天努力习得，是天生就有的。他们并不将自己的妻女送给主子，指望她们获得主子的宠幸成为嫔妃。但是他们牺牲自己的见解来迎合主子的心愿，他们出卖的是自己。

在美国，道德家和哲学家们并不必用各种隐喻来表达自己的观点。但是在壮着胆子说出一个容易惹人不快的道理之前，他们会先加上一个引子："我们知道，我们现在与之对话的这个民族远远避开了人类的弱点，总能自持自重。这个民族的美德和智慧使他们成为人类大家庭中唯一配得上自由的民族，若非如此，我们定不会去写这些文字。"

在路易十四面前献媚的人，能够说得更好听吗?

对我而言，我认为在一切政府中，无论政府性质如何，有权势之处就有卑劣，就有逢迎。就我所知，只有一种手段可以防止人心的堕落，那就是避免赋予任何人无限权力，避免任何人用无限权力来诱使人堕落。

美国共和政体的最大危险
来自多数的无限权力

政府通常不是由于无能就是由于暴政而垮台。在前一种情况下，是权力自行离开政府，而在后一种情况下，是权力被人夺走。

许多人在看到民主国家陷入无政府状态时，总认为这些国家的政府天生软弱无能。事实是，一旦各政党之间燃起战火，政府就失去了对社会的控制。但我并不觉得民主政府天生缺少力量和资源，我认为恰恰相反，民主政府之所以垮台，是因为滥用了各种力量，错误使用了各种资源。无政府状态几乎总是由于暴政或管理不当，而并非由于政府无能而引起的。

不要把稳定和力量，把一件事物的伟大和它的持久性混为一谈。在民主共和国，领导社会的权力[1]并不稳定，因为权力经常易手，目标经常改变，但是只要权力正在运行，它的力量几乎就是不可抗拒的。

在我看来，美国的共和政府跟欧洲的专制君主国政府同样集权，但是力量有过之而无不及。因此，我认为美国政府不会因软弱而垮台。[2]

如果哪天自由在美国灭亡的话，一定是由于多数的无限权力将少数逼得忍无可忍，诉诸武力。届时将出现无政府状态，而这是专制的后果。

麦迪逊总统就表达过同样的看法（见《联邦党人文集》第51篇）。

他说："对于共和政体来说，重要的是，不仅要保护社会免遭统治者的迫害，而且还要保护社会的一部分人免遭另一部分人的不公正对待。公正是政府的目的，也是人们组成社会的目的。人类一直追求，也将永远追求达到这一目的，除非已获得成功或丧失了自由，否则追求永不停止。"

他还说："如果在一个社会，最强的势力集团可以随时集结自己的力量来镇压弱势群体，那么可以说，这个社会就像人类的

1　权力可能集中在一个议会之手，这时它力量很大却不稳定；也可能集中在一个人之手，这时它的力量不那么大却更稳定。

2　我想没有必要提醒读者注意，在这儿包括在本章其他地方所提到的政府，不是联邦政府，而是由多数专制领导的各州政府。

自然状态[1]那样处于一种无政府状态，因为没有任何措施来保护弱者抵抗强者的压迫。在自然状态下，由于担忧不可预知的未来和不稳定的命运，强者会希望组建一个政府来保护弱者，同时也保护自己；出于同样的考虑，无政府状态下的强势集团也会希望出现一个既保护强势集团，也保护弱势群体的政府。如果罗得岛州脱离联邦而独立，建立起一个民选政府，在极为有限的领土内施政，不必怀疑，由于多数暴政造成的政权极不稳定，最终会导致一个完全独立于人民的政权的出现。众乱党的活动会使得这一政权的出现成为必然，而且会迫不及待地求助于它。"

杰斐逊也说："我国政府的行政权并非我所关心的唯一问题，可能也不是我所关心的主要问题。立法权的暴政才是当今乃至今后很多年最可怕的危险。行政权的暴政也会出现，但要晚得多。"[2]

在这个问题上，我最喜欢引用杰斐逊的话，因为我认为他是迄今为止最坚定的民主使徒。

1 自然状态（état de nature）：由霍布斯、洛克、卢梭等启蒙思想家对人类社会所做的理论假设。所谓自然状态，即人类不受任何法律或制度约束的状态。——译注

2 杰斐逊致麦迪逊的信，1789年3月15日。

第八章　美国怎样削弱多数的暴政

不存在行政集权

我在本卷第一部分曾区分过两种集权。第一种我称之为政府集权,第二种是行政集权。

在美国,只有第一种集权,第二种几乎不存在。

假如领导美国社会的权力同时拥有这两种集权,假如它不仅有权决定一切,也有操办一切的能力和习惯,假如在确立政府管理的基本原则之后,它又渗透到具体执行的每个细节中,假如在处理完国家大事之后,它又插手私人事务,那么新大陆的自由早就不复存在了。

在美国,尽管多数经常流露出暴君的嗜好与本能,但它仍然缺少施行暴政最完美的工具。

在美国任何一个共和州,中央政府至今都只管理少数事务,这些事务因其重要性而引起它的关注。它从未管理社会的次要事务,甚至没有任何迹象表明它有管理次要事务的意愿。多数确实越来越专制,然而并没有扩大中央政府的事权,只是让其在已有的范围内拥有无限权力。因此,专制可能在某些事务上登峰造极,却并未扩及一切事务上。

全国的多数不管激情有多么洋溢,倡议有多么热烈,都无法做到让全国各地的所有公民在同一时间以同一方式屈从于它的意愿。当代表多数的中央政府发布国家命令时，必须责成一些官员去执行命令，但这些官员往往并不隶属于中央政府，并不时刻听从中央政府的领导。因此，乡镇和县的行政机构就像一个个暗礁，对人民意志的大潮起到延滞和分流的作用。即使法令是强制性的，自由也会在法令的实施方式中找到庇护所；而且多数无法管到事情的细枝末节，也就是说，多数还没有表现出行政专制的那种幼稚。多数甚至没有想到它可以那样去做，因为它还没有完全意识到自己的权力。它只知道自己的天然力量，还未掌握扩大这个力量的技巧。

这一点值得我们注意。如果某一天类似于美国这样的民主共和制度在一个传统的君主专制国建立起来，而这个传统的君主专制国无论是习惯法还是成文法都支持行政集权，那么我敢说，这个新建共和国的专制程度要超过欧洲任何一个君主国。要到亚洲才能找到可以与之比拟的专制政权。

美国的法学家精神及其如何成为平衡民主的力量

我在走访一些美国人和研究他们的法律之后，发现美国人赋予法学家极高的权威，让其对政府施加重要影响，这构成了阻止民主偏离正轨的坚强堡垒。在我看来，这一效果应归功于某种普遍性的原因，有必要对这一原因进行研究，因为它有可能在别处重现。

五百多年来，欧洲的法学家参与了一切政治运动。他们时而成为权力的工具，时而将权力作为自己的工具。在中世纪，法学家为扩大王权立下了汗马功劳。此后，他们又不懈努力，试图限制王权。在英国，法学家是贵族亲密的盟友，而在法国，他们是贵族最危险的敌人。照此看来，法学家是不是喜欢意气用事，在不同环境下多多少少受本能驱使，反复无常呢？我想弄清这个问题，因为法学家在即将诞生的民主政治社会中可能扮演最重要的角色。

专门研习过法律的人，在工作中养成了爱好秩序的习惯，喜欢讲究规范，对观念之间的规律联系有种本能的爱好，这些习性自然使得他们强烈反对革命精神和民主轻率的激情。

法学家在研究法律时获得的专门知识，使他们在社会中处于一个独特的位置，在知识分子中间几乎形成了一个特权阶层。在执业过程中，他们每天都能感受到这种优越感。他们是一门尚未普及的重要科学的掌门人，是公民处理争议时的仲裁者，而把诉讼人的盲目激情引向正轨的习惯，又使他们对大众的判断力产生一定的蔑视。此外，他们还自然而然地形成了一个团体。这倒不是说他们相处融洽，为了同一个目标而并肩前行，而是说就像利益将人联合起来那样，相同的专业和方法使他们的思想有很多共通之处。

因此，在法学家内心深处隐藏着一部分贵族的爱好与习性。他们和贵族一样，对秩序和规范有一种本能的热爱，也和贵族一样憎恶群众运动，对民治政府有种隐秘的蔑视。

我的意思并不是说法学家的这些本能倾向能够牢牢束缚住他们。法学家和其他所有人一样，都容易受到个人利益，尤其是眼前利益的支配。

有一种社会，法律界人士不能在政界获得他们在民间的同等地位。可以肯定，在这种社会体制下，法学家是革命的活跃分子。但是，应当研究使他们参与破坏或改造现实的原因是出于他们的本性还是出于偶然。没错，法学家积极参与了1789年大革命以推翻君主制。但是，他们之所以这样做，是由于他们研究了法律还是他们未能参与立法，这是有待研究的。

五百年前，英国贵族曾多次领导人民，并代表人民争取权利。但在今天，他们却维护王权，成为王权坚定的捍卫者。不过，贵族仍然保持其本能和倾向。

还应注意的是，不应将团体的个别成员视为团体本身。

在一切自由政府中，不管其形式如何，各党派的领导人中一定有法学家。这一现象也适用于贵族。几乎一切影响世界的民主运动都由贵族领导。

一个精英集团永远满足不了所有成员的野心。其成员往往空有才华和激情而无用武之地，他们中的很多人尽管坐拥种种特权，却无法很快得到成长，因此希望通过打击这些特权来施展自己的抱负。

我的意思并不是说会出现一个历史时期，在这个时期内，所有法学家都爱好秩序而憎恶改革，也并不是说在一切历史时期，大部分法学家都爱好秩序而憎恶改革。

我的意思是，如果在一个社会，法学家顺其自然地占据高位而无人反对，那么这些法学家的思想必定是极为保守的，必定会反对民主。

当贵族阶级对法学家关上晋升的大门时，法学家就会变成贵族最危险的敌人。这个敌人虽然在财力和权力上不如贵族，却凭借自己的职业活动独立于贵族，并且认为自己的才智与贵族不相上下。

但是，如果贵族愿意把自己的特权分一部分给法学家，那么这两个阶级就很容易联合起来，甚至可以说能够成为一家人。

我同时也相信，一个君王总是轻而易举就可以使法学家成为维护自己政权的最有用的工具。

尽管法学家经常推翻行政权，但法学家与行政权之间的自然亲和力，远甚于法学家与人民之间的自然亲和力。同样地，尽管经常可以见到社会上层阶级联合其他阶级抵抗王权，但是贵族与国王之间的自然亲和力，远甚于贵族与人民之间的自然亲和力。

法学家爱秩序甚于一切，而秩序的最有力保障是权威。另外，也不应忘记，即使法学家重视自由，他们一般也把法制置于自由之上。他们害怕专制甚于害怕暴政。而且，只要是由立法机构来剥夺人们的独立，他们就几乎没有什么不满。

因此我认为，一个君主面对国内日益高涨的民主运动而欲削弱司法权和减少法学家的政治影响力，那将是大错特错。他将空有权威的外表而无权威的实质。

我相信，对君主来说，让法学家参与政府更有利。如果政府的专制是以暴力进行的，那么，在把政府交与法学家管理之后，专制在法学家手里也许会呈现出公正和法制的面貌。

民主政府有利于加强法学家的政治权力。富人、贵族和君主都被撵出政府之后，法学家就可以名正言顺地总揽大权。因为到时他们是人民在自身之外唯一能找到的有才干的人了。

法学家一方面因其天性而自然倾向于贵族和君主，另一方面又为了利益而自然倾向于人民。

因此，法学家虽然喜欢民主政府，却没有民主的偏好，没有承袭民主的弱点，从而能通过民主壮大自身，能超越民主。

在民主政体下，人民信任法学家，因为他们知道法学家在为人民的事业服务，他们能够平静地听法学家讲话，因为他们觉得法学家不会心口不一。确实，法学家没有推翻民主政府的打算，但是他们想方设法以非民主所固有的倾向、非民主所具有的手段来引导民主。法学家从利益和出身来看属于人民，从习惯和爱好来看属于贵族。法学家就像贵族和人民之间的天然联系，是把这二者连接起来的环扣。

法学家群体，是唯一毫不费力就可以与民主的自然因素融合在一起的贵族因素，而且是以一种快乐和持久的方式进行融合。我并非不清楚法学家精神的固有缺点，但民主精神若不结合法学家精神，我怀疑民主是否能够长期治理社会；在当今任何一个共和国，若法学家的影响力没有随人民的权力同步增长，我就不相信它能够保住自身。

我从法学家精神中窥见的这种贵族特性，在英美两国的法学家身上表现得尤为明显。这不仅归因于两国法学家对法律的研究，还归因于两国立法工作的性质和法律解释者所处的社会地位。

英国人和美国人都保留了比附先例的立法原则，也就是说他们在祖先的立法观点和立法决议基础上，建立起自己的立法观点和立法决议。

英国或美国的法学家，几乎总是将对传统的热爱和尊敬与对规则和合法性的热爱结合起来。

这对法学家的精神世界和之后的社会动向造成了另外一种影响。

英国或美国的法学家寻找已有判例，法国的法学家寻求何以出现这些判例，也就是说前者注重判决的结果，后者注重判决的理由。

当你倾听一名英国或美国的法学家陈述观点时，你会为他如此频繁地引用他人的观点而极少表达自己的观点感到吃惊。在法国，情况就与此不同。

法国的律师即使在处理一个小案件时，也要陈述自己的思想体系。比如，他可能会质疑立法原则，为的却不过是让法庭同意将一块有争议的地产边界移动一米。

英国和美国的法学家以牺牲自己的判断来服从祖先的判断，这种对祖先的盲从，对既成思想的维护，使得法学家精神在英美两国比在法国沾染上更多畏畏缩缩的习性和因循守旧的倾向。

法国的成文法往往很难理解，但人人都可以去读。相反，对普通人来说，再没有什么比以先例为基础的法律更晦涩更难掌握的了。在英国和美国人们对法学家的需要，以及对法学家智慧的推崇，使得他们日益脱离人民大众，并最终形成一个特殊的阶级。法国的法学家不过是一名学者，而英美两国的法律界人士从某种程度上讲，却好像埃及的祭司。他们和埃及祭司一样，都是一门玄奥学问的唯一解释者。

法律界人士在英美两国所处的地位，对他们自身的习惯和观点都产生了不小的影响。英国贵族一心想拉拢和他有着相似本性的人，因此对法学家极为看重，赋予其很大权力。在英国社会，法学家的地位不是最高的，但是他们对现有地位极为满意。他们就像英国贵族的幼弟，虽不能分享兄长的一切特权，却对兄长饱含热爱与尊敬。这样，英国的法学家便把他们活动圈子里的贵族思想和趣味，与其职业的贵族利益结合在一起了。

我试图描绘的这种法学家形象，在英国表现得尤为突出。英国法学家之所以尊重法律，与其说是因为法律良好，倒不如说是因为法律古老。如果不得不对法律做出某些调整以适应社会发展的需要，他们便会极为小心地行事，力图让自己相信，通过这样的调整，自己并没有冒犯祖先，而是发展了祖先的思想，使祖先立下的法律更加完善。不要指望他们会承认自己是革新者，他们宁可被人指为荒谬，也不愿承担冒犯祖宗遗训的罪名。这就是英国人的法律精神，看上去只关心法律的条文，而忽视事物的实质，这种精神好像不仅偏离了法学精神，更是偏离了理性和人性。

英国的立法就像一棵古树。立法者在这棵古树上不断嫁接各种奇怪的枝条，希望枝条结出各种各样的果实，或至少让枝条长出的树叶与起支撑作用的古老树干合为一体。

在美国，既没有贵族又没有文士，人民不信任富人。于是，法学家构成了政治上的上层阶级和社会上最有文化的群体。因此改革对他们来说没有益处。他们原先就爱好秩序，现在为了利益变得更是保守。

如果有人问我美国的贵族在何处，我将毫不迟疑地回答，他们不在富人中间，因为富人没有将彼此团结在一起的纽带。美国的贵族是坐在律师椅和法官席上的那些人。

我们越是深思美国发生的一切，就越是坚信法学界是这个国家平衡民主最有力的力量，甚至可以说是唯一的力量。

在美国我们不难发现，法学家精神是如何通过自身优点乃至自身缺点，对平民政府的固有弊端起到调和作用的。

当美国人民激情燃烧，或陷入某些狂热念头时，会感到法学家给他们施加了一种几乎无形的约束，使他们冷静安定下来。法学家用他们的贵族倾向来隐秘地对抗民主本能；用他们对古老事物迷信般地尊重，来对抗民主对新事物的热爱；用他们的谨慎态度来对抗民主的好大喜功；用他们对规则的爱好来对抗民主对制度的蔑视；用他们沉着的处事方式来对抗民主的急躁。

法庭是法学界对付民主最醒目的工具。

作为一名法学家，法官除了在法律研究中养成对秩序和规则的爱好之外，还因其职位的终身性而酷爱稳定。他们的法学知识已经保证他们在同胞中享有很高的地位，而他们的政治权力又使得他们成为特殊的阶级，并且使他们养成特权阶级的性格。

美国的法官有权宣布法律违宪，并借此不断介入政治事件。[1]他无法强迫人民立法，却至少能让他们遵守自己制定的法律，做到言行一致。

我并非不知道，在美国存在着一种驱使人民削弱司法权的倾向。大部分州的宪法，都规定州政府可以应两院的联合要求撤换法官。某些州的宪法，规定法庭成员由选举产生，并定期重选。我敢预言，这些改革迟早会产生恶劣后果，人们总有一天会发现，削弱法官的独立性，打击的不仅是司法权，更是民主共和国本身。

此外，千万不要以为在美国法学家精神局限在法庭内部，它的活动范围远远超越了法庭。

法学家是人民信赖的唯一的知识阶层，所以他们自然占据了绝大部分公职。他们垄断了立法机构，领导着行政机构，因此，他们对法律的制定和执行都施加着强大的影响。然而，法学家必须服从于时下的公众舆论，这些公众舆论对他们有牵制作用。不过，即使他们是自由的，也很容易发现他们不轨的迹象。美国人在政治法领域做了很大的改革，在民法领域却只做了微小的调整，尽管民法的很多条文都不符合社会状况，而且就这点调整还费了很大周折。这是因为在民法方面，多数总是要托付法学家来处理，而美国的法学家出于自身考虑，不愿做任何改革。

一个法国人，在听到美国人抱怨法学家因循守旧时，一定会大吃一惊。

1 参看本卷第一部分讲述司法权的章节。

法学家精神的影响，已经大大超过了我刚才指出的确切范围。

在美国，几乎没有哪个政治问题最终不会演变成司法问题。因此，各党派在他们的日常论战中，都要借用司法观念和司法语言。大部分公职人员要么是法学家，要么曾经是法学家，因此就把法学家的习惯和理念带到他们的公务活动中去了。陪审团制度更是把这一切推广到所有阶级。因此，司法语言几乎成为大众语言。法学家精神已经走出学校和法庭的大门，逐渐向外扩展，甚至可以说它渗透于整个社会，直至社会最底层。整个民族最终都养成了法官的某些习惯和爱好。

在美国，法学家是一种并不令人感到恐惧，也几乎无法察觉的权力。这个权力没有自己的旗帜，懂得迎合时代的要求，对于一切社会运动都不加抵抗，但是它影响着整个社会，深入组成社会的每个阶级，暗中改造社会，最终按照它的意愿塑造社会。

美国视陪审团为政治机构

由于我的主题自然引导我去谈论美国的司法制度，我就不能略而不谈美国的陪审制度。

陪审制度具有双重身份，必须加以区分：一种作为司法机构而存在，另一种作为政治机构而存在。

如果要问陪审制度在何种程度上，尤其是在民事方面有利于司法行政，我承认陪审制度的功用问题值得争论。

陪审制度肇始于社会尚欠发达的阶段，那时法庭审理的都是些简单的案件。要使陪审制度适应高度发达社会的需求，便不是件易事了，因为这时人们之间的关系变得非常复杂，并且需要一定的知识和智力水准才能处理。[1]

现在，我的主要目标，是探讨陪审制度的政治功能，其他任何话题都会使我偏离主题。因此，对于陪审制度的司法功能，我就只简单说两句。当英国人采用陪审制度的时候，他们还只是一个半开化的民族。如今，他们已经成为世界上最文明的民族之一，而他们对陪审制度的热爱似乎随着文明程度的提高而加深。他们走出英国领土，到世界各地发展，在有些地方建立了殖民地，有些地方建立了独立的国家。英国本土保留了国王，一些移民在海外建立了强大的共和国，但不管政体如何，英裔国家一律提倡陪审制度。[2]要么已经建立起来，要么正在准备建立。一个司法制度在几个世纪以来能够取得如此广泛的民意支持，且无论社会文明程度、国家地理气候、政体形式如何，都得到人民的热烈欢迎，那么这个司法制度一定不会有违公正精神。[3]

---

1 把陪审制度作为司法制度来研究，探讨这个制度在美国产生的影响，考察美国人是怎样利用这个制度的，这本身就已经是一项有益而有趣的工作。单独以这个问题作为主题，就可以写一本书，一本对法国有参考价值的书。比如，我们可以在书里研究美国陪审制度的哪些部分能够用于我国以及在多大程度上有用。在美国，最能帮助我们理解这个问题的州是路易斯安那州。这个州有英裔居民和法裔居民。这个州的两种法律体系就像两个民族那样并存，并且逐渐融合。在此向读者推荐两部好书：一部是两卷本的《路易斯安那州法令汇编》，另一部是讲述民事诉讼程序的，用英法两种语言写成，书名为《论民事诉讼程序》。此书由布依松先生出版于新奥尔良。这部书有一大优点，即该书对于英语的法律术语都做了准确真实的法语解释。要知道在所有国家，法律术语都好像一门外语，英国人和英裔美国人的法律术语更是如此。

2 英国和美国的法学家在这一点上意见一致。现任联邦最高法院法官的斯托里先生，在其《美国宪法释义》中，一再称道民事案件实行陪审制度的好处。他说："赋予陪审团参加民事案件审理的宝贵特权，完全不亚于陪审团参加刑事案件审理的特权，因为这实质上等于让人人都享有政治自由和公民自由。"（第3卷，第38章）

3 要想证明陪审制度的司法功用，可以找到许多论据，现举几例如下：

陪审员参加审判工作，可以减少法官数量而不会给工作带来不便，这是一大好处。当法官数量众多时，每天都有在职法官死去，这就使得司法的人事系统内部出现了空缺，成为其他法官觊觎的对象。因此，法官们总是野心勃勃，时刻向往着晋升，自然容易依附多数或有权指定补缺的人。法官的这种晋升就像军衔的递进。这种状况，是与良好的司法行政与立法机构的意向背道而驰的。（转下页）

但是我们不谈这个问题。仅把陪审制度看作是一种司法制度是十分狭隘的看法。因为，如果说陪审制度对具体案件的判决施加了巨大影响，那么它对社会自身的命运则发挥着更为巨大的影响。应当始终从这个角度去评价陪审制度。

我在此所说的陪审团，是指偶然获得临时审判权的一定数目的公民。

在我看来，利用陪审制度来遏制犯罪，是在政府当中引入了一项真正的共和制度。我的解释如下：

陪审制度可以是贵族制的或民主制的，这取决于陪审员所在的阶级。但是无论如何，它都保持共和特性，因为它将社会的实际领导权交给了公众或公众的一部分，而没有交给统治者。

暴力向来只是成功的临时因素，暴力之后是权力。一个只能在战场上击败敌人的政府很快会被推翻。因此，政治法律真正的惩治体现在刑法里，若缺少惩治，法律迟早将失去威慑力。因此，主持刑事审判的人是社会真正的主人。实行陪审制度，就可把人民本身，或至少一部分公民置于法官席上。因此，陪审制度就把社会的实际领导权交到人民或至少一部分公民手里。[1]

在英国，陪审团成员是从该国的贵族中选出的。贵族制定法律、执行法律、审判违法行为。一切都得经贵族同意。因此可

（接上页）有人主张实行法官终身制，以使他们保持独立。但是，如果他们自己愿意牺牲独立以换取功名，就算别人不剥夺他们的独立又有什么用呢？

法官人数多了之后，难免出现滥竽充数的现象，因为法官毕竟有别于普通人，不是谁都能胜任的。建立法院是为了实现一些目标，而在为了实现这些目标所设立的组织当中，我不知道还有什么比一个鱼龙混杂的法官队伍更糟糕。

至于我，我宁愿把一个案件交给由一个优秀法官领导的不太懂法的陪审团审理，也不愿把它交给绝大多数只对法学和法律一知半解的一伙法官审理。

1 但是应当做一个重要注解：不错，陪审制度使人民拥有了监督公民行为的一般权利，但它并未给予人民在一切情况下以独断方式进行这项监督的手段。

当一个专制君主派自己的代表审判罪犯时，可以说被告的命运早就注定了。但是，如果由人民进行审判，陪审团的组成方式及其无须对结果负责的特性，尚会为无辜者提供有利机会。

以说,英国实际是个贵族制共和国。而在美国,同样的制度应用于全体人民。每一个美国公民都有选举权,都有权参加竞选,都有资格当陪审员。在我看来,美国人所实行的陪审制度就像普选权一样,同是人民主权学说的直接结果,而且是这种学说的最终结果。陪审制度和普选权,是使多数能够进行统治的两种强大手段。

凡是想依靠自身力量进行统治、想领导社会而不被社会左右的统治者,都取缔或削弱过陪审制度。比如,都铎王朝曾把不想做有罪判决的陪审员投入监狱,拿破仑曾令自己的亲信挑选陪审员。

尽管前人提供的大部分真理十分明显,但并没有打动所有人的心,而且在我们法国,人们对陪审制度仍然持有混乱的观点。要想知道什么人可以当选陪审员,那就只是把陪审制度当作一种司法制度,讨论参与审判的陪审员应当具备什么知识和能力就可以了。其实在我看来,这没有涉及问题的关键。陪审制度首先是一种政治制度,应该把它视为人民主权的一种表现形式。如果要推翻人民主权,那就要完全取缔陪审制度;如果坚持人民主权,就要使陪审制度与建立这个主权的各项法律协调一致。陪审团是负责执法的那部分国民,犹如议会是负责立法的那部分国民。为了使社会得到稳定和统一的管理,就必须使陪审团的名单随着选民名单的扩大而扩大,或者随其缩小而缩小。在我看来,这一点非常值得立法机构注意。其余的一切都是次要的。

我坚信陪审制度首先是一种政治制度,即使在民事诉讼领域我也不改变我的看法。

法律只要不以民风民情为基础就必定脆弱。而民风民情是一个民族唯一强大和持久的力量。

当陪审团只参与刑事案件的审判时，人民只能在个别情况下，远远地感知它的行动。在日常生活中，人民习惯没有陪审团的存在，将陪审团只看作获得公正的一个手段，而不是看作获得公正的唯一手段。[1]

反之，当陪审团参加民事案件的审理时，它的作用便时刻引人注目。这时，它将涉及所有人的利益，每个人都会求助于它。于是，它深入一切生活习惯当中，塑造所有人的思想，最终甚至成为公正的代名词。

因此，如果陪审制度只应用于刑事案件，那么它将走向消亡；而一旦用于民事案件，它将经得起时间的考验，也顶得住人为的破坏。要是英国的统治者能够像从法律中取缔陪审制度那样容易地从民风民情里抹除陪审制度，英国的陪审制度早在都铎王朝时期就不复存在了。因此，事实上在英国拯救了自由的，正是民事陪审制度。

无论怎样应用陪审制度，它都不能不对国民性格施加重大影响。不过，它应用于民事案件的程度越深，发挥的影响就越大。

陪审制度，尤其是民事陪审制度，能使法官的一部分思维习惯进入所有公民的头脑。而这种思维习惯，正是人民为了能够自由所要养成的习惯。

陪审制度向所有阶级传播权利观念和对于判决结果的尊重。若缺少这两样东西，人们对于自由的热爱就只不过是一种破坏性的激情。

陪审制度教导人们做事要公道。每个人在审判自己邻居的时候，都会想到某一天可能轮到邻居来审判自己。这种情形尤

1　当陪审制度只适用于某些刑事案件时，这个论点尤其正确。

其发生在民事陪审制度下，因为几乎没有人会担心自己某天成为刑事案件的被告，但人人都可能会碰到民事诉讼。

陪审制度教导每个人都要敢于为自己的行为负责。这是一种男子汉气魄，若缺少这种气魄，政治道德便无从谈起。

陪审制度赋予每个公民以一种法官的身份，使人人都感到自己对社会肩负着责任，感到自己参与了社会管理。陪审制度迫使人们去做跟切身利益并不直接相关的事情，从而克服人们的自私自利，而这种自私自利像锈菌一样侵害着社会机体。

陪审制度对于人民判断力的形成与知识的提高做了重大贡献。在我看来这是它最大的好处。应当把陪审团看作是一所总是敞开大门的免费学校，每个陪审员都在这里学习运用自己的权利，经常与上层阶级最有教养和知识的人交流，在实践中学习法律，并通过听取律师陈词和法官意见，甚至通过见证双方的冲动来理解法律。我想，美国人的政治素养和实践能力，主要是通过长期运用民事陪审制度获得的。

我不知道陪审团是否对诉讼当事人有利，但我确信它对主持审判的人有利。我把陪审团视为社会能够用以教育人民的最有效手段之一。

以上所述，是就一切国家而言；而以下所述，则专门针对美国和一般民主国家而言。

我在前面已经说过，在民主政体下，法学家尤其是法官，构成了唯一能够缓和人民运动的贵族团体。这些贵族没有任何物质力量，他们只对人民的思想发挥保守性的影响。但是，他们权力的主要根源，存在于民事陪审制度之中。

刑事诉讼是社会对某个人的斗争，陪审团在参与此类案件的审判时，容易把法官看作社会力量的被动工具，对法官意见持怀疑态度。而且，刑事诉讼完全以一些简单的事实为基础，普通人通过常识即可以判断。在这些诉讼中,法官和陪审员是平等的。

在民事诉讼上,情况便大不相同了。这时,法官在冲动的双方当事人面前,就像一个不偏不倚的仲裁者。陪审员以信任的目光看着法官,满怀尊敬地听取他的意见,因为这时,法官的知识远远超过了他们的知识。当着陪审团的面陈述陪审员们早已记不清的各项法律依据的,是法官;手把手引导他们经历曲折的诉讼程序的,也是法官;向他们指明事实要点和告诉他们应当如何回答法律问题的,还是法官。可以说,法官对于陪审员的影响几乎是无限的。

有人以陪审员在民事案件中表现出的无能为由,论证陪审制的坏处,我却丝毫不为所动,这难道还要解释为什么吗?

在民事诉讼中,凡是不涉及事实的问题,陪审团几乎都不发挥实质作用,而只是在形式上参与了司法审理。

陪审员宣布法官所做的判决。他们赋予了这份判决以他们所代表的社会权威,而法官则赋予其理性和法律的权威。

在英美两国,法官对于刑事案件的判决结果所能产生的影响,是法国法官从未有过的。这一差别产生的原因不难理解:英国或美国的法官在民事诉讼领域树立起了权威,而后又把这种权威扩展到另一个舞台。单独在这另一个舞台上他们是无力树立起权威的。

对某些案件,尤其是重大案件,美国的法官有权独自宣判。[1]在这种情况下,他们的地位有时与法国的法官通常所处的地位等同。但他们的道义力量却大得多,因为陪审团的影响还伴随着他们,他们的意见几乎与陪审团所代表的社会的意见具有同

---

1 联邦的法官几乎总是独自处理跟联邦政府直接相关的问题。

样的重量。

美国法官的影响力甚至远远扩展到法庭之外。不管是在私人生活的娱乐中还是在政治活动中,也不管是在公共场合还是在立法机构内部,美国的法官总是被一群崇拜他智慧的人所包围。在审理完案件之后,他仍然会对那些和他一起参与审理的人发挥影响,不仅对他们的思维方式,而且对他们的灵魂都会发挥影响。

表面看来,陪审制度削弱了法官的权利,但实际上加强了法官的权威。这些被人民分享了权利的法官比其他任何国家的法官都要强大。

借助于民事陪审制度,美国的司法制度将我之前所说的法学家精神深入社会最底层。

因此,陪审制度不仅是让人民实施统治的最有力的手段,同时也是教会他们如何统治的最有效的手段。

下　卷

第二部分
民主对美国人情感的影响

第一章　为什么民主国家爱平等比爱自由更热烈和更持久

身份平等所激发的第一种也是最强烈的激情，无须赘言，就是对平等本身的热爱。因此，我首先把它提出来讨论，自然顺理成章。

每个人都已经注意到，在当今世界，尤其是在我们法国，这种对平等的热爱在人心中日益占据更重要的地位。人们一再指出，当代人对平等的热爱比对自由的热爱更炽热、更坚定，但是我发现人们并没有找出这种现象的原因。我决定试着探讨一番。

我们可以设想一个自由与平等交汇并融为一体的极端情形。

假设所有公民都参与政府管理，而且每个人都有参与政府管理的合法权利。

那时，每个人都与其同胞相似，没有谁能实行暴政。人们完全是自由的，因为他们彼此完全平等。人们完全是平等的，因为他们完全是自由的。这便是民主国家试图达到的完美状态。

这是平等在人间可以采取的最完美的形式。其他形式尽管不那么完美，但对民主国家来说同样珍贵。

平等可以在市民社会建立起来，而不在政界推行。人们有权享受同样的娱乐，从事同样的职业，进入同样的地方，以相同的方式生活，以相同的方式谋取财富，但是在政府中的地位却并不平等。

还有一种平等可以在政界建立起来，但那里没有政治自由。即除了一个人以外，所有人都是平等的，而那唯一的一个人是其他所有人的主宰，并从所有人当中平等地选拔他权力的代理人。

我们还可以做其他假设。根据这些假设，在大部分情况下，平等可能与或多或少有点自由的制度结合在一起，甚至可以跟完全没有自由的制度顺利结合在一起。

没有完全的自由就没有绝对的平等，所以平等在得到极度发展的情况下，会与自由融为一体，尽管如此，我们还是有理由将二者区分开来。

人们对自由的热爱与对平等的热爱其实是两回事，我甚至敢说，在民主国家，这两种热爱的程度并不相同。

只要稍加注意便会发现，每个时代都有一个占据主导地位、统领其他事物的独特事实。这一事实几乎总是会催生一种主流思想或一种主要激情，而当时其他所有情感和观念都跟随这种主流思想或主要激情，就像涓涓细流汇入奔腾的大河一般。

自由以各种不同的形式出现在人类历史的不同时期。自由并不独属于某一种社会状况，在民主制之外的政体中也都能存在。因此，自由不能构成民主时代的独有特征。

民主时代占据主导地位的独特事实，是身份平等。而民主时代振奋人心的主要激情，是对平等的热爱。

不必追问是什么特殊魅力促使民主时代的人愿意平等地生活，也不必深究是什么特殊原因使得他们如此固执地追求平等而宁愿忽视社会向他们提供的其他好处，因为平等是民主时代的独有特性，这一点就足够解释他们爱平等甚于一切了。

然而，除了这条理由之外，还有其他一些理由。基于这些理由，无论哪个时代的人都爱平等甚于爱自由。

即使一个民族能够亲自将其内部享有的平等摧毁或减少，那也需要长期艰苦的努力才能做到。它必须改变原有的社会状况，废除原先的法律，更新原来的各种观念，并且要移风易俗。但是，要想摧毁政治自由，只要不去实行，政治自由就自行消亡。

人们看重平等不仅是因为平等对他们来说是珍贵的，还因为他们相信平等可以永存。

政治自由发展到极端就会破坏个人安全、财产和生命，这一点即使再无知肤浅的人都能有所认识。相反，对于平等可能造成的危害，只有那些细心而有洞察力的人才能发现，可他们却一般对此保持缄默。他们知道自己所担心的危害离他们还很远，他们很高兴这些危害只危及后代，而当代人则无须担忧。自由有时带来的害处是立竿见影的，所有人都能看得到，也或多或少都感受得到。而极端的平等带来的危害是慢慢产生和表现出来的，逐渐地侵害社会机体。人们只有经过一段时间之后才能发现，而等到危害已经很严重的时候，习惯成自然，人们已经感觉不到了。

自由带来的好处只有很长时间之后才能表现出来，而且这种好处的成因往往为人所不知。

平等带来的好处立即就会表现出来，人们在感受好处的同时，一眼就能看到它的来源。

政治自由时不时地给某些公民极大的享受。

平等每天都给予每个人虽然微小却是多种多样的享受。平等的魅力时刻都能感受得到，而且是被所有人感受到。高贵的人不会对之无动于衷，乡野村夫也能乐享平等的好处。平等产生的激情应该既强烈又具有普遍性。

要想享受政治自由，就必须付出一定的代价来获得，而且需要极大的努力才能维护政治自由。然而,平等带来的乐趣是自动产生的,在私生活的每件小事上都能体现出来。只要活着就能品尝到平等带来的乐趣。

民主时代的人无论何时都热爱平等,但有时他们的这种热爱几近疯狂。比如,旧社会秩序在摇摇欲坠了很久,做了垂死挣扎之后终于瓦解,公民之间起隔离作用的屏障一一倒下之时,人们追求平等几乎走火入魔。他们扑向平等就像是扑向一个战利品,抱着平等不放,就好像那是一个宝物,生怕被别人抢走。平等的激情全方位渗入人的内心,并在其中扩展和弥漫,直至完全占据人心。这时,你不要警告他们如此盲目地陷入一种排他性的激情当中会使他们失去宝贵的权益,因为他们根本听不进去;也不要向他们指出自由正从他们手里流失,因为他们眼睛对着别处,根本看不见,或者说宇宙间他们只看见一样值得追求的东西,那就是平等。

之前所述适用于一切民主国家,接下来要讲的只跟我们自身相关。

在大部分现代国家,尤其是在欧洲大陆的诸国,关于自由的爱好与观念只是在身份开始平等的时候才产生和发展的,就好像自由是平等的结果。当时,是那些专制君主设法将臣民的地位平等化。在这些国家,平等先于自由产生。因此,平等是存在已久的事实,而自由是一个新事物。平等已经创造出与之相关的各种舆论、习惯和法律,而自由才刚刚出现,无依无靠。如此,当自由还只是体现在观念和爱好当中之时,平等已经深入习惯中,成为社会风俗,对生活中的大小事情都产生了影响。因此,当代人热爱平等甚于热爱自由,这还有什么值得惊奇的呢?

我认为,民主国家的人天生爱好自由,他们自行寻找自由,热爱自由,若使他们失去自由,他们会感到痛苦。然而,对于平等，他们却怀有一种炽热的、永不满足的、恒久的、无法克服的激情。他们希望在自由中获得平等，如果做不到的话，他们宁愿在奴役中获得平等。他们能够忍受贫苦、奴役、野蛮，但无法忍受贵族制。

在任何时代都是如此，在我们这个时代尤甚。一切试图反对平等这股力量的人或势力都将失败，并被这股力量所摧毁。如今，没有平等的支持，自由无法建立起来；没有平等的支持，就连专制都无法得以实行。

第二章　论民主国家的个人主义

我之前讲过在平等时代，每个人是怎样从自己内心寻找信仰的。现在我要说明的是在这样的时代，每个人是怎样将自己的一切感情都以自我为中心的。

个人主义（l'individualisme）是一种新观念创造出来的一个新词。我们的祖辈只知道利己主义（l'égoïsme）。

利己主义是一种强烈而夸张的爱己之心。利己主义者一切都为了自己，爱自己甚于一切。

个人主义是一种理智平和的情感。在这种情感的作用下，每个公民都孤立于大众同胞，与亲友疏离。于是，每个人都根据自己的需要建立起属于自己的小社会，而置大社会于不顾。

利己主义来自盲目的本能；个人主义与其说来自堕落的情感，不如说来自错误的判断。个人主义既根源于理智的缺陷，也根源于品性的不良。

利己主义扼杀一切美德的种子，个人主义一开始只使得公德的源泉枯竭，但久而久之便会打击和摧毁其他所有美德，最终沦为利己主义。

利己主义这种恶习与世界一样古老，并不只属于某一种社会形态。

个人主义起源于民主主义，很可能随着平等的发展而发展。

在贵族社会，家族在很多个世纪都维持着同样的状态，而且往往栖息在同一个地方。这就使得每一代人几乎都是同代人。一个人几乎总是了解并尊重他的祖先，同时，也好像已经看到并爱护他的子孙后代。他心甘情愿地为了祖先和子孙尽一些义务，经常为了这些已经不在和尚未出世的人，牺牲自己的个人幸福。

此外，贵族的体制还会将每个人与他的某些同胞紧密联系起来。

贵族制国家的阶级划分是相当清晰而固定的。每个阶级对身处其中的人来说就像一个小国，这个小国比国家更具体也更亲切。

在贵族制社会，所有公民都处在固定的位置上，一些人位置高于另一些人，结果就造成每个人总能发现，在自己之上有一个人，他需要得到这个人的庇护，而在自己之下又有另外一个人，必要时可以让其出力帮助自己。

因此，生活在贵族时代的人几乎总是与某种外界事物紧密联系在一起，他们经常会忘了自己。在贵族时代，同胞的总体概念确实很模糊，人们从来不想着为了人类奉献自我，但是他们经常为了某些人牺牲自己。

相反，在民主时代，每个人对人类应尽的义务比较明确，而为了某一个人牺牲自我的情形比较罕见。人们的情感纽带在扩展的过程中变得松弛了。

在民主国家，新的家庭不断从虚无中诞生，另一些家庭不断坠入虚无，现有的家庭则不断变换面貌。时代与时代随时脱节，前代人的踪迹消失得干干净净。人们轻易就忘了先人，对后代也毫无概念。他们关心的，只是身边的亲人。

每个阶级都在接近其他阶级，最终所有阶级混为一体，人们变得冷漠，彼此之间就像陌生人。贵族制将从农夫到国王的所有公民都串在一根长链条上，而民主制打碎了链条，使其中的每一环都脱落下来。

随着身份的逐渐平等，很多个人不再富有或强大到能对同胞的命运施以较大影响的地步，但是他们取得或保留了很多知识和财产，足够保证自己的需要。这些人不欠任何人任何东西，可以说也不期望从别人那里获取什么。他们习惯独自思考，愿意相信他们的整个命运掌握在自己手中。

如此，民主制不仅使每个人忘了自己的祖先，也将其后代隐去，使其与同代人分开，不断走向自我，最终可能完全自我封闭，陷入孤寂当中。

第三章　为什么个人主义在民主革命完成时比在其他时期更强烈

当一个民主社会在贵族社会的废墟上刚刚建成之时，人与人之间的疏离以及之后紧跟而来的利己主义表现得最为明显。

这时的社会不仅有很多独立的公民，而且充满着很多刚刚取得独立，陶醉于自己的新权力的人。这些人对自己的个人力量满怀信心，想象不出某天可能会需要同胞的援助。他们毫不掩饰地只为自己考虑。

通常，贵族制在历经长期斗争之后才会灭亡。在斗争的过程中，不同阶级之间燃烧着深仇大恨。在斗争取得胜利之后，这些仇恨仍旧存在。我们可以在民主的大融合中找到蛛丝马迹。

那些在被摧毁的旧秩序中身处高位的公民无法立即忘掉从前的荣耀，在很长一段时期内，他们觉得与新社会格格不入，像是局外人。在新社会与他们平等的人，在他们看来都是些压迫者，无法与之同命运共呼吸。而从前与他们平起平坐的人，现在却都消失不见，因此再没有什么共同的利益将他们与那些人联系在一起。每个人都独处一隅，认为除了自己之外，管不了别人。相反，那些从前位于社会底层的人，通过革命突然变得与众生平等，欢喜之余对新获得的独立也有几分隐隐的担忧。他们若是在身边看到一些从前的上级，便投之以胜利和恐惧的目光，然后径自走开。

因此,通常是在民主社会初建之时,公民最容易彼此孤立。

民主制使得人们不愿接近同胞,而民主革命使他们相互回避,在平等的状态下仍旧保持原先不平等所激发的仇恨。

美国人的优势在于未经历民主革命就建成了民主制。他们生下来就是平等的,而不是经过斗争才获得平等。

第四章　美国人怎样通过自由制度对抗个人主义

专制在本质上是心虚害怕的，而人与人之间的疏离在它眼中正是维护其统治的有力保障，因此专制会想尽办法促成人与人之间的疏离。再没有哪种人心之恶比利己主义更受专制者的欢迎。只要人们不互相爱护，专制者就可以不在乎人们不爱戴他。专制者不会要求人们来辅助他管理国家。对他而言，只要人们不想由他们自己来管理国家就足够了。他将那些想要齐心协力创造社会繁荣的人称为肇事分子，并且偷换概念，将那些只顾自己的人称为优秀公民。

因此，专制所带来的害处也正是平等所助长的恶习。专制和平等以有害的方式相辅相成。

平等使人们并立，却并未将他们彼此联系起来。专制在人们之间筑起壁垒，将他们隔离开来。平等使人们丝毫不为同胞考虑，而专制使人们将冷眼旁观作为公德。

专制在任何时代都是危险的，而在民主时代尤其可怕。

不难看到，在民主时代，人们极为需要自由。

当公民们不得不去管理公共事务时，他们必然会走出个人私利的小圈子，并且不时改变原先对自己的看法。

当人们共同处理公共事务时，每个人都会意识到自己并不像原先以为的那样独立于同胞，为了得到别人的帮助，就必须经常帮助别人。

当众人一起治理国家时，没有人不感到大家互相爱护的价值，也没有人不想获得别人的尊敬和喜爱，从而获得公众的认同。

使人心冷淡和疏离的一些情感，这时候都不得不藏在灵魂深处。骄傲不再流露，蔑视不敢现身。利己主义也对自身感到恐惧。

在自由政体下，大部分公职都是由选举产生的，因此，那些在个人狭隘的私生活中恃才傲物或野心勃勃的人，都时刻感到不能置周围大众于不顾。

因此，人们会出于野心想到他人，而且往往会发现忘我可以带来好处。我知道说到这儿，有人要向我提出反对意见，列举选举过程中产生的种种阴谋伎俩，候选者经常使用的卑劣手段和对手的恶意中伤。选举的确存在互相仇视的情形，而且随着选举频率越高，这种情形发生得越多。

也许这都是些严重的害处，但它们只是暂时的，而和这些害处同时产生的好处却将持续下去。

希望当选的渴望，有时会让一些人成为敌人，互相斗争。但从长远看来，这同样的渴望会让所有人互相支持。一场选举可能使两个朋友反目成仇，但选举制度会让众多原本可能一辈子都互不相识的公民逐渐走到一起。自由造成个别人之间的仇恨，而专制使所有人互相漠不关心。

美国人通过自由来克服平等造成的个人主义，而他们成功做到了。

美国的立法者认为，要治疗社会机体在民主时代自然生成的一个如此有害的疾患，单靠在全国实行代议制是不够的。他们认为应该让国内各个地方都享有政治生活，以便给公民创造无限多的共同行动的机会，让他们时刻感受到彼此是互相依靠的。

这是极为明智的做法。

全国性的大事仅由几个公民操持。这几个人也只是隔一段时间才聚首，而且往往后来便见不到面了，彼此之间没有持久的联系。然而，如果地方性事务由当地居民来管理，那么这些人总是可以保持联系，甚至必须要互相熟识，互相讨好。

很难让一个人撇开自身事务不管而去关心整个国家的命运，因为他不理解国家命运可能会对他个人命运造成的影响。但是，如果要在他的地产旁边修路，他立即就会意识到这件公共的小事与他私人的大事之间的联系。无须他人指点，他就会发现在这件事上个人利益与全体利益之间存在密切联系。

因此，如果让公民多去管理小事而非大事，会让他们更关心公益，让他们意识到为了公益的实现彼此之间的互相需要。

一个人可以凭借一次壮举取得人民的好感，但是，要得到身边所有人的敬爱，就必须长期在小事上为别人尽力，默默无闻地做好事，养成行善的习惯，获得无可争议的无私名声。

地方自由使得大部分公民都重视亲友和邻里的感情，因此能够抵制使人们疏离的本能，使人们不断互相亲近，加强彼此间的互助。

在美国，最有钱有势的公民也注意不脱离民众。他们非但不脱离，还不断亲近民众，愿意每天倾听民众，与民众交谈。他们知道，民主制下的富人总是需要穷人，也知道在民主时代，争取穷人不是靠施以恩惠，而是靠一定的态度举止。恩惠越大，越凸显贫富差距，受惠者内心会产生不快。而平易近人的举止却有着几乎不可抗拒的魅力，能使人感觉亲切，即使有时粗率，也不会让人感觉厌恶。

富人并不是一开始就意识到要这样做。民主革命还在进行之时,他们一般对这种做法加以抵制,革命结束时也还是不承认这么做是对的。他们愿意造福人民,但是还想小心翼翼地与人民保持距离。他们觉得这样就够了,但他们想错了。即使倾家荡产造福于人,也不能温暖人心。要知道,人民想要他们牺牲的,并非他们的财产,而是他们的骄傲。

在美国,好像没有谁不在挖空心思去增加公共财富,满足公共需求。每个地方最有学识的人都在不断利用自己的知识来发现促进地方繁荣的新手段,一旦有所发现,他们就毫不迟疑地公之于众。

在考察美国主政者经常表现出来的缺点和弱点时,我们会对美国不断增长的繁荣感到吃惊。然而我们想错了。给美国民主制带来繁荣的,并非选举产生的官员。美国民主之所以繁荣,是因为官员是经过选举产生的。

如果认为美国人的爱国心和每个美国人对同胞的幸福所表现出来的热切关心不是真诚的,那未免有失公允。在美国就像在别处那样,私人利益引导人们的大部分行动,但私人利益并不支配一切。

我要说,我在美国经常看到人们为了公益事业做出实质性的重大牺牲,我也屡次发现,人们在必要时会给予他人真诚的帮助。

美国居民拥有的自由制度和他们充分行使的种种政治权利,不断以各种方式提醒每个公民他们生活在社会中。身处在这些制度和权利之中,公民每时每刻都意识到服务他人不仅是自己的义务,也是个人利益之所在。每个公民都没有理由仇恨他人,每个人既非他人的奴隶,亦非他人的主子,因此,每个人都自然对他人友好相待。人们关心公益,开始是出于必要,然后是出于主动选择；开始还掂量计算，后来便习以为常。随着人们不断努力造福同胞，服务他人逐渐成为一种习惯和爱好。

很多法国人视身份平等为第一大恶，政治自由为第二大恶。当他们不得不忍受其中一恶时，至少设法摆脱另一恶。我的观点是，要想消除平等可能带来的害处，只有一个有效方法：那就是政治自由。

第五章　论美国人在市民生活中对结社的运用

我在这一章里，不想谈人们为了抵御多数的专制和王权的侵犯而进行的政治结社。关于政治结社的问题，我在其他地方已经讲过了。显然，如果每个公民在变得越来越软弱，越来越无法独自捍卫自由的同时，没有学会与同胞联合起来保卫自由，那么，暴政必然随着平等的发展而加剧。

本章所讲的结社是在市民生活中形成的、全无政治目的的结社。

政治结社在美国只是成千上万种结社中的一种。

无论什么年龄、身份、智力水平的美国人，都在不断组织社团。不仅有大家都参加的工商社团，还有很多其他种类的社团：宗教的、道德的、严肃的、无聊的、一般化的、很特殊的、规模浩大的、规模极小的，总之，什么样的都有。美国人通过结社来举行庆典，创办神学院，开设旅店，建造教堂，传播书籍，向边远地区派遣教士。他们也通过结社来设立医院、监狱和学校。为了宣传一个真理或以示范的方法来深化一种情感，他们也会组织社团。每当进行一项新事业时，在法国出面领导的是政府，在英国是一个大贵族，而在美国是一个社团。

我在美国看见过各种各样的社团，老实说有些我甚至连想都想不到。我很佩服美国人能够以高超的技巧将很多人团结在一起，自由地迈向同一个目标。

后来，我又游历了英国。美国的一些法律和很多习惯都来源于英国，但是我感觉英国人对结社的运用远没有美国人那样坚定和灵活。

英国人经常独自完成一番大事业，而美国人为了完成哪怕再小的事情都要结社。显然，英国人将结社视为一个强大的行动手段，但美国人似乎将之视为唯一的手段。

所以，世界上最民主的国家是全体公民的国家，这个国家的公民最懂得如何协同并进地追求共同渴望的目标，并且把这一高超的技巧，这项崭新的科学广泛运用在各种事物上。这是出于偶然吗？还是结社与平等之间存在必然联系？

贵族社会的平民大众如果只靠自己则一事无成，但少数公民十分强大和富有，单凭自己就可以成就大事业。

在贵族社会，人们不需要先彼此结合再去行动，因为他们原先就紧密结合在一起。

在贵族社会，每一个富有和强大的公民就如同一个强制形成的恒久存在的社团的首领，这个社团由所有那些从属于他的人组成，供他随意差遣。

相反，在民主国家，所有公民都是独立而软弱的，靠自己几乎成不了事，而且没有谁能要求同胞对自己施以援助。如果他们不学着自由互助，就将全部陷入无能为力的状态。

如果民主国家的人既没有政治结社的权利，也没有政治结社的爱好，他们的独立就会面临危险，但是他们仍能长期保有他们的财产和学识。但如果在日常生活中他们也没有养成联合起来的习惯，那么文明本身可能会遭到摧毁。要是一个国家的国民在失去单独干大事的权力之后，又没有获得集体干大事的能力，那么这个国家很快会陷入野蛮状态。

不幸的是，促使民主国家的人民必须结社的社会状况，同时也使得在民主国家结社比在其他国家更难。

贵族阶级的一些成员想要结社的时候，很容易就可以实现。因为每个人都可以给社团带来很大势力，所以社团的人数可以很少。而一旦社员人数很少，彼此之间就很容易熟识起来，也容易互相理解并建立固定的规章制度。

民主制国家的情形就没有这么简单。在民主国家，必须拥有较大数目的社员才能使社团具有一定的势力。

我知道有些人对此不以为然。他们声称，在公民逐渐变得软弱和无能的情况下，应该让政府变得更加能干和积极，以使政府能够完成个人不能完成之事。他们认为这一方案足够解决一切问题。但我觉得他们想错了。

也许政府可以代替几个美国大社团，而且在联邦内有几个州已经尝试这样做了。但是，美国公民每天借助于社团实现的无数小事，什么样的政府能完全顾及并做到呢？

可以预见，在即将到来的时代，人们将越来越无法独自生产个人生活中最常用、最必需的物品。因此，政府的任务不断增多，而它越是活动，给自己增加的任务就越多。政府越是取代社团的地位，个人就越是失去联合的观念，变得越需要政府帮助。这些互成因果，不断循环。这样下去，岂不是一切个人无力完成之事都要由政府来领导？如果土地不断分割，最终形成无数小块而只能由劳动者集体耕种的时候，难道要让政府首脑脱离政务而亲自领导农事？

如果一个民主国家的政府到处都替代社团，那么这个国家在道德和知识领域出现的危险将不亚于它在工商业方面出现的危险。

只有通过人与人之间的相互作用才能使人改变情感和思

想,开阔胸怀,增长才智。

我在前面已经指出,这样的相互作用,在民主国家几乎不存在。因此,民主国家要人为地创造这种相互作用,而能够创造这种作用的,只有结社。

当贵族阶级的成员接受一种新理念或产生一种新见解时,可以说他们就把这种理念或见解放置在属于自己的大舞台上,四周的看客对此一览无余,因此很容易在思想和内心上接受贵族的新理念和新见解。

在民主国家,只有政府当局可以天然地如此行事,但是很容易发现,政府的作用总是不充分,而政府行为经常是危险的。

在一个大国,政府无力独自保持和变革人们情感与思想的交流,正如它无法领导所有的产业发展一样。一旦政府试图走出政治领域而步入这条新途,它就会实行令人难以忍受的暴政,这种暴政有时连它自己都没有意识到,因为政府只知道颁布刻板的条文规章,只促进它偏好的情感与思想,而且人们总是难以分清政府的号召与命令。

如果政府认为维持现状对自身有利,那么情况会更糟糕。这时,政府将会僵化,任由自己陷入昏睡当中。

因此,社会活动不让政府包办,这是必须的。

在民主国家,能够替代被身份平等所消灭的强大个体的,正是社团。

美国的居民只要有人产生了一种意见或观念并准备向世人宣传,就会四处寻找同道,一旦找到了就会结社。这时候,他们不再是孤立的个人,而是一股人们远远就能瞥见的强大势力。他们的行为会给人们树立榜样。人们愿意倾听他们发出的言论。

第一次听说美国有十万人发誓不饮烈酒时,我以为那是玩笑,不是认真的。我一开始不理解这些戒酒者为什么不一戒到底,干脆在家里喝水就行了。

后来我才明白,这十万美国人,有感于身边酗酒之风日益横行,决心为戒酒事业提供支持。他们这样做,就像一个大贵族穿戴简朴,以号召普通公民摈除奢侈一样。可以想见,如果这十万人生活在法国,每个人都会分别请求政府严密监察整个国家的酒馆。

在我看来,再没有什么比美国的知识性和道德性的结社更值得我们注意的了。美国人的政治结社与实业结社最容易被我们注意到,而其他性质的结社则往往被我们忽视。就算我们注意到,也很难理解,因为我们法国没有类似的结社。但是我们应该承认,这类结社对于美国人的必要性,丝毫不亚于政治和实业的结社,甚至更为必要。

在支配人类社会的一切法则中,有一条似乎比其他的更准确也更清晰。那就是:要使人类保持文明或走向文明,就必须发展结社的艺术,使其随着平等的深入而不断完善。

第六章 论结社与报刊的关系

当人们彼此之间不再具有稳定而持久的联系时，就很难叫多数人共同行动，除非能够说服每个必要的协作者，让他们相信为了他们的个人利益，就必须甘愿与其他人携手并进。

通常，这只有借助于报纸才能顺利做到。只有报纸才能同时给成千上万的人灌输同一种思想。

一份报纸就像一个你不需要出门寻找的顾问，它自行出现，每天简短地向你报告公共事务而不打扰你的私事。

因此，随着人们越来越平等，个人主义越来越可怕，报刊的存在也越来越具有必要性。如果仅仅以为报刊是用来捍卫自由的，那就小看了它的作用。报刊是对文明的守护。

我并不否认，在民主国家，报刊经常引导公民集体从事一些轻率的活动，但是，若没有报刊，就几乎没有集体行动。因此，报刊带来的害处远小于它的益处。

一份报纸不仅可以向很多人提出共同计划，而且还可以为人们自己产生的计划提供共同行动的手段。

住在一个贵族制国家的公民显贵们，远远地就能看见彼此，如果想要将各自的势力联合起来，就会在身后带着一群人走向对方。

相反，在民主国家，很多人有联合的愿望和需求，但是却无法做到，因为他们势单力薄，是人群中毫不起眼的一分子，彼此互不相识，也不知道在哪里能找到同道中人。这时报纸出现了。他们中的每个人都能同时，但却是在各地看到报纸上提出的见解或观念。所有人都立即奔向这道曙光，他们此前如流浪者一般在黑暗中寻寻觅觅，寻找志同道合的人，现在终于得以聚首，并立即团结起来。

报纸使他们彼此接近，更是使他们保持团结的必要手段。

民主国家的社团想要强大，就必须吸引很多人加入。成员人数一多，居住也就相对分散。每个成员因为财产有限，也因为要为成千上万的琐事而操心，所以只能留在原先的居住地。既然彼此见不了面，就必须找出每天都能交谈的方法，不用开会就能取得意见一致。如此，没有一个民主的社团是能够离开报刊而存在的。

因此，在结社与报刊之间存在必然联系。报刊造就社团，社团造就报刊。如果说社团应该随着身份的不断平等而增加是正确的，那么报刊随着社团的增加而增加也是不无道理的。

所以美国是世界上社团数量与报刊数量都最多的国家。

通过挖掘报刊数量与社团数量之间的关系，我们同时会发现期刊发行状况与国家行政手段之间的关系，发现在民主国家，报刊数量的多寡与行政集权程度的大小成反比。因为，在民主国家，人们不再像在贵族制下那样将地方事务领导权委托给某几个重要的公民。要么摧毁地方权力，要么将地方权力交给多数人去行使。这些人就形成了一个为了地方管理而根据法律设立的长期社团。他们在自己的日常生活中需要每天读报纸，以了解公共事务的进展情况。地方权限越多，依据法律行使这些权限的人数就越多；而越是需要随时了解本地和国家的情况，报刊的数量也就越多。

美国的报刊数量如此之多的原因，在于极大的政治自由和报刊的完全独立，更在于行政权的高度分散。如果美国的全体居民都是选民，而他们的选举权仅限于选举国家立法机构成员，那么，他们只需要几份报纸就够了，因为他们只有十分重要但次数很少的机会共同行动。但实际情况是，在这种全国性的大团体之内，每个州、每个城镇，甚至每个乡村都根据法律设立各种小团体，参与管理地方行政事务。立法者就是这样使每个美国公民不得不经常与其他同胞共同去做一件事，而每个人要想知道其他人在做什么，就必须看报纸。

我认为，一个民主国家[1]如无全国性的议会，而有许多地方性权力机关，它的报刊数量一定超过另一个拥有选举产生的立法机构但却实行行政集权的民主国家。在我看来，美国的报刊业之所以发展迅猛，是因为美国人既享有广泛的全国性自由，又享有各种各样的地方性自由。

在法国和英国，人们普遍认为，只要取消目前沉重的报业税，就可以无限增加报刊数量。这种看法夸大了税务改革的作用。报刊能否增多，不仅跟销路好坏有关，也跟是否有很多人经常需要彼此交流和共同行动有关。

我同样认为，报刊的重要性不断增强，除了人们经常提到的一些原因外，还有一些更普遍的原因。

一份报纸只有反映很多人的共同思想和情感，才能存在下去。因此，一份报纸就代表着一个团体，而它的忠实读者就是这个团体的成员。

这个团体的宗旨可以是明确或模糊的，其范围可宽可窄，其人数可多可寡，但无论怎样，它都已经在读者的心中发芽了。仅

1 我说的是一个“民主国家”。一个贵族制国家行政权可以相当分散而没有对报刊的需要，因为贵族制国家的地方权力掌握在少数人手里，这些人可以独自行动，或者虽然共同行动，彼此却很熟识，很容易见面和听取对方的意见。

此一点就可以保证报纸不会消亡。

由此引出本章的最后一点思考。

身份越是平等，个人力量就越是薄弱，就越容易随大流，越难独自坚持大多数人所不认同的观念。

一份报刊就代表一个社团。可以说报纸是以其他所有人的名义对每一位读者讲话，而当个人软弱无力时，报纸就很容易引导个人。

因此，报刊的影响力会随着平等的发展而不断增强。

第七章　一般结社与政治结社的关系

世界上只有一个国家的人每天都在运用无限的自由来进行政治结社，也只有这个国家的公民想到在日常生活中不断行使结社权，并通过这种方式来获取文明给他们提供的一切好处。

在一切禁止政治结社的国家，一般结社也很少。

这种现象不可能事出偶然，应该认识到在这两种结社之间存在着一种天然的，也许是必然的联系。

人们偶然对同一件事产生了共同的兴趣，比如从事商业或经营工业，于是他们就聚到一起联合起来，并且渐渐熟悉如何结社。

共办这种小事的次数越多，人们就越能不知不觉地获得共办大事的能力。

因此，一般结社有助于政治结社。另一方面，政治结社能高度发展和完善一般结社。

在日常生活中，每个人都认为必要时自己可以满足自己的需求。但是在政治生活中，没有人会这样认为。因此，当一个国家的人民参与公共生活时，每个公民每天都会想到结社，也都怀有结社的愿望。即使本来对共同行动心怀反感，为了党派利益也不得不学会共同行动。

如此，政治使得结社的爱好与习惯普遍化，使人们产生联合的愿望，教会人们联合的方法，而这些人原本一直是孤立生活并可能一直孤立生活下去的。

政治不但创造了很多社团，而且创造出很多规模巨大的社团。

在日常生活中，很少出现一大群人自然地产生同一种兴趣，去做同一件事的情况，只有运用一些技巧才能创造出这种情形。

在政治生活中，随时都会产生结社的机会。然而，只有大型社团才能体现结社的一般意义。个人力量薄弱的公民，事先并不清楚结社可能带来的力量。只有给他们指明了，他们才清楚。因此，为了一个共同目标将一大群人集合起来，往往比将几个人召集起来更容易。一千个公民看不到彼此联合的价值，而一万个公民就能看到。在政治生活中，人们联合起来是为了共办大事。他们在共办大事的过程中得到的实际好处，又会使他们产生在小事上互助的愿望。

一个政治社团可以使一大群人走出自我的小世界。无论他们在年龄、思想、财富上差距多大，社团都能拉近他们的距离，使他们保持联系。他们只要见过一次面，就会设法再见面。

人们只有付出自己的一些财产才能加入大部分非政治性社团。所有的工商业团体均是如此。在初次以这种方式加入社团时，若还不太精通联合的技巧，也不清楚联合的主要规则，就会害怕花了钱而除了经验什么都得不到。因此，他们宁愿放弃这种可能带来成功的强大手段，也不愿去冒险。但是他们参加政治社团时就没有这么犹豫，因为不需要花钱，所以在他们看来，参加政治社团没有风险。然而，参加政治社团一段时间之后，他们不可能不学到如何在一大群人中维持秩序，通过何种方法来让这一大群人行动和取得一致意见，以及如何有条不紊地迈向共同目标。他们还会在政治社团中学习使个人意志服从集体意志，使个人努力有助于集体行动。所有这些都是政治社团的成员所必须知道的，在一般性社团中同样如此。

因此，可以把政治社团视为免费的大学校，所有公民都可以到这所大学校里来学习结社的一般理论。

虽然政治结社不能直接促进一般结社的发展，但若政治结社被查禁，一般结社也会受害。

当公民只能在少数情况下结社时，他们会把结社视为一种不常用的特殊手段，所以遇事不会想到结社。

但是，如果允许公民在一切事情上自由结社，他们最终会将结社视为达到各种目的的一般性手段，甚至是唯一手段。只要出现一种新的需要，人们就会立即想到结社。于是，结社的技巧就成为我之前所说的基本知识，所有的人都要学习和应用它。

如果某些结社是被禁止的，而另一些是被允许的，则事先很难将两类结社分清楚。人们迟疑不决，最终干脆放弃任何形式的结社，同时社会上会出现一种舆论，引导人们将结社视为一种冒险的，甚至是非法的活动。[1]

因此，如果以为结社的精神只在某一点上受到限制而不会影响它在其他方面的继续发展，或者以为只要允许人们可以共同做某些事，他们就会迫不及待地去做，那么，这只能是空想。当公民们在一切事情上都有结社的能力和习惯时，无论大事小事，他们都愿意去结社。但是，如果他们只有在小事上结社的权

1 当行政机构可以肆意查禁或准许结社时，情况尤其如此。

如果是由立法机构规定哪些结社是违法的，而由法庭来审判那些违法结社行为，那么情况则没有那么糟糕。每个公民在行动之前就知道行动的依据，可以说在受到法官的审判之前就进行了自我审判，从而避免参加违法社团，而只参加合法社团。正因为如此，所有的自由国家都承认结社权是有限的。但是，如果立法机构委托某人来裁定哪些结社是危险的，哪些结社是有用的，并且赋予其将社团扼杀在萌芽状态或允许它们继续发展的权力，那么，没有人能事先知道在什么情况下可以结社，在什么情况下不应该结社。如此，结社的精神将完全枯萎。前一种法制只禁止某些结社，而后一种法制针对社会本身，并且会伤害社会。我认为，一个讲法制的政府应该采取前一种，而任何政府都无权实行后者。

利，他们就没有能力，甚至没有愿望去结社。你允许他们在商业上完全自由联合，可他们对你赋予的权利却只是漫不经心地加以运用。当你费尽心机地使他们远离非法结社时，却吃惊地发现已经无法说服他们去合法结社了。

我并不是说在一个政治结社被禁的国家不可能存在一般性结社，因为人们只要生活在一个社会里，就一定会共同做一些事情。但是我认为，在这样一个国家，一般性社团的数量很少，设计得不够完善，行动也不够成熟，而且各社团都没有什么宏伟计划，即使有，在实现的过程中也都以失败而告终。

这自然使我想到，政治结社的自由对社会安宁造成的危险并不像人们想象的那样大，甚至有时在扰乱国家之后，它还能对国家起到稳定作用。

因此可以说，在民主国家，政治社团就如同希望领导国家的强大的个人。所以当今各国政府看待这些政治社团就如同中世纪的国王看待那些大诸侯一样，对它们怀有一种本能的恐惧，抓住一切机会打击它们。

相反，各国政府对一般结社持欢迎态度，因为它们很容易就能发现，一般结社不仅不会引导公民去关心公共事务，而且还会将他们的注意力从公共事务中引开，使他们逐渐埋头从事那些只能在国家安定状态中才能实现的活动，也就是使他们没有革命之心。但是，各国政府却并未注意到，政治结社能增加一般结社的数量并极大促进一般结社的发展。所以它们在防止一项危险的同时，却失去了克服危险的一剂有效良方。当你看到美国人每天都在为了宣扬某种政治见解、推举某个政治家参加政府或剥夺某个政治家的权力而自由结社时，你会感到很难理解为什么一群如此独立的人不会随时作乱。

可是，如果你看到另一方面，美国有数不清的实业正在被人们共同经营，无论你走到哪里，都看到美国人不知疲倦地进行着某种重大而艰难的活动，这些活动只要遇到一点小革命就会半途而废，这时，你就不难理解为什么这些人不愿扰乱国家，不愿破坏自己深受其益的社会安宁。

分别看到这两方面的现象就足够了吗？难道不应该找出两者之间隐藏的联系吗？正是政治结社使无论何种身份、思想、年龄的美国人都逐渐养成了结社的普遍爱好，并学会合理运用结社。在政治社团里，他们人数众多，彼此交谈，倾听对方的意见，在一切共同活动中互相激励。然后他们把在政治社团中养成的观念带到日常生活中去，并运用到各个方面。

因此，美国人正是因为享有了一种危险的自由，才学会了可以最大限度降低自由带来的危害的方法。

如果我们只选择一个民族的某个历史时期来考察，很容易就能证明政治结社扰乱国家秩序，阻碍实业发展。但是，如果我们拿一个民族的整个历史来考察，或许可以证明政治领域的结社自由有利于公民的福祉，甚至有利于公民的心灵安宁。

我在本书的第一卷说过："不能把结社的无限自由与出版自由混淆起来。前者不如后者必要，而且比后者危险。一个国家可以限制结社自由而保持自身存在，有时甚至只有对结社加以限制才能使自身继续存在。"接下来我又说："不能否认，在一切自由当中，政治结社的无限自由是人民最不能承受的自由。如果一个国家实行无限的政治结社自由，那么即使它现在还未陷入无政府状态，也是每时每刻都可能陷入这种状态。"

因此，我认为一个国家不可能总是让公民享有政治结社的无限自由。我甚至觉得，对结社自由不加以限制，不管在哪个国家，也不管在什么历史时期，可能都是不明智的。

如果一个国家不对结社权设定严格的限制，这个国家就无法维持国家太平，无法使人们遵纪守法，也无法建立一个稳定的政府。安定、有法纪和稳定的政府，这些可能都是一个国家的宝贵财富，我相信，为了得到或守卫这些财富，一个国家会愿意忍受临时性的痛苦。但是，如果它清楚自己究竟做出了哪些牺牲就更好了。

为了救一个人的性命而锯掉他一条胳膊，这我能理解。但是，请不要信誓旦旦地对我说，他还能像从前双臂健全的时候那样灵活。

第八章　美国人如何利用“正确理解的利益”原则与个人主义作斗争

当世界由少数有钱有势的人领导时，这些人容易形成一种崇高的义务观，乐于宣扬无私精神是光荣的，应该要像上帝那样不求回报地行善。这是那个时代的主流道德观。

贵族时代的人是否比其他时代的人更有道德，对此我是怀疑的，但可以确信的是，贵族时代的人不断讨论的是道德之美，而对于道德的有用性却只是进行秘密的研究。但是，随着人们思想高度的不断下降，每个人都只关心自己，道德家们对自我牺牲的观念感到畏怯，不敢向人们宣扬。因此，他们只局限于去研究公民的个人利益是否有利于全体人的幸福，一旦发现在某一点上个人利益与全体利益是一致和相通的，他们就迫不及待地去向公众昭示这一点。这样的发现日益增多。原先只是孤立的观察成为一般性的理论。人们以为自己终于发现了服务他人也就是服务自己，个人的利益在于行善。

我在这本书的好几处地方都已经指出，美国居民几乎总是知道如何将自身利益与同胞的利益统一起来。我在这里想要探讨的，是他们赖以做到这一点的一般理论。

在美国，人们几乎从来不说道德是美的。人们认为道德是有用的，而每天都有事实来证明这个道理。美国的道德家们并不宣称应该为了同胞牺牲自我，因为这样的牺牲是伟大的；他们大胆宣扬的是，这样的牺牲无论对牺牲者还是受益者都是必要的。

美国的道德家们已经发现，在他们这个时代的美国，人们被一股不可抗力所支配，变得只关心自己。道德家们感到这是大势所趋，不可阻挡，于是便只有设法去因势利导了。

他们毫不否认每个人都可以追求自己的利益，但是他们竭力证明每个人的利益在于诚实。

我在这里并不想一一陈述他们的推理过程，这会使我偏离主题。我要说的只是那些推理说服了他们的同胞。

从前蒙田说过："我选择一条笔直的道路，不是因为它是笔直的，而是因为我凭借经验知道这样的路通常是最好走、最有用的。"

因此，"正确理解的利益"原则（la doctrine de l'intérêt bien entendu）并不是新近才出现的，但是在当今的美国，这条原则得到广泛的承认，无处不得到体现：在一切行为和一切话语的背后都能发现这条原则在起作用。不管是从穷人还是从富人那里都能听到这条原则。

利益原则在欧洲要比在美国粗劣得多，同时也不像在美国那样得到广泛的传播，尤其不像在美国那样公开。在欧洲，人们每天装出一副愿意做出重大牺牲的样子，其实已经没有了献身精神。

相反，美国人几乎乐于用"正确理解的利益"原则来解释他们生活中的一切行为，并且喜欢表现他们明智的自爱是怎样使他们互相帮助并自愿为了国家福祉而牺牲自己的一部分时间和财富的。我认为在这一点上，美国人对自己的评价往往不够公正。因为在美国就像在其他国家那样，我们有时能见到公民们有着出于人性的无私激情与冲动。但是美国人从不承认他们会受这种激情所支配，他们更喜欢将之归因于他们的哲学，而非他们自身。

我本可以就此打住，不对前文所述加以评价。这个主题的高难度可以作为我的托词。但是我不想以此为借口。我宁愿读者在看清我的目的后不跟我走，也不愿把读者悬在那里。

“正确理解的利益”原则是一个不怎么崇高，但清晰而有保障的原则。它并不试图达到宏伟的目标，但是只要是它想达到的目标，总可以不费太大力气就能达到。它是任何文化程度的人都能理解的，所以人人都能轻而易举地学会和掌握。由于它切合人的弱点，所以不难对人产生巨大影响，而且也不难将影响保持下去，因为它通过个人利益来控制个人，并且掌握能对激情产生刺激作用的因素，因而能够引导激情。

“正确理解的利益”原则并不产生伟大的献身精神，但是它鼓励人们每天做出小小的牺牲。只依靠这个原则无法造就一个具有崇高美德的人，但是它却可以养成大批温和节制、遵纪守法、深谋远虑和严于律己的公民。它虽然不是让人直接依靠意志去修德，却能让人不知不觉地依靠习惯养成良好的德行。

如果“正确理解的利益”原则完全统治了道德世界的话，杰出的美德可能变得罕见。但我也认为，到那时候，怙恶不悛的恶行也将更为少见。“正确理解的利益”原则可能阻止某些人大大超过人类的一般水准，但低于平均水准的一大群人一旦了解这个原则便紧抓不放。就某些人来说，这个原则使他们的水准下降了，但就整个人类而言，这个原则提升了人类的整体水平。

我敢说，在我看来，“正确理解的利益”原则是一切哲学理论中最符合当代人需要的理论，也是当代人仅有的防止自身恣意妄为的最有力保障。因此，如今的道德家应当注意的，主要是这个理论。即使他们认为这个理论不够完善，也仍须将之视为必要理论而加以采纳。

总体而言，我并不认为我们法国人比美国人更自私。唯一的区别在于，美国人的自私带有理智，而我们法国人是纯粹盲目的自私。在美国，每个人都知道牺牲自己的一小部分利益来保全其余所有的利益，而法国人什么都想留给自己，结果往往什么都没有得到。

我在周围只看到一些人似乎天天都想通过自己的言行来教导当代人：有用的东西从来不会是不道德的。为什么就没有人反过来教育人们：道德的东西也可能是有用的！

世界上没有哪一种权力能阻止身份的不断平等将人类精神引向功利和使每个公民走向自我中心主义。

因此可以想见，个人利益将前所未有地成为人类行为的主要乃至唯一动机。但是需要知道的是，每个人是如何理解他的个人利益的。

如果公民在平等之后仍然处于无知和粗野的状态，很难预料他们的自私将会达到怎样愚蠢和极端的程度。而如果他们舍不得为了同胞的福祉而牺牲自己的某些利益，则很难说他们将会陷入怎样可耻的困境。

我认为，人们在美国所宣扬的利益原则，并非毫无漏洞。但是，其中所包含的大多数真理都是明白无误的，只要对人稍加启示，便能使他们理解。所以，想尽一切办法去启示人们吧。因为盲目献身和本能为善的时代已经离我们远去了，而在即将到来的时代，要实现自由、公共安宁和社会秩序本身，都离不开对人的启蒙和教育。

第九章　美国人怎样在宗教上应用“正确理解的利益”原则

如果“正确理解的利益”原则只针对现世，那还远远不够。因为有许多牺牲只有在来世才能得到回报。不管你付出多大努力去证明美德的功用，你也总是很难让一个贪生的人去为善。

因此，有必要知道“正确理解的利益”原则是否容易与宗教信仰协调。

倡导这个原则的哲学家对人们说，要想活得幸福，就应该克制自己的激情，时刻保持适度；要想获得持久的幸福，就必须放弃各种转瞬即逝的享受；要想于自身有益，就必须不断战胜自我。

几乎一切宗教的创始人，差不多都是这样说教的。他们并没有给世人另指一条道路，只不过让世人把目标往后推移了。他们说服人们要做出牺牲，而将牺牲的回报放在来世而非现世。

但是，我拒绝相信一切依靠宗教精神践行美德的人都是为了获得回报。

我见到过一些极为虔诚的基督徒，他们终生为了所有人的幸福而积极忘我地工作。我听他们说，他们这样做只是为了获取来世的回报，但我禁不住认为他们是在自欺。我是如此敬重他们，以至于无法相信他们所说的话。

确实，基督教告诉我们，为了升入天堂，就要牺牲自己造福他人。但基督教同时也告诉我们,我们应该怀着对上帝的爱去关心他人。这是一种美妙的说法。人依靠自身的智力来揣摩上帝的思想,他发现上帝的意旨在于秩序,于是他自愿加入其中,来实现这一伟大意图。他通过牺牲自己的个人利益来实现万物的秩序,除了欣赏秩序的快乐之外,他不求任何回报。

因此,我不相信宗教人士的唯一动机在于利益。不过,我认为,利益是宗教用来引导人们的主要手段。我也坚信,宗教正是通过这一手段来赢得人心,获得广泛的认同。

我不太清楚为什么“正确理解的利益”原则会使人远离宗教信仰,相反,我觉得我很清楚它是怎样让人接近宗教信仰的。

假如一个人为了得到此生的幸福,时刻抵制自己的本能,冷静考虑日常生活中的一切行为,不盲从一时的激情,学会了如何克制冲动,并养成了情愿牺牲暂时的快乐以获得终生的长久利益的习惯。

如果这样的一个人有宗教信仰,那他对于服从宗教戒律几乎不会感到什么痛苦。他出于理智就愿意服从戒律,而出于习惯也能够忍受戒律。

就算他对希望的目标存有一些怀疑,也不会就此放弃,而会认为,用现世的一些财富作为赌注去赢取人们向他保证的来世的巨额财产继承权是明智的。

帕斯卡尔曾经说过:“基督教如果是假的,而你误信它是真的,你不会有什么损失;反之,若它是真的,而你误以为它是假的,那你才真是损失惨重!”

美国人既不对来世装作漠不关心,也不对他们想要躲避的危险采取一种幼稚的骄傲态度来加以蔑视。

因此,他们在进行宗教活动的时候,既不感到可耻又不感到软弱。在平时,甚至在他们宗教热情高涨的时候,都能感受到他们身上的那种说不出的平静有序和精心盘算,似乎将他们引至祭坛的并非信仰,而是理智。

美国人不仅是基于利益而信仰宗教,而且还将信仰宗教可能获得的好处放在现世。中世纪的教士只提来世,丝毫不需要为证明一个虔诚的基督徒可以在现世获得幸福而担忧。

但美国的传道者总要提到现世,只有费尽心机才能使人们的视线从现世离开。为了更好地打动听众,他们每天都向听众讲述宗教信仰如何有助于自由和公共秩序。听他们布道,往往很难知道宗教的主要目的是谋取来世的永恒安乐,还是现世的幸福。

第十章　论美国人对物质享受的热爱

在美国,对物质享受的热爱并不局限于个别人或个别阶级,而是普遍的。如果说所有人不是以同一种方式去热爱,但至少人人都有这种热爱。所有人都在忙于满足身体需求和创造舒适生活,即使这需求和舒适是微不足道的,他们也乐此不疲。

某种类似的现象也开始见于欧洲,且日益显著。

在美国和欧洲引起上述现象的原因有很多,其中有几个原因跟我的主题接近,因此提出来讲一讲。

当财富由同样的一些家族世代相传时,我们会看到一群享受着物质财富却并不狂热爱好物质财富的人。

最能使人心激动不安的,并不是安稳地拥有一件珍贵之物,是想要这件东西却未能完全如愿,在到手之后又时刻害怕会失去它。

在贵族社会,富人从不知道还有跟他们的生活不一样的生活,根本不担心现有的生活会发生改变,他们甚至想象不出另外一种生活会是什么样子。因此,对他们来说,物质享受不是生活的目的,而是一种生活方式。可以说,他们把物质享受看成生活本身,虽享受着而对其并无强烈的意识。

在他们身上,人类对物质享受天生的本能爱好这样毫不费力、无忧无虑地得到了满足,所以他们便把精力用在其他地方,去关心更艰难也更伟大的事业,并为这些事业所激励和吸引。

贵族阶级的成员往往一边高度享受着物质生活，一边对物质享受保持某种骄傲的蔑视，如果不得已要放弃这种享受，也能表现出惊人的毅力。一切破坏或摧毁贵族制的革命都表明，从前惯于奢华的人可以安然忍受清苦，而那些勤劳发家的人一旦失去安适，则几乎活不下去。

从上层阶级到底层社会，我会发现存在着同样的现象，原因却并不相同。

在由贵族阶级统治且社会安定的国家，劳苦大众习惯于贫穷正如富人习惯于奢侈。富人不思虑物质财富，因为他们轻而易举就已经拥有；而穷人也不思虑，因为他们对拥有财富不抱指望，也因为他们对财富了解不多，也就不渴望财富。

在贵族社会，穷人的想象力都指向来世。现实生活的苦难牢牢扼住他们的想象力，但想象力能从中逃脱，在来世获取慰藉。

相反，当社会等级界限模糊，特权被摧毁，财富日益分散，知识和自由普及的时候，穷人会产生获得物质财富的欲望，而富人也会担心失去自己的财产。中等收入的家庭更为普遍。那些拥有中等收入的人已经能够品尝到物质生活的乐趣，但他们的财产还不足以使他们满足。他们只有通过勤奋工作才能得到物质享受，而在享受的时候无不战战兢兢，唯恐失去自己的财富。

因此，他们不断追求或竭力保持如此珍贵、如此得不到满足而又如此短暂易逝的物质享受。

那些因出身低微或家业不丰而受到刺激或受到限制的人，天生怀有一种激情，这种激情便是对物质享受的爱好。这种对物质享受的追求从本质上来讲是一种中产阶级的激情，并随着中产阶级的壮大而膨胀和蔓延。当中产阶级占据主导地位的时候，这种激情也会成为主流激情。正是从中产阶级发端，它向上层社会和普通民众扩散开去。

我在美国遇到的贫穷公民，没有一个不对富人的物质享受投以渴望和羡慕的目光，也没有一个不幻想已经得到了命运一直拒绝赐予他的财富。

另一方面，我在美国见到的富人，没有一个对物质财富报以傲慢的蔑视，而这种蔑视有时会在贵族社会最富有、最放荡不羁的贵族身上见到。

美国的富人大部分曾是穷人，曾经在温饱线上挣扎，长期与逆境做斗争。如今他们取得了胜利，当年斗争的激情仍未减退，好像仍然陶醉在追求了四十多年才得到的那些小小享乐之中。

这并不是说美国就没有一群通过遗产继承，无须努力就轻易获得了一份庞大家业的富人。无论哪个国家都存在着这样一群人，美国也不例外。但即使是这些人，也热衷于物质享受。对物质享受的热爱已经成为美国的全民爱好和主流激情。人心所向的这股巨流，正把一切都席卷而去。

第十一章　对物质享受的热爱在民主时代产生的特殊效果

看到这里，读者也许要以为，美国人对物质享受如此热烈的追求，会使得他们道德败坏，家庭不稳定，甚至会危害到社会本身。

但情况并非如此。对物质享受的热爱在民主国家会产生不同于其在贵族社会产生的效果。

有时，厌烦政务、财富过度、信仰破灭、国家衰败，会使得贵族的心渐渐转向物质享受，再没有更高的追求。有时，王权强大而人民弱小，虽没有剥夺贵族的财产，却剥夺了他们的权力，堵住了他们大展宏图的道路。他们郁郁不得志，只能回到自己生活的小圈子，通过身体的享乐来忘却从前的辉煌。

当贵族阶级的成员沉迷于物质享乐的时候，通常要把长期掌权所积聚的全部能量都释放其中。

对于这些人而言，仅仅追求享乐是不够的。他们还要荒淫奢侈，腐败透顶。他们对物质加以无上的崇拜，好像要将堕落之术发展到极致。

一个贵族阶级越是曾经强大、光荣和自由，就越是堕落。无论其原先的美德有多么高尚，我都敢说其恶行的风头将完全盖过原先的美德。

对物质享受的热爱，绝不会将民主国家推向这样的极端。

在民主国家，对物质享受的热爱尽管是一种强烈的、排他的和普遍的激情，但又是有节制的。民主国家的人不会为了仅仅满足一个人的需要就去建造富丽堂皇的宫殿，去战胜或欺骗大自然，去挖空整个宇宙的资源。他们想要的，不过是增加几亩良田，经营一个果园，扩建一座房屋，使生活每时每刻都更加富足和舒适，未雨绸缪，并在不费力和几乎不花钱的前提下满足最小的需求。这些目标都微不足道，但人们却孜孜不倦地去追求，每天都在考虑，费尽了心思，以致忘却了世界上其余的一切。有时，为了追求这些目标，人们连上帝都忘了。

读者会说，这只对于那些拥有中等财富的公民适用。富人在民主时代应该和在贵族时代具有相同的习性。对此我并不认同。

在物质享受上，民主国家即使最富有的公民也不会表现出和平民大众截然不同的爱好，要么因为他们也出身于平民大众，因此确实和大众爱好一致，要么因为他们觉得应该服从大众的爱好。在民主社会，公众的欲望带有某种节制平和的特征，所有人都必须与之相适应。无论恶行还是美德，都不能偏离公共尺度。

所以，生活在民主国家的富人并不追求过度的享乐，而是满足一些微小的需要。他们只求无数小小的欲望得到满足，而不会肆意纵欲。因此，他们会走向疏懒，而不会走向荒淫。

民主时代的人对物质享受怀有的这种特别爱好不会与秩序天然相悖，恰恰相反，人们需要秩序来满足这种爱好。同样，它也不是良好民风的敌人。因为良好的民风有助于公共安宁和实业的发展。甚至有时候，它与某种宗教道德相辅相成，因为人们既希望得到现世的幸福，又不肯放弃获得来世幸福的希望。

在一切物质财富中，有一些是禁止私人拥有的，否则便是犯罪，对于这些财富，人们尽量避免去占有。还有一些是宗教与道德所允许拥有的财富，人们满怀热情，不惜一切地去幻想和追求这些财富。而在追求的过程中，将那些能够造就人类光荣和伟大的更珍贵的财富抛在脑后。

我要指责平等的地方，不在于它引导人们去追求被禁止的享乐，而是它使人们完全陷入对合法享乐的追求中，再无其他追求与抱负。

因此，世界上可以建立起一种清正的物质主义。这种物质主义不会腐化人心，但却会使人变得萎靡，最终无声无息地消解他们的一切活力。

第十二章　为什么有些美国人会表现出狂热的唯灵主义

尽管获取现世物质财富的欲望是美国人的主流激情，但这种激情也有暂时熄灭的时候，就好像灵魂突然挣脱了束缚它的物质枷锁而直奔上天。

有时，你会在美国各地，尤其是在人烟稀少的西部，看到一些传道士巡回宣讲上帝的福音。

很多家庭扶老携幼，跋山涉水，从很远的地方来听传道士布道。一听就是几个日夜，在这些日子里，他们忘却了日常事务，甚至可以不吃不睡。

在美国社会，到处可以见到一些狂热的、近乎野蛮的唯灵论者，这在欧洲是见不到的。时不时就冒出一个奇怪的新教派，试图通过非同寻常的手段来开辟通往永恒幸福的道路。宗教狂热在这些教派当中是极为普遍的现象。

不必为此感到惊讶。

对无穷与对不朽的热爱，并非人类后天产生的。这种崇高的本能并不受人的意志所支配。它牢牢扎根于人的天性，人无论怎样努力甩开它，它都自顾自地存在着。一个人可以压抑这种爱好，可以改变它的形式，却无法根除它。

灵魂的需求应该加以满足。不管人们怎么努力分散灵魂对自身的注意力，它都很快就会对感官享乐感到厌倦，开始变得忧虑，躁动不安。

大多数人的精神一辈子都集中在对物质财富的追求上，但是在某些人的心中会产生强烈的反动。因为害怕被肉身沉重的枷锁所羁绊，他们便完全陷入精神世界并痴迷于其中。

因此，在一个只考虑世俗生活的社会，出现少数只盯着天堂的人，实在不足为奇。如果在一个只关心物质福利的国家，神秘主义没有很快取得进展，我倒是会感到吃惊的。

有人说，是皇帝们的迫害和竞技场的酷刑使人口向底比斯沙漠迁移。但我认为原因并不在此，而在于罗马的安逸生活和希腊的伊壁鸠鲁享乐主义哲学。

如果不是社会状况、地理位置和法制把美国人的精神紧紧束缚起来，使他们只追求物质享受，我们可以相信，一旦要他们操持非物质性的事务时，他们会表现得更从容，更有经验，能更好地自我节制。然而现实情况是，美国人的精神似乎被限制在一个极小的范围内，无法逃脱出去。一旦有机会跨越界限，他们却不知道何从立足，往往急着往外冲，做出违背常理的事来。

第十三章　为什么美国人生活富足却忧虑重重

至今在欧洲大陆的某些偏远地区，我们还能见到一些似乎已被这动荡的世界所遗忘的村落。当周围的一切都在变化时，它们却纹丝不动。这些村落的大部分居民非常无知，生活也极为悲惨。他们丝毫不参与政府事务，而政府却经常压迫他们。可是通常他们却有着一张平静的面孔，有时甚至流露出欢快的情绪。

在美国，我见到世界上生活得最优裕、最自由和最有文化的人。但是他们的脸上却好像时常蒙着一层乌云。他们在我眼中显得那么严肃，近乎忧伤，甚至在娱乐的时候也带有这份忧伤。

造成这一现象最主要的原因在于，前者丝毫不去想自己正在经受的苦难，而后者总是会想那些还未到手的财富。

美国人那样狂热地追求物质财富，以及因唯恐错失致富良机而心神不宁的样子，实在令人惊奇。

美国的居民如此看重现世财富，就好像自己会长生不老一样。他们恨不得一下子就把能弄到手的东西全部弄到手，给人感觉好像他们时刻担心还没好好享受生活就离世了。他们什么都想弄到手，但到手之后不会紧抓不放，而是很快就把东西扔掉，因为他们又看上了新的东西。

在美国，一个人精心建造一座房屋用来安度晚年，但屋顶尚未盖好就把它卖了。他开辟一处果园，果实还没成熟就把它租出去了。他开垦一片土地，却在庄稼丰收的时候让别人来收割。他有了一份职业，随后又离职。他定居一处，不久便产生了新的愿望而出发去别处。他在家庭的港湾只稍作停留，便立刻卷入政治的漩涡。辛苦工作了一整年，终于可以放松一下，这时候他却在美国广袤的土地上到处游历，以满足他不安分的好奇心。他在几天之内行程数千里，自始至终与幸福背道而驰。

死亡终于来临。他苦苦追寻完美的幸福，而幸福却总是擦身而过，至死他也没有放弃追寻，可这已经由不得他了。

这么多幸福的人过着富足的生活却躁动不安，乍看之下令人惊奇，然而这种场景和世界一样古老。不过，整个民族都出现这种情形却是首次。

美国人在其行为中流露出的这种隐秘的忧虑，以及他们每天都昭显出来的不安分，其首要根源是对物质享受的热爱。

一个人如果只将生命用来追求现世财富，那他就总是忙碌个不停，因为用来寻找财富、获取财富和享受财富的生命是有限的。他一想到生命如此短暂，便如坐针毡。尽管已经拥有了一定财富，他却时刻会想到那些还未到手的财富，担心死神来临，他就再也不可能享受到它们了。这种想法使他感到焦虑、恐惧和懊丧，因此他始终躁动不安，随时会变换计划和住所。

若这种对物质享受的热爱，与一种无论是法律还是习惯都不将人们限制在原处的社会状况相结合，那么就会激发人们更强烈的焦虑情绪。到时我们会看到，人们不断改变自己的路线，为的是找到那条通往幸福的捷径。

另外也不难想象，一心追求物质享乐的人，如果欲望非常强烈，则很容易灰心丧气。既然终极目标是享乐，那么获得享乐的手段就应该是直接而容易的，否则追求过程中遭受的痛苦就超过了享乐本身。因此，大部分人既焦灼又颓丧，既狂热又紧张。与死亡相比，为达到某一目标而需要付出的持久努力显得更可怕。

平等会通过更加直接的途径产生我以上所说的各项效果。

当一切出身和财产的特权都被取消时，一切职业都向所有人开放，谁都可以凭借自己的能力成为某个行业的领军人物，每个雄心壮志的人都以为有一片广阔的天地可供自己施展拳脚，以为自己生来就是为了干出一番大事业。但这是一个依靠经验可以立刻矫正的错误观点。平等使每个公民都产生了巨大的希望，但正是这平等使每个公民个体都变得软弱无力。它在各方面限制着公民的力量，却让公民的欲望不断扩大。

他们不仅自身软弱无力，而且每走一步都会碰到从未想到的巨大障碍。

他们虽然摧毁了某些同胞让人生厌的特权，但又遇到了要与所有人竞争的局面。限制依然存在，只不过改变了形式。当人们几乎彼此相似，都要走同一条道路的时候，简直举步维艰，很难穿过周围拥挤的人群走到前面去。

平等使人们产生的本能欲望和平等提供给人们满足欲望的有限手段，这两者总是处于对立，因此人们感到痛苦和疲惫。

可以设想，人能达到使他完全满意的自由的地步，从而无忧无虑地平静地享用自己的独立自主。但是，人绝不会获得使他感到完全满足的平等。

一个民族若想在其内部建立完全的平等，这只能是枉费心机。如果它不幸真的建立起这种绝对和完全的平等，那它还是无法使人们智力平等，而这种不平等源自上帝，不受人间法律的约束。

无论一个民族的社会状况和政治体制有多么民主，每个公民都始终会觉得自己在某些方面受制于人。而且可以预见的是,他们会一直盯着这个方面。当不平等是一个社会的通行法则时,最大的不平等也不会引人注目;而当一切都几乎平等的时候,最小的不平等也会让人难以忍受。正因为如此,平等越是普及,对平等的渴求就越是难以满足。

在民主国家,人们很容易便能获得一定的平等,但是却无法获得他们想要的平等。平等每天都在他们眼前逃逸,但却从未脱离他们的视线。平等越是逃逸,就越是引得人们去追逐它。他们总是以为快逮到它了,可它却总是逃出他们的手心。他们离它近得足够感受它的魅力,却还是没有近到可以享用它。他们直到离世都未能好好品尝它的滋味。

民主国家居民在富裕生活中经常表现出来的奇怪的忧郁,以及他们在安宁舒适的生活中有时产生的厌世感,都应当归因于此。

在法国,人们抱怨自杀人数日益增多,美国的自杀者很少,然而美国精神失常的人却比其他任何国家都多。

这是同一种病的两种不同症状。

美国人不管怎么痛苦也不会自尽,因为宗教禁止这样的行为,而且虽然他们普遍热爱物质享受,却并没有唯物主义思想。

美国人意志坚强,但理性却往往薄弱。

一方面,民主时代的享乐多于贵族时代,尤其是能够享乐的人数大为增多。但另一方面,我们也必须承认,在民主时代,人们的希望和欲求更容易落空,精神更容易激动不安,忧虑感更重。

第十四章　美国人是怎样把对物质享受的爱好、对自由的热爱和对公共事务的关心结合起来的

当一个民主国家转变为专制君主国时，人们以前用在公私两方面的精力将全部集中在私的方面。这样，在最初一段时期会出现巨大的物质繁荣，但不久以后，繁荣的趋势将会减缓，生产的发展将会停滞。

从都灵人到佛罗伦萨人再到英国人，所有这些工商业民族，我不知道能否从中找出一个不是自由的民族。因此，在自由和实业之间存在着紧密和必然的联系。

对于所有的国家而言，一般均是如此，而对于民主国家尤为正确。

我在前面已经说过，生活在平等时代的人总是需要通过结社来获得他们所希望得到的一切。另外我也指出，广泛的政治自由可以完善和普及结社的技巧。因此，在平等时代，自由对于财富的创造特别有利。反之，专制对于财富的创造特别有害。

在民主时代，专制政权的特性并不是暴虐和野蛮，而是烦琐和扰民。这类专制虽不践踏人性，却直接抑制工商业的发展。

因此，民主时代的人需要自由，以便更容易地获得他们不懈追求的物质享乐。

但是，他们对于物质享乐的过分追求，有时会使他们一遇到

强权就陷入奴役之中。于是，追求福利的激情反过来会伤及自身，使他们忘却原先贪求的目标。

民主国家的生活中确实存在一个相当危险的转变过程。

当民主国家的人对物质享乐的热爱，其发展速度超过人们知识水平和自由习惯的发展速度时，就会出现一个人心激动不能自持的时期。人们一看到新的财富就想把它弄到手。他们一心想着致富，再也注意不到个人财富和集体繁荣之间存在的紧密联系。对于这样的公民，并不需要从他们手中夺去权利，他们会自愿放弃自身的权利。在他们看来，行使政治权利是浪费时间，他们希望把所有时间都用在可以致富的实业上。不管是选举议员、对政府施以有力的援助，还是共同经营一项公共事业，他们都没有时间。他们无法将宝贵的时间浪费在无用的事情上。所有那些事情都是无聊的游戏，一个为了生活的重要利益而忙碌的严肃的人，是不屑参与此类游戏的。可是，这种人虽然自以为遵守了利益原则，却对利益原则持非常粗浅的理解。他们为了照料所谓的事业，忘记了一个根本的原则，那就是做自己的主人。

公民一心扑在自己的工作上，不愿考虑公共事务，而可以用公共事务来打发闲暇的阶级又不存在了，政府的位置好像无人占据。

如果在这个关键时刻，出现一个精明的野心家想要执政，他会发现篡夺一切大权的大门是向他敞开的。

只要他在一段时期内专注于增加各种物质利益，人们就听任他去做其他事情。他尤其要维护良好的秩序。盲目追求物质享受的人，往往在还未看到自由如何有利于获取物质福利之前，就先看到自由的滥用如何危害物质福利。公共事件只要稍微影响了他们私生活中的微小享乐，他们就警觉起来，并且惴惴不安。他们长期活在对无政府状态的恐惧中，一看到出现骚乱就准备放弃自由。

我毫不否认，社会安宁是一件大好事。然而我不愿忘记，一切民族都是通过良好的秩序走向了暴政，当然我并不是说各国应该蔑视社会安宁，而是说各国不应该满足于社会安宁。如果一个民族只要求其政府维护秩序，那么这个民族在内心就已经是奴隶了，是物质财富的奴隶，而可以奴役他们的人也即将出现。

在这样的国家，党派专制跟独夫专制同样可怕。

如果公民大众只愿意管理自己的私事，那即使是最小的政党也会企图掌握公共事务的领导权。

因此，在世界政治大舞台和在我们国家的政治舞台上，少数几个人代表大众演出的情形并不罕见。他们以人民的名义发言，而人民要么不在场，要么对他们的演出心不在焉。他们在舞台上很活跃，可舞台周围的人却是一片僵化。他们随心所欲地拥有一切，随意更改法律，任意干涉社会生活。你要是见到一个伟大的民族竟落在一小撮懦夫和无赖手里，一定会感到震惊。

迄今为止，美国人都幸运地避开了我刚才指出的这些暗礁。在这一点上，他们确实值得我们欣赏。

也许世界上没有哪个国家的懒汉少于美国，也没有哪个国家的人比美国人更热烈地追求物质财富。如果说美国人追求物质享乐的激情是强烈的，但至少并不盲目。理性尽管不能削弱这一激情，却能够对它加以指引。

一个美国人在谋取私利的时候，就好像全世界只有他一个人。而在他投身公共事业的时候，又好像把私利忘得一干二净。他一会儿表现得无比自私贪婪，一会儿又表现得那么舍己为公。照理说，人心是不能像这样分裂的。美国的居民以同一种强烈的激情时而去追求物质财富，时而去追求自由，让人感觉这两种激情在他们灵魂的某一处是合二为一的。确实，美国人将自由视为获取物质福利的最佳工具和最大保障。他们在自由中追求物质福利，也依靠物质福利来追求自由。因此，他们不认为参与公共事务不是他们分内之事。相反，他们认为最重要的事是由自己来选举产生一个政府，这个政府必须能够帮助他们获取财富，同时也不妨碍他们安宁地享用已经获得的财富。

第十五章　宗教信仰是怎样不时使美国人的心灵转向非物质享乐的

在美国，每到周日，全国的工商业活动似乎全部停顿下来。听不到任何喧嚣。取而代之的是一种深沉的休憩，或者说是一种庄严的沉思。灵魂重新拥有了自我，并进行自省。

在这一天，市集上见不到一个人。每个公民都带着自己的子女到教堂去。教堂里的布道听起来十分奇怪，似乎并不是为他们的耳朵所准备的。教士们向他们指出骄傲与贪婪造成的不可胜数的害处，向他们提出必须节制欲望，宣扬美德带来的崇高享受和幸福。

回到家之后，他们并不立即打开自己的商业账簿，而是翻开《圣经》，从中寻找关于造物主的伟大与善、上帝功业的无限壮丽、人类命运、人类义务和享有永生权利的美妙动人的描写。

可以说，美国人就是这样不时地超脱自我，暂时放弃生活中的小小欲望和转瞬即逝的利益而进入一个理想世界。在这个世界里，一切都是伟大、纯洁和永恒的。

我在本书的上卷探究过美国的政治体制得以维系的原因，结果发现宗教是最主要的原因之一。我现在研究个体，又发现宗教是一个需要加以关注的因素，它对每个公民发挥的作用丝毫不亚于对整个国家发挥的作用。

美国人通过实践表明他们的态度，即必须通过宗教来使民主具有道德。他们在这一点上关于自身的看法是每个民主国家都应该借鉴的真理。

我毫不怀疑，一个国家的社会和政治制度会使这个国家产生某些信仰和某些爱好，而且在产生之后还会源源不断地加以补充。而出于同样的原因，这个国家会毫不费力地，可以说不知不觉地放弃和拒绝某些观念和倾向。

立法者的全部智慧在于事先分辨人类社会的这些天然倾向，以便知道该在何处推动公民们的行动趋势，该在何处减缓他们的行动趋势，因为不同时期对立法者的要求也是不一样的。人类想要达成的目标并不是固定不变的，而达成目标的手段也处在不断变化中。

如果我生在贵族时代的某个国家，一些人累世富贵而另一些人代代贫穷，这一局面使得人们放弃了改善自己处境的希望，只能依赖对来世的幻想来麻醉自己。对于这样的一个国家，我会希望能激起人们的欲望，并能提供满足他们新欲望的最便捷的手段。我不会让人们努力去研究物理学，而会让他们努力去追求物质财富。

如果出现个别人盲目追求财富，对物质享受产生了一种过度的热爱，我丝毫不会感到紧张，因为个别人的特点很快会消失于集体的面貌中。

民主国家立法者的考虑则不一样。

给民主国家的人民以知识和自由，任其发展，他们将毫不费力地从这个世界获取可以到手的一切财富。他们将完善一切实用技艺，使日常生活更加舒适、宽裕、甜蜜。而社会状况也自然会推动他们朝着这个方向前进。我不担心他们会止步不前。

可以诚实合法地追求物质财富，然而一旦人们陶醉其中而不能自拔，就要担心他们最终是否会荒废人在精神领域更宝贵的能力，也要担心他们一心想着改造世界，最终是否会使自身退化。危险正在这儿，而不在其他地方。

因此，需要民主国家的立法者和生活在民主国家的正直而有文化的人，通过不懈努力来提升人们的精神境界，把人们的灵魂引向天堂。所有关心民主社会未来的人都必须团结起来，齐心协力、持之以恒地在社会上传播对不朽的爱好，培养人们的崇高感和对非物质享受的热爱。

在一个民主国家各种各样的观念里，如果出现了几种宣扬灵魂随肉体毁灭而毁灭的有害理论，那就要将宣扬这些理论的人视为人民天生的敌人。

唯物论者的很多论调让我反感。唯物论在我看来极为有害，唯物论者的狂妄也让我生厌。如果他们的学说还能对人有点用处，那大概是它能使人谦卑地看待自己。但他们的言行却丝毫未能反映这一点。当他们自以为论据充足地证明了人只不过是兽时，表现出来的那股傲气就好像他们证明了人是神一样。

不管在哪个国家，唯物主义都是一种人类精神的危险疾病。但它在民主国家尤其可怕，因为它和民主国家最常见的人心之恶完美地结合在一起。

民主制度助长对物质享受的爱好。这种爱好一旦走向极端，就会使人们以为一切都只不过是物质。反过来唯物主义又会使人疯狂激烈地追求物质享受。这就是民主国家容易陷入的恶性循环。让民主国家认识到危险，对自己加以约束是有好处的。

大多数宗教都只不过是教导人们怎样获得灵魂不朽的普遍、简单而实用的手段。这是民主国家能从宗教信仰中获取的最大好处，这也就使得宗教信仰对民主国家比对其他任何国家都更为必要。

当某一宗教在一个民主社会扎根的时候，非但不要去摧毁它,反而要小心翼翼地呵护它,将其视为贵族时代留下来的最珍贵的遗产。不要让人们放弃从前的宗教观念而以新观念取而代之,因为在从一种信仰到另一种信仰转变的过程中,灵魂可能会有一段空虚期,即没有任何信仰,这时候对物质享受的热爱会趁虚而入,铺张蔓延,最终完全占据人心。

当然,灵魂转世说并不比唯物主义更合理。然而,如果一定要让一个民主国家在二者之间做出选择,我毫不犹豫地认为,公民们即使相信自己的灵魂会附在一头猪上,也胜过相信自己没有灵魂,因为如果相信后者就离兽性不远了。

相信存在一种非物质和不朽的本原,这种本原只是暂时与肉体结合,这对于成就人的伟大是极其必要的。如果不将这种信仰与赏罚联系在一起,那它还会产生更美好的效果。只要相信在人死后,原先附在人肉身里的这种神圣的本原将重归于上帝,或选择另一肉身赋予其生命,这就足够了。

一方面,怀有这种信仰的人将身体视为人本质中次要和低级的部分,尽管不得不受身体的影响也仍然鄙视身体。另一方面,他们对人非物质的部分怀有自然的敬重和隐秘的欣赏之情,虽如此,他们有时仍然拒绝服从这部分对他们的统治。仅凭这一点,就可以使他们的观念和爱好具有某种崇高的意味,使他们不带任何功利之心地产生好像源自他们自身的纯粹感情和伟大思想。

苏格拉底及其门徒对人来世的情形是否有明确的看法,这是不确定的,但是他们树立了一种信念,即灵魂与肉体毫无共通之处,肉体毁灭而灵魂永生,仅凭这一信念就可以使得柏拉图学说具有一种区别于其他学说的崇高激情。

在阅读柏拉图的著作时,我们会发现在他之前以及在他的同时代,有很多作家鼓吹唯物主义。这些作家的作品没有流传至今，即使有也很不完整。几乎在任何时代都是如此：大部分享有盛誉的作家都是唯灵论者。人们不管是出于本性还是出于爱好都支持唯灵论，经常顶着很大的阻力将唯灵论拯救出来，让唯灵论者的名字不朽。因此应该相信，不管在什么历史时期，也不管政治制度如何，对物质享乐的激情以及与之相关的观念都不足以满足一个民族的需要。人心比人们想象得更宽广，它可以同时承载对尘世幸福的爱好和对天国幸福的热爱。有时，它好像疯狂迷恋其中之一，但过不了多久就会去追求另一个。

显而易见，民主国家最需要让唯灵主义观点成为主流思想，然而要指出民主国家的领导人如何做到这一点却并不容易。

我认为官方哲学不能长存和繁荣。至于官方宗教，我认为有时能够有助于政权，但迟早会给教会带来毁灭性的打击。

有些人认为为了提升宗教在人民心目中的地位，使人民尊重宗教所提倡的唯灵论，应该间接赋予教士以法律拒绝给予他们的政治影响力，对此我是不赞成的。

我深信，若是让宗教代言人卷入政治是非当中，会给宗教本身带来几乎不可避免的危险。我同时深信，一定要不惜一切在新兴的民主国家内保住基督教的地位。因此，我宁愿把教士们关在教堂里，也不愿他们走出教堂四处活动。

那么，政府还有什么办法能让人们信奉唯灵主义观点或让他们信仰宣传唯灵主义的宗教呢？

我接下来要说的肯定会遭到政治家们的抵制。我认为，政府要宣扬灵魂不朽的信仰，能够采用的唯一有效的手段便是在政府的日常行为中以身作则，坚持这一信仰。我认为政府只有在大事中严格遵循宗教伦理，才能够教导公民在小事中熟悉、热爱和尊重宗教伦理。

第十六章　过分热爱物质财富为什么会损害物质财富

在灵魂的提升与肉体享受的改善之间，存在着人们难以想象的紧密联系。人们可以将二者区分开来，轮流加以关注，但却不可能将二者完全剥离，否则哪一样都做不好。

兽类与人有同样的感官和几乎同样的贪欲。人类没有哪种物质欲望不是跟兽类相通的，一条狗所具有的物质欲望在人身上也能找到。

但为什么动物只知道满足最基本、最低级的需求，而人却玩出无穷的花样，不断增加新的享受呢？

在这方面，人类之所以比兽类高明，是因为人知道运用心灵来寻找物质财富，而动物只受到本能的支配。是神教会了人自我满足的艺术。人能够超越肉体享乐，蔑视享乐乃至蔑视生命，而动物甚至不知何为生命，所以人才能够将肉体享乐发展到动物无法想象的程度。

一切提升、壮大和扩展心灵的事物，都能使心灵更有能力完成与心灵本身无关的事情。

相反，一切打击或贬低心灵的事物，会削弱心灵做一切事的能力。无论事情大小，它都显得无能为力。因此，心灵应该宽广而强大，才能拥有足够的力量和高度来不时为肉体服务。

如果人们仅仅满足于拥有物质财富，那么可以预见他们会逐渐丧失创造物质财富的能力，最终只会不加分辨地享用物质财富，而不再推动物质的进步，就如同野兽一般。

第十七章　为什么在平等和怀疑的时代人们的行动目标要放长远些

在宗教信仰的时代，人们把人生的目标放在来世加以实现。

那时候的人自然而然地，也可以说不自觉地习惯于在悠悠岁月里朝着一个固定目标不断前进。他们在徐徐前行的过程中，为了更好地满足内心渴盼的这个伟大而永恒的愿望，学会了压抑众多微不足道的临时欲望。当这些人处理平常事务时，仍然保持了同样的习惯。不管要进行什么行动，他们都愿意制定一个确切的总目标，一切努力都朝着这个目标汇聚。他们绝不会一天换一个目标，而是拥有孜孜以求的确切规划。

这可以解释为什么具有宗教信仰的民族经常可以完成一些目标长远的事业。他们在关注来世的过程中，发现了在现世取得成功的秘密。

宗教使人养成了凡事都考虑到未来的一般习惯。从这一点来说，宗教对取得现世幸福的帮助，丝毫不亚于对取得来世幸福的帮助。这也是宗教最主要的政治作用之一。

但是，随着信仰之光的逐渐黯淡，人们的目光变得越来越短浅，行动目标似乎每天就摆在眼前。

人们一旦不再关心来世的遭遇，就很容易对未来也持满不在乎的粗暴态度，而这种态度极符合人类的某些本性。只要人们失去将主要希望寄托于未来的习惯，就自然想要尽快实现最小的欲望。一旦他们对获得永恒的生命感到绝望，就会迫不及待地享受当下，那样就好像只能活一天似的。

因此，在怀疑盛行的时代，最可怕的是人们不断追逐每天都在变化的欲望，完全放弃只有经过长期努力才能获取的事物，最终无法建立起任何伟大、稳定与持久的事业。

如果这样一个民族的社会状况是民主的，那么我所指出的危险还要加剧。

当人人都在不断设法改变自己的地位，都可以参与激烈的竞争时，当民主的躁动将财富骤积骤散时，人们就会想要突然发财，轻易发财，知道财富易得也易失，风险与机遇并存。社会状况的不稳定加剧了欲望天生的不稳定。人的命运颠簸起伏，凸显了现时的价值。未来隐去，人们只愿考虑明天。

在那些出于不幸的巧合，无宗教信仰与民主制并存的国家，哲人与政客应该不懈努力，使人们在行动时目光放长远些。这是件大事，他们应该去做。

伦理家们尽管受困于时代和国家的主流精神，但仍然要学会捍卫自己的思想。他们应该努力向同胞指出，就算周遭环境动荡不安，人也可以计划和实现长期目标，且一般比想象的要容易。要让人们知道，尽管人类社会换了面貌，人们获得现世繁荣所依赖的方法还是同样的，在民主国家就像在其他国家那样，只有抵制日常生活中无数小小的诱惑，才能获取最大的幸福，平息追求幸福的渴望。

执政者的任务也是同样明确的。

任何时代的执政者都应该以长远的目光来领导国家，在民主和怀疑的时代尤为如此。民主国家的领袖这样做了之后，不仅可以繁荣公共事业，而且可以以身作则，教会个人处理私事的方法。

他们尤其应该尽可能地消除政界的随意性。

在一个贵族制国家,突然提升一个并无才干的宠臣,这只会产生暂时的影响,因为整个国家的制度和信仰都决定了人们只能习惯性地在固有的道路上缓慢前进。

但如果同样的事例发生在一个民主国家,就没有什么比这更有害的了,因为这些恶例会使民主国家人心堕落,且呈不可逆转之势。因此,在怀疑与平等的时代,尤其应当注意避免人民或君主的宠爱突然造成某人得势或失势,应当依据人的才能和贡献来予以任用。希望在民主国家,每一点进步都是努力的结果,没有轻而易举就能成就的伟业,任何雄心壮志都必须坚持不懈地盯着目标才能实现。

在没有宗教信仰和社会状况保证的情况下,执政者必须重新培养人们对未来的热爱。尽管不明说,但要通过实际行动告诉公民们,财富、荣誉和权力的取得都要以劳动作为代价,只有经过长期努力,才能获得巨大成功,不劳而获的东西都不能持久。

当人们习惯在现世生活中进行长远考虑,对遥远的未来抱以期望,就会对希望不得不止于有限的生命而感到窘迫。于是他们不小心便越过了界,将视线投向来世。

因此我毫不怀疑,使公民们习惯于在现世考虑未来,会使他们不知不觉地逐渐接近宗教信仰。

这样一来,原本可以使人们在某种程度上摆脱宗教的方法,也许竟是通过一条漫长而曲折的道路将人们重新引向信仰的唯一方法。

第十八章　为什么美国人认为一切正当的职业都是高尚的

在没有世袭财富的民主国家，为了生存，每个人都要劳动，或者依靠自己劳动带来的积蓄，或者依靠父母的劳动而生活。劳动就如同人生必要、自然和正当的条件，劳动的观念深入人心。

在民主国家，劳动非但不可耻，反而是光荣的。在人们的观念中，对劳动的评价不是否定的，而是肯定的。美国的富人认为，他们之所以利用闲暇来经营工商业或者承担某些公共义务，是迫于舆论压力。如果自己的一生只用来享受生活，在公众眼中一定形象欠佳。正是为了逃避这种劳动的义务，很多美国富人来到了欧洲。在欧洲，他们发现了贵族社会的残余，这种残余仍旧以悠闲的生活为荣。

平等不仅使劳动重新得到尊重，而且提出了靠劳动致富的观点。

在贵族社会，人们蔑视的并不是劳动本身，而是以牟利为目的的劳动。当劳动是为了实现个人抱负或行善积德时，劳动就是光荣的。然而，在贵族制下，为了荣誉而劳动的人面对利益的诱惑，也并不是无动于衷。不过，荣誉和利益这两种欲望只是在他们内心最深处结合在了一起。他们小心翼翼地向所有人掩饰这一点，甚至向自己掩饰。贵族制国家的官员，几乎没有谁不声称毫不利己地为国服务。他们只是偶尔想到俸禄多少，并且在别人面前总是装作一副毫不考虑俸禄的样子。

因此，牟利与劳动被视为两种截然有别的观点。尽管在事实上二者是联系在一起的，在思想上还是必须区分开来。

相反，在民主社会，这两种观点总是公然结合在一起。由于大家都在追求富足的生活，财富都不显赫，财产状况也时时都在变化，每个人都需要设法增加自己的财富或为了子女多积累财富，所以大家都清楚地意识到，自己去工作的全部目的，或至少是部分目的，在于牟利。即使是那些追求荣誉的人，也不得不承认自己的行动并不仅仅为名，无论如何总会将求利的欲望混入求名的欲望当中。

一方面，劳动似乎成为人类生活的一个必要而高尚的条件，另一方面，劳动总是或多或少带来薪水，这时，从前存在于贵族社会各行业之间的鸿沟就消失了。各行业即使不是完全相同的，至少也有共同的特征。

没有哪个行业的人工作不是为了赚钱。不管做什么工作，都可以领取薪水，这就使得各行各业都有相似的外貌。

这一点足以解释美国人对于各种职业的看法。

美国的仆人并不会因为自己在工作而觉得没有尊严，因为身边所有人都在工作。他们也不会因为要领取薪水而觉得降低身份，因为美国总统也为了领取薪水而工作。总统为发号施令得到报酬，而他们则为尽职尽责得到报酬。

在美国，各种职业有些比较辛苦，有些比较轻松，带来的收入也高低有别，但是却从来没有贵贱之分。一切正当的职业都是高尚的。

第十九章　为什么几乎所有美国人都喜欢从事实业

我认为，在民主国家，农业是一切实用技术中进步最慢的一项。农业甚至好像停滞不前，因为其他行业似乎都在跑步前进。

相反，几乎一切产自平等的爱好和习惯都使人愿意从事工商业。

我头脑里浮现出这样一个人物：他积极、智慧、自由，生活宽裕，充满欲望。从能够过上悠闲自得的生活来说，他还很穷；从能够满足生活最基本的需要而言，他已相当富裕。他希望进一步改善自己的命运。这个人已经品尝到一些物质享受的滋味，而其他一些物质享受又总是摆在他眼前。他已经开始追求物质享受，迫切希望拥有更多手段来满足他对物质的渴望。然而生命流逝，时间紧迫，他要怎么做呢？

从事土地耕种几乎一定会给他带来回报，然而这回报来得很迟。依靠土地致富是个逐渐积累的缓慢过程，并且需要付出艰苦的劳动。农业只适合那些已经家财万贯的富人或只求温饱的穷人。他做出了选择：卖掉土地，背井离乡，另谋一种虽有风险但赢利较高的行业。

在民主社会，这样的人随处可见。随着身份平等的日益普及，其人数还在增加。

因此，民主制不仅增加了劳动者的数目，而且使人们选择工作类型。民主制在使人们厌恶农业的同时,将人们引向工商业。[1]

这种精神甚至见于最富裕的公民。

在民主国家,一个人无论多么富有,总是对自己的财富感到不满足,因为他发现自己没有父亲富有,又担心儿子们更不如己。因此,民主国家的大多数富人总是不断思谋致富的新手段,自然而然地会把视线集中于工商业上,因为在他们看来,从事工商业是致富最快和最有效的手段。在这一点上,他们虽然早就脱离了对温饱的基本需求,却和穷人有着相同的本能,或者说受到一切需求中最迫切的那种需求的支配,即保持生活水平不下降的需求。

在贵族制国家,富人同时也是统治者。他们一直倾力于重大的公共事务,无暇顾及工商业。即使他们当中有人想去经商,阶级意志也会挡住他的道路。虽欲反对本阶级多数的统治地位,他仍然无法完全摆脱这个多数施加于他的桎梏。贵族集团坚决不承认人民的多数的权利,可是在贵族内部就存在着一个占统治地位的多数。

在民主国家,金钱并不导致富人掌权,而且往往使他们远离权力,所以富人不知道如何消遣闲暇。那些无论以何种方式凌驾于大众之上的人,他们的雄心壮志和追求目标时怀有的焦虑,他们拥有的大量财产以及他们对非凡之物的爱好,所有这一切都促使他们采取行动。而这时,只有商业这条道路是对他们开

1 有人屡次指出工商业者过分迷恋物质享受,并为此谴责工商业。我认为在这个问题上人们颠倒因果了。并不是工商业使人热爱物质享受,而是对物质享受的热爱驱使人去从事工商业,以便更快、更充分地得到自我满足。如果说工商业加强了人们追求财富的欲望,那是因为他们得到的财富越多,获取财富的欲望就越强,越是努力满足欲望,欲望就越大。一切导致人心追求现世财富的原因,都在促进工商业的发展。平等便是其中一个原因。平等之促进商业发展,并不是通过使人产生经商爱好的直接手段,而是通过加强和普及人心对物质的爱好的间接手段。

放的。在民主社会,没有什么比商业更伟大、更光荣的了。商业吸引着大众目光,满足着人民的想象。一切活力与激情都朝着商业集中。没有什么能阻止富人从事商业,无论是他们自己还是他人的偏见都无法阻止。民主社会的富人并不构成一个拥有独特习俗和制度的集团。富人阶级的观念并不阻碍他们,而全国的普遍观念又推动着他们。再者,民主国家的巨额财富几乎全部来自商业。要经过好几代人才能使财富持有人完全失去经商的习惯。

民主国家的富人由于在政界的施展空间有限,所以将自己的全部精力都投入商业中去。在商界,他们可以大有作为,发挥自己的天然优势。可以说,看到他们创办实业的闯劲和宏伟蓝图,我们就能判断,如果他们生于贵族社会,则很少有创办实业的机会。

另外,在民主社会,不管是穷人还是富人都有如下表现。

生活在复杂多变的民主社会的人,眼前总是跳跃着“偶然”的身影,最终他们喜欢从事一切具有偶然性的活动。

因此,他们都去经商,并不仅仅因为商业利润丰厚,而且也因为他们喜欢商业活动的刺激性。

美国摆脱英国的殖民统治迄今只有半个世纪,富豪还不多见,资本也不充裕,然而,世界上没有哪个民族像美国人那样在工商业上取得如此迅速的进步。如今他们已是世界第二大海运国家。尽管美国的制造业面临诸多几乎无法克服的天然障碍,但仍能每天都取得新的发展。

在美国,重大的实业项目进行起来毫不困难,因为所有人都参与其中,无论穷人还是富人都愿意贡献出自己的力量。因此,我们会很吃惊地看到,在这样一个几乎没有富人的国家,每天都在建设巨大的工程。美国人踏上他们现在所居住的地方为时不长,却已经使自然大为改观,利用自然以造福自身。他们已将赫德森河和密西西比河沟通,并在陆上建设了500多里约的铁路,将大西洋和墨西哥湾连接起来。迄今为止人类修造的最长的几条铁路都在美国。

但是美国最令我感到吃惊的,并非某几个企业的规模超大,而是小企业数目不计其数。

美国的农业种植者,几乎都实行农业和商业的联营。他们中的大多数人都将农业做成了一种商业。

美国的农业种植者,很少死守一块地。在西部的一些新州尤其如此。那里的人开垦一块土地不是为了供自己种植,而是为了卖出去。要建造一座农场,是因为预见到随着居民的增加,当地形势会发生改变,可能会将农场卖个好价钱。

每年都有大批北方人拥入南方,在盛产棉花和甘蔗的地方落脚。这些人来南方种地,是为了用几年的时间使自己发家致富。他们憧憬着衣锦还乡的时刻,在故土享受着由此而来的宽裕生活。因此,美国人将商业精神带入了农业,他们对实业的热情不仅反映在别处,也反映在农业当中。

美国人在工业上取得飞速发展,因为他们人人都在参与工业。因为如此,他们也经常遭遇突如其来的可怕的工业危机。

因为他们全都从事商业,所以他们的商业活动也就受到很多复杂因素的影响,几乎无法预见可能遭遇的问题。因为每个人都或多或少参与工业,只要工业受到一点冲击,不仅个人财产要遭受损失,国家的基础都会受到撼动。

我认为,周而复始的工业危机是当今民主国家的顽疾。民主国家只能减轻而不能完全消除它的危害,因为它不是偶然产生的,而是根植于民主国家的本性当中。

第二十章　为什么实业可能产生贵族

我已经指出民主制度如何有利于实业发展，如何使得实业家的人数无限增加。现在，让我们一起来看一看实业通过什么迂回的道路使人重新走向贵族制度。

根据公认的看法，如果一个工人每天只做同样的一个零件，工厂的组织会更方便，生产会更有效率，成本也更低。

同样根据公认的看法，一个工厂规模越大，资本越雄厚，信用越高，其产品价格就越低。

这两条公理早就为人所知，但得到彰显还是在如今这个时代。刚开始人们将这两条公理应用于几个重要产业，后来扩及各种小产业。

我认为，在政治领域，立法者应该密切关注工业科学的这两条新原理。

当一个手工业者不断做同一件东西时，他的手艺会越来越熟练。但同时，他也会丧失用大脑来管理工作的能力。他虽然手艺愈来愈精，人却变得越来越拙。可以说，作为工人，他在向完美迈进，而作为人，他却在不断堕落。

对于一个做了二十多年大头针帽的人，你还能指望他什么呢？人运用其强大的智力往往能够做出惊天动地的大事业，但这个人的智力除了用来研究做大头针帽的最佳方法，还能用在其他地方吗？

当一个工人一生大部分时间都这样度过的时候，他的思想每天都围着做工要面对的东西转，他的身体也养成了某些永远摆脱不掉的习惯。总之，他不再属于自己，而属于他选择的职业。法律和习俗虽然设法拆除他周围的藩篱，为他开辟成千上万条致富的道路，但也是枉然。一种比法律和习俗更为强大的工业理论，将他束缚在一种职业上，并往往将他固定在某处而无法离开。这种工业理论还规定了他在社会上的无法改变的地位。整个社会处于运动之中，但工业理论却使他固定不动。

一方面，随着劳动分工原则的普遍运用，工人变得越来越软弱、受限和具有依附性。工艺是进步了，但工匠却在退化。另一方面，生产规模越大，资本越雄厚，产品质量就越好，价格也越低，当这一现象表现得越来越明显的时候，富有和学识广博的人就会去经营从前是由没钱没文化的手艺人所从事的生产。必须付出的巨大投入和产生的丰硕成果吸引着这些有钱有知识的人。

因此，工业科学在不断贬低工人阶级的同时，抬高了工厂主阶级。

当工人越来越将自己的智力用来研究一些细节问题时，工厂主却每天关注着全局，他的眼界越来越广，而工人的眼界却越来越窄。不久以后，工人只用体力而不用脑力，工厂主却需要科学甚至天才去获得成功。工厂主越来越像一个大帝国的首领，而工人则越来越像牛马。

因此在这方面，工厂主和工人毫无相似之处，而且彼此的差距日益加大。他们就像一根长链两端的环，各自占据规定好的位置，无法脱离。一方不得不永远牢牢地依附于另一方，似乎生来就是为了服从，而另一方似乎生来就是为了指挥。

这不是贵族制又是什么呢？

随着一个国家的人民越来越平等，工业产品就会越来越普及，对工业产品的需求也越来越大。因为低价，工业产品得以走入普通家庭，低价也成为成功的重要因素之一。

因此每天都可以看到，最富裕和最有知识的人将自己的财富和学识用于工业，通过创办大型工厂和进行细致分工，去满足各地产生的新需求。

所以，当人民大众走向民主的时候，工业群体却变得贵族化了。平民大众变得越来越相似，而工业群体内部成员却越来越有差异。在大众当中，不平等遭到削弱，但工业群体内部的不平等却在加强。

如此，当你追本溯源的时候，便会发现贵族制似乎依靠天生的力量从民主制中悄然诞生。

但是这一贵族制和从前的贵族制截然不同。

首先我们会注意到，这批贵族只从事实业和跟实业相关的几种职业，他们构成整个社会的一种例外，一个怪胎。

在当今民主国家，某些工业部门造就的小贵族社会，就如同从前的大贵族社会那样，包括两类人：少数极为富有的人和大批极为贫困的人。

这些穷人几乎无法改变自身生活条件，变成富人，但总是不断有富人变成穷人，或是在取得既定收益之后脱离工商业。因此，构成穷人阶级的因素几乎固定不变，而构成富人阶级的因素却并不固定。老实说，虽有富人，富人阶级却并不存在，因为这些富人既无共同的精神亦无共同的目标，既无共同的传统也无共同的希望。因此，他们只是一伙人，而不是一个团体。

不仅富人之间没有紧密联系的纽带，可以说富人和穷人之间也没有真正的联系。

他们之间的联系不是永久的，因利害关系而分分合合。工人是依附于工厂主，但并非某个特定的工厂主。工人和工厂主只是在工厂相见,到了其他地方就变成陌生人。他们在某一点上接触,而在其他点上则相距甚远。工厂主对工人的要求只是做工,而工人对工厂主的要求只是支付薪水。工厂主并不打算保护工人,而工人也不希望保卫工厂主,二者之间没有依靠法律或义务形成的固定联系。

这些工业贵族几乎从来不在他们所指挥的工业大军中扎根下来,因为他们的目标不是统治工人,而是利用工人。

一个如此构成的贵族阶层不可能对为其所用的人群施以控制。即使偶尔有,那些人也会很快逃脱它的控制。它没有这样的想法,即使有,也做不到。

从前的土地贵族出于法律的强制,或出于他们所认为的风俗的约束,必须对自己的属民施以救助,减轻他们的苦难。但是当今的工业贵族在利用完工人,使他们陷入贫困,变得愚笨之后,却在遭遇工业危机时弃他们于不顾,把他们交付给公共慈善机构来养活。这自然源于上文所述原因。在工人和工厂主之间,存在经常性的联系,但却并不存在真正的结合。

我认为,总体看来,我们如今看到的蒸蒸日上的工业贵族是有史以来最残酷的贵族之一,但同时它又是最受限制,危险性也最小的贵族之一。

然而,这一点也是最值得支持民主的人关注和担忧的。如果永久的身份不平等和贵族制要重新入侵世界,可以预见它们一定是通过这扇门溜进来的。

第四部分
民主的思想和情感对政治社会的影响

第一章　平等自然使人爱好自由制度

平等使得人人都是独立于他人的，使人们养成了在个体行动中只遵从自身意志的习惯和爱好。由于在私生活中不断享有这种完全的独立性，他们对于一切权威都心怀不满，接着便产生了政治自由的观念和对政治自由的热爱。因此，这时候他们就会自然而然地走上一条通向自由制度的道路。从他们中间随便选一人来考察，如果可以的话，研究他的原始本能，你会发现在各式政府中，他最先想到也最欣赏的，是由他选举领导人并由他监督领导人行为的政府。

在身份平等所引起的一切政治效果中，最引人注目的是对独立的热爱，而这种对独立的热爱也使得一切胆怯的人感到恐惧。不能说他们的恐惧完全是错误的，因为无政府状态在民主国家比在其他国家更可怕。由于公民之间互相没有直接的影响，是由国家政权控制着每个人，那么，一旦政权失控，国家必定陷入极度混乱之中。每个公民都是孤立的个体，结果社会机体很快化为灰尘。

但是，我深信无政府状态并不是民主时代最应害怕的恶果，恰恰相反，它是最不用害怕的。

实际上，平等可能产生两种倾向：一种倾向是使人们走向独立，并且可能使人们突然陷入无政府状态；另一种倾向是使人们沿着一条虽更加漫长、更为隐秘，却更加确定的道路走向奴役。

人民容易看清第一种倾向，并加以抵制；而对于第二种倾向，却往往浑然不觉地受其摆布。因此，着重指出这第二种倾向是尤为必要的。

对于平等激发的人心的不顺从，我非但不会横加指责，反而为此而赞美平等。我之所以欣赏平等，是因为它将政治独立的模糊观念和本能倾向植入人的精神世界和内心世界的深处，并由此提供了医治它所引起的恶果的良方。正是由于这一点我才热爱平等。

第二章　民主国家人民关于政府的观点自然有利于集权

在君主和臣民之间存在一些次级权力，这样一种观点自然存在于贵族制国民的脑海里，因为掌握这些次级权力的，是一些出身、学识、财富显赫的个人或家族，这些人或这些家族似乎天生就是领导者。基于相反的理由，上述观点自然不存在生活在平等时代的人们的脑海里。只能人为地将这种观点引进平等时代，而且只有付出极大努力才能使其保存下去。然而，他们可以说不假思索地就会产生单一的中央政权的观念，这个中央政权独自领导着全体公民。

另外，在政治领域也像在哲学和宗教方面一样，民主国家的人民在思想上喜欢接受简单的一般观念。他们厌恶复杂的制度，心目中理想的国家是一个大国，所有公民像是由同一个模子铸造而成，且国家由唯一一个权力当局领导。

在平等时代，人们形成了单一的中央权力的观念之后，自然立即又会产生统一立法的观念。由于每个人都觉得自己和他人并无多大差别，所以很难理解应用于一个人的法规为什么不能同样应用于其他人。哪怕是一点微不足道的特权都为他们所不容，因为他们的理性难以接受。同一国家政治制度上的一点微小差异都使他们不快。在他们看来，立法的统一是一个好政府的首要条件。

相反，我发现在贵族制时代，这种对全体社会成员不加差别地实行同样法律的观念是很奇怪的。人们不是拒绝便是抛弃这种观念。

这两种相悖的思想倾向，最终都变成盲目的本能和无法遏止的习惯，以致除了个别情况外，它们至今还在支配着人们的行为。在中世纪，尽管社会成员情况多样，有时也会出现极为相似的个体，但这并未妨碍立法者对每个人规定不同的义务和权利。反之，在我们这个时代，一些国家的政府却在竭尽全力将同样的习惯和法律强加给还没有完全趋同的全体居民身上。

在一个国家里，人们地位越趋于平等，个人就越显得渺小，而社会就越显得强大。或者说，每个公民都与其他公民趋同，结果便消失在人群里，除了人民本身高大雄伟的形象之外，什么都见不到了。

这自然使民主时代的人对社会所拥有的特权持很高的看法，而对个人权利则不那么看重。他们很容易承认社会利益具有至高无上的地位，而个人利益则微不足道。他们也相当愿意承认，代表社会的权力机构比组成社会的每个成员都更聪慧，这个权力机构有权也有义务照管和引导每个公民。

要是稍微仔细研究一下我们的同时代人，探究他们的政治观念的根源，便会发现他们有我刚才所述观念中的一些观念，也会惊讶地发现，那些经常意见不合的人竟会有如此一致的观点。

美国人认为，在每个州，社会权力应当直接来源于人民；然而，一旦这一权力已经形成，可以说没有人设想给它施加界限。他们甘愿承认它有权去做一切。

至于赋予某些城市、家族或个人以特权，他们早已没有这种观念。他们的头脑里从来没有想过可以不把同样的法律统一地用于国内各地和全体居民。

同样的一些观念正逐渐在欧洲传播，甚至渗入那些强烈反对人民主权学说的国家。这些国家的权力来源与美国不同，但对权力特点的看法却与美国人一样。在所有国家，中间权力的观念已经日渐稀薄乃至消失。某些个体生来就具有特权的观点，正迅速从人们的头脑里消失；取而代之的，是社会的无限权力或者说唯一权力。人们越是平等和相似，这些观念就越得到生根发展。平等使这些观念产生，而这些观念反过来又促进了平等的发展。

在法国，我所讲的革命比在其他任何欧洲国家都要彻底，因此这些观念已经完全占据了法国人的思想。只要仔细听一听我国各政党的主张，就会发现没有哪个政党不接受这些观念。大部分政党都批评政府工作得不好，但所有的政党都认为政府应当不停活动，应当将一切都揽在自己手里。甚至在那些争辩得最激烈的党派之间，对于这一点都能达成共识。社会权力的单一性、无处不在与至高无上，以及法律的统一性，构成了当今世界一切政治制度的显著特点。在各种千奇百怪的乌托邦理想中，也能发现这一特点。甚至在人做梦的时候，梦到的都是这些东西。

如果说这些观念一般人都能自发地产生，那么君主们则更容易想到。

欧洲的旧社会情况正在改变和消失，而君主们对于他们的能力和义务也在产生新的认知。他们第一次认识到，他们所代表的中央政权可以而且应当按照统一的计划亲自管理一切事务和所有人。我敢说，在我们这个时代这种观念是以前欧洲的君主们从未有过的，而现在却日益深入君主们的头脑中。其他所有观念都可能改变，只有这一观念固若磐石。

因此，我们这个时代的人，并不像人们想象的那样意见分歧。他们虽然不断争论主权归谁所有，但对主权的权利与义务却很容易达成共识。所有人都把政府想象为一种单一的、简单的、天授的、具有创造力的权力。

政治领域所有的次要观念都是变化无常的，而上述这种观念却总是固定不变。政论家和政治家都接受它，人民也积极拥护，统治者和被治者都同样热烈追求它。它是人们头脑里第一个能想到的，也好像是天生就有的。

因此，它不是人的精神任意形成的，而是人类现状产生的自然结果。

第三章　民主国家人民的感情和思想一致引导他们走向中央集权

如果说在平等时代，一方面，人们很容易便能接受建立强大的中央集权的观念，那么，另一方面也不应怀疑，他们从习惯和情感上已经事先承认了中央集权，并且他们的习惯和情感也有助于维护中央集权。现在只用几句话就可以说明这一点，因为大部分理由已在前面讲过了。

民主国家的居民没有高低贵贱之分，没有出于习惯和必要建立的固定的人际关系，他们惯于自省，喜欢独立思考。我在讨论个人主义的时候已经详细谈过这一点。

因此，这些人必须做出极大的努力才能丢开自己的私事去操心公事。他们的自然倾向，是把公事交给集体利益的唯一可见的常设代表去处理，这个代表就是国家。

他们不但天生不爱过问公事，而且往往没有时间去处理公事。在民主时代，个人生活极其活跃与忙碌，充满各式各样的欲望，工作很多，以致每个人几乎没有精力和余暇去从事政治活动。

我绝不认为这种倾向是不可克服的，因为我写此书的目的就在于同这种倾向做斗争。不过我觉得在如今这个时代，有一种隐秘的力量在不断使得这种倾向在人心中滋长，若不立即加以阻止，就会占据人心。

我也曾指出，民主国家的人民日益迷恋物质享受，而财产天生容易流失，因此他们害怕社会秩序混乱。爱好社会安宁，是民主国家人民现在保存的唯一政治激情。这一激情随着其他政治激情的减弱和消失而变得更加积极和强大。公民们自然愿意将一些新权力赋予或让给中央政权，因为他们觉得只有中央政权才有意愿和能力，通过保卫它自己来保护他们免遭无政府状态的侵害。

在平等时代，人人都没有援助他人的义务，人人也都没有获得他人重大援助的权利，因此每个人既是独立的又是弱小的。这两种不应分开而论，也不应混为一谈的状态，造成了民主国家人民的矛盾性格。他们的独立性，使他们在与自己平等的他人交往时充满自信和骄傲。而他们的弱小，又使他们时不时感到需要他人的援助，可他们却不能指望任何人给予他们援助，因为大家都那么软弱和冷漠。陷于这种困境，他们自然将视线转向那个在个人普遍衰弱时唯一能够岿然屹立的强大存在。他们的需求尤其是他们的欲望，将他们不断引向这个强大的存在。最后，他们视这一存在为软弱的个体所能求助的唯一而必要的靠山。[1]

由此可以理解民主国家经常发生的现象：人们内心不服从

1 在民主国家里，只有中央政权是比较稳定持久的存在。全体公民都处在移动和变化当中。但是，一切政府都有不断扩大自身的本性。因此，久而久之，民主政府几乎不可能不壮大自己，因为它以固定的思想和持续的意志影响地位、观念和欲求每天都在变化的人民。公民往往无意之中就促进了政府的扩张。

民主世纪是实验、改革和冒险的时代。经常有很多人独自进行艰巨的创新事业，而不受他们的干预。这些人承认，作为一项普遍原则，公权不应当干涉私人事务。但是，作为例外，他们希望政府能对他们进行的特殊事业给予援助，同时又不希望政府对他们进行其他一切干预。

由于成千上万的人为了各自的不同事业都怀有这样的看法，因此虽然每个人都希望限制中央政权的活动，但它的实际活动范围却在不断扩大。民主政府之所以能够扩大自身职权，仅仅是因为它能够持续下去。时间对它有利，每个事件都在促其成长，个人的激情也在不知不觉中协助了它。因此可以说，民主社会越是长期存在下去，其政府集权程度就越高。

管理,却又能耐心忍受长官的指使,显得既傲慢又顺从。

随着特权逐渐减少和缩小,人们对特权的憎恨却日益加深,因此可以说民主的激情在最难找到发作对象的时候反而更加猛烈。我在前面已经解释过这种现象的原因。当不平等无处不在时,最大的不平等也不刺眼;而在人人都趋于平等之时,一点微小的区别都会引起不快。平等越是臻于极致,不平等的现象就越是令人无法忍受。因此,追求平等的热情自然随着平等本身的发展而加深,而在这种热情得到满足时,平等又得到了发展。

民主国家的人民对于特权所怀有的这种日益强烈的根深蒂固的仇恨,极大地促成了将一切政治权利集中在国家的唯一代表手里。统治者毋庸置疑地必定高于全体公民,却不会引起任何公民的嫉妒,因为每个人都认为他让予统治者的特权是剥夺邻人的特权而来的。

民主时代的人极其厌恶服从和自己平等的邻人,不承认邻人在智力上高于自己,怀疑邻人的正直,嫉妒邻人的权势,对邻人既害怕又蔑视。喜欢让邻人时刻感到他们双方同属于一个主人。

顺应这些自然本性的一切中央政权都喜欢和鼓励平等,因为平等特别便于中央政权发号施令,能够扩大和巩固中央政权。

也可以说一切中央政权都喜欢整齐划一,因为这样,政府在制定法规时便可省去无数细则,对所有人都不加区分地施行同样的法规。如此,政府爱公民之所爱,且自然恨公民之所恨。这种相同的情感,在民主国家将每个公民和统治者结合在同一思想下,并且使两者惺惺相惜。考虑到政府的爱好与己相同,人们便原谅政府的过失。政府只有在犯下严重错误时,才会勉强失去公众的信任。但只要政府加以呼唤,便可重新获得公众信任。民主国家的人民往往憎恶中央的掌权者,但对中央政权本身却始终是爱护的。

这样，我便从两条不同的道路达到同一目标。我在前面指出，平等使人产生了政府应该是单一、划一而强大的观念。我现在又使读者看到，平等使人在感情上喜欢这样的政府。在如今这个时代，各国都在力求建立这样的政府。思想和感情的自然倾向，都在引导人们向这个方向迈进。只要不人为克制，便可达到目的。

我认为，在即将到来的民主时代，个人独立和地方自由将永远是艺术品，而中央集权则是政府的自然趋势。

第四章　导致民主国家走上中央集权或避免中央集权的若干特殊和偶然的原因

即使所有的民主国家都本能地趋向中央集权,它们走向中央集权的过程和方式也是不一样的。这取决于该国的特殊条件是促进还是遏制社会情况的自然发展。这些特殊条件为数众多,在此我只略述一二。

如果一个民族在获得平等之前就长期生活在自由中,那么自由赋予他们的本性将在一定程度上与平等造成的倾向发生冲突。尽管中央政权面对他们一直在扩大自己的特权,但他们永远都不会完全放弃个人的独立。

但是,当平等在一个从不知自由为何物或刚刚获得自由的民族发展起来的时候,比如欧洲大陆的情况,那么,民族古老的习惯就会通过某种自然的吸引力与社会情况造成的新习惯和新信念突然结合起来,所有的权力都好像自动趋向中央。这些权力集中的速度如此之快,以致国家立刻就达到强大的顶点,而与此同时,个人突然跌至衰弱的最低谷。

两百年前来到新大陆的荒漠里建立民主社会的英国人,在他们的母国已经养成了参与公共事务的习惯。他们了解陪审制度,享有过言论自由、出版自由和个人自由,他们具有权利观念和行使权利的习惯。他们把这些自由制度和强劲作风带到美洲,并用这些抵制政府对他们的侵犯。

因此,在美国人那里,古老的是自由,相比较而言,平等是新事物。欧洲的情形正好相反:在自由进入人们的观念很久以前,平等就已经得到君主默许,由专制政权引进人民的习惯中去了。

我已经说过,在民主国家,人们理所当然地认为政府一定是单一的中央政权。他们不知道什么是中间权力。这一点,对于借助暴力革命而使平等原则获得胜利的国家尤为适用。革命的暴风骤雨将领导地方事务的阶级一扫而尽,而剩下来的不知所措的大众,既无组织又无习惯来管理好这些事务,这时,人们便发现只有国家才有能力管理好一切大小事务。可以说,中央集权成为一种必然的事实。

对于拿破仑独揽一切行政权的行为既不必褒扬也不必谴责,因为在贵族和大资产阶级突然消失之后,这些权力是自动落入他手中的。他当时如果拒绝这些权力,几乎会与获取这些权力同样困难。美国人就不曾感到有这样的必要,因为他们没有经历过革命,从一开始就自己治理自己,从不需要请国家做他们的临时监护人。

因此,中央集权在民主国家的发展,不仅受到平等的发展程度的影响,也受到平等建立方式的影响。

在一场民主大革命开始的时候,阶级斗争刚刚兴起,人民都极想把全国的行政权集中到中央政府手里,以剥夺贵族领导地方事务的权力。而在革命接近尾声的时候,一般而言,被打败的贵族都力图将一切事务的领导权交给国家,因为人民已经变得与他们平等,甚至往往是他们的主人,他们害怕哪怕是最轻微的人民暴政。

由此可见,力图加强政府特权的并非总是同一个公民阶层。

但是，只要民主革命继续下来，国内就总要出现一个要么人数众多，要么财富可观的强大阶级，这个阶级除了由于憎恶邻人统治——这是民主国家的人民一种普遍恒久的情感，还出于特殊的激情和利益，希望国家的管理权集于中央。我们可以看到，目前英国的下层阶级正竭力摧毁地方独立而将各地的行政权移交中央，上层阶级则试图保留原先的地方行政权。我敢预言，总有一天会出现完全相反的情景。

以上所述可以使读者清楚地了解到，为什么在一个经过长期艰苦的斗争之后才取得平等的民主国家，总是比在一个公民从一开始就地位平等的民主国家，社会权力更大而个人力量更小。美国人的例子就是这方面的明证。

美国的居民从未被分成几等，从来不知道主仆关系。他们彼此之间既不害怕，也不仇恨，所以在处理大小事务时，从来没有感到有向统治者求助的必要。美国人的命运是特殊的：他们继承了英国贵族的个人权利观念和对地方自由的爱好，而他们之所以能保存这两者是因为他们无须跟贵族作斗争。

如果说知识在任何时候都有助于人们维护自身独立，那么，在民主时代这个说法尤其正确。当人们都相似的时候，很容易就能建立起一个单一全能的政府，仅凭本能就可以做到了。但是在同等条件下，如果要组织和维系次级权力，要在独立而软弱的公民中间建立一些自由社团来抵制暴政而不摧毁现有秩序，那么就需要人们具备一定的智力、学识和才情。

因此，在民主国家，中央集权和个人奴化的程度不仅随着平等的增强而增强，而且与人民的愚昧程度相关。

不错，在不太开化的时代，政府经常缺少用来完善专制统治的知识，正如人民缺少知识去摆脱专制一样。但是，两者的后果并不相同。

一个民主国家的人民不管多么粗野，领导这个国家的中央政权从来不可能是完全没有文化的，因为全国的少量智力资源尽可以为它所用，实在需要，它还能从国外去寻找。在一个愚昧的民主国家，统治者和每个国民之间的巨大的智力差距，很快会暴露出来。这便容易将一切权力集中到统治者手里。国家的行政权力将不断扩大，因为只有国家能够胜任行政管理工作。

贵族制国家，无论你将它想得有多么蒙昧，它都永远不会出现这种情况。因为在贵族制国家，除了君主之外，一些主要的公民也具有学识。

如今统治埃及的帕夏在一开始发现这个国家的人民极为愚昧又极为平等，于是便从欧洲学来统治人民的知识和技巧。君主个人学识很高，而臣民愚昧不堪，充满民主的弱点，这一状况很快便使得埃及的集权登峰造极，君主将国家变成他的私家工厂，而居民都变成他的工人。

我认为，极端的中央集权最后会损害社会，从长期来看，会削弱政府本身的力量。但是，我并不否认，在一定时期和特定场合，集权可以很容易地完成巨大事业。在战争中尤其如此，因为战争的胜负主要取决于是否能够迅速调集一切资源用于战场，其次才取决于资源的多寡。因此，在战争期间，人民最希望也最感到必须扩大中央政府的特权。所有的军事天才都喜欢中央集权，因为中央集权可以加强他们的军事力量。而所有的中央集权天才都喜欢战争，因为战争将迫使国家将全部权力交到政府手里。于是，在因为自身地理位置而经常陷入大规模战事、生存经常遭受威胁的国家，不断扩大政府特权而限制个人权利的民主倾向要比在其他国家更为迅速和持久。

我已经讲过，民主国家的人民对混乱秩序的恐惧和对物质享受的热爱，使得他们逐渐增加中央政府的特权。在他们看来，只有中央政府才有足够的力量、能力和稳定性来保护他们免遭无政府状态的侵害。我几乎不用补充说明大家便能知道，一切有可能使民主社会陷入混乱和动荡的特殊情形，都只能加强人民对中央政府本能的信赖，使得他们越来越多地为了社会安定而牺牲自身权利。

因此，在一场漫长而血腥的革命结束之时，人民最愿意扩大中央政府的特权。革命剥夺了人的财产，动摇了一切信仰，使整个社会充满激烈的仇恨，党派林立，冲突不断。这时，对社会安宁的向往便成为盲目的激情，公民对秩序产生了一种反常的热爱。

我以上讲了几条有助于中央集权的偶然原因，最主要的一条我还没有讲到。

在民主国家可能导致统治者总揽一切事务领导权的最重要的偶然原因，是统治者本人的出身及其性情。

生活在民主时代的人自然喜欢中央政权，并愿意扩大它的特权。但是，如果这个政权能忠实代表他们的利益，完全顺应他们的本性，那么，他们对它的信任就几乎是无限的，赋予它的权力就好像是赋予自己的那样。

同旧贵族制度仍然保持某种联系的国王实行行政集权，总是不如某些新王容易和迅速。这些新王所从事的事业，因其出身、成见、本性和习惯，似乎与平等运动密不可分，他们就是靠这样的事业取得了政权。我并不是说出身于贵族而生活在民主时代的君主们不想实行中央集权。我想他们和其他君主同样热衷于中央集权。因为对他们来说，平等唯一的好处就是可以给他们带来集权。但是他们成功的机会不大，因为公民不会自动服从他们的意愿，而往往只能勉强接受他们的要求。在民主时代，统治者的贵族性格越少，中央集权的程度就越深。这是一条规律。

一个世袭君主领导一个贵族制国家的时候，君主的天生成见和贵族的天生成见完全一致，贵族社会的固有恶习可以自由演化，根本就找不到救治办法。而当一个贵族后裔成为民主国家的领袖时，情况就会截然相反。这个君主由于受到自己的教育、习惯和传统的影响，每天都倾向于身份不平等所造成的情感；而人民出于自己的社会情况，每时每刻都倾向于平等造成的观念。这时，公民们往往试图限制中央政权，与其说他们把它看成暴虐的政权，不如说把它看成贵族政权。他们牢牢捍卫自己的独立，不仅因为他们想要保持自由，更因为他们想要平等。

一场推翻旧王朝而将新生的民主国家交给新领袖领导的革命，可以暂时削弱中央政权。但是，哪怕起初看上去是彻底的无政府状态，我们都可以毫不犹豫地断言，革命的最终结果而且也是必然结果，是扩大和巩固中央政府的特权。

在一个民主国家实行中央集权的首要条件，甚至可以说是唯一条件，便是喜爱平等或者让人相信它喜爱平等。因此，原先十分复杂的专制术，现在可以说简化成了唯一的一条原则。

第五章 尽管当今欧洲国家统治者的地位不如从前稳固但最高权力却日益加强

如果读者仔细思考一下前面几章所述的内容，便会对欧洲现在的情况感到惊讶和恐惧。在欧洲，所有的一切都在促进中央政府特权的无限扩大，个人的存在日益脆弱，日益处于依附地位，日益不稳固。

促使美国人走向中央集权的一般倾向和长期趋势，欧洲各个民主国家都有。此外，欧洲的民主国家还存在很多美国所不具有的次要原因，促使它们走向中央集权。可以说它们每向平等迈进一步，便接近专制一步。

只要环顾四周和看看我们自己，便会相信情况的确如此。

在我们这个时代以前的贵族时代，欧洲的君主被剥夺或自动放弃了本该属于自己的一些权力。距今不到一百年前，在大多数欧洲国家，存在许多几乎独立的个人或团体。他们自行审理案件，募兵养兵，征税，甚至制定和解释法律。现在，各国均已收回这些本属于国家政权的权限。在跟统治相关的一切事务上，国家不再受到它和公民中间次级权力的干扰，而由自己对公民进行全面领导。我无意谴责这种中央集权，而只是指出这个事实。

在同一时期，欧洲存在着很多代表地方利益和管理地方事务的次级政权。现在，这些次级政权大部分都已经消失了。其余的不是行将消失，就是要完全听命于中央。在欧洲各地，领主特权、城市自由和地方行政权，不是已经被摧毁就是行将被摧毁。

半个世纪以来，欧洲经历了多次革命和反革命运动。这些运动虽然方向不一致，但有一点是共同的，即都动摇或破坏了次级政权。法国在它所征服的地区未曾消除的地方特权，后来被战胜法国的君主们消除了。这些君主拒绝革命所创造的一切新鲜事物，唯独把中央集权留为己用：这是他们愿意从革命当中吸收的唯一东西。

我想指出的是，在我们这个时代相继从某些阶级、团体和个人手中夺取的各种权利，并未在一个更民主的基础上用来建立新的次级政权，而是全部集中到国家的那些统治者手里。如今欧洲各国越来越直接地领导全体公民，在大小一切事务上领导具体的每个人。[1]

从前在欧洲，几乎所有的慈善机构都属于个人或团体；而如今，它们几乎都或多或少地依附于国家。在有些国家，慈善机构由国家管理。向饥饿者分发食物，向病人提供救治和住所，安排无业游民工作，这些几乎全部都由国家包办。国家几乎成了在一切灾难出现时的唯一救助者。

---

1 个人在社会面前的这种日益脆弱的现象，从很多方面表现出来。在此我只就立遗嘱的问题举例说明。

在贵族制国家，人们对死者的遗愿极为尊重。这在欧洲的一些古老民族中间甚至成为一种迷信。对死者各种出格的要求，社会权力不仅不横加阻止，反而尽力满足，保证死者的遗愿具有永恒的效力。

当所有的生者都是弱者的时候，对死者的愿望自然就不会太尊重。人们为死者遗愿规定了一定的范围，超出了这个范围，国家就会宣布其无效或部分执行。在中世纪，立遗嘱的权利可以说是无限的。在现今的法国，不经国家干预，一个人便不能将财产分给子女。国家统治了一个人的一生之后，还要控制他生前的最后一次行为。

在如今大多数国家，和慈善事业一样，教育也成为一项国家事业。国家将儿童从母亲怀里抱过来，交给国家工作人员。每一代人都由国家灌输情感，输入观念。教育制度和其他制度一样都是统一的。多样性就如同自由，每天都在消失。

我甚至敢说，在如今几乎所有的基督教国家，不管是天主教还是新教，宗教都可能落入政府手里。这倒不是说统治者希望自己制定教义，而是说他们日益控制了教义宣讲者的意志。他们剥夺了教士的财产而向教士支付薪金，把教士的势力收回而为自己所用，将教士作为公职人员，有时甚至是作为仆人来使用，通过教士，他们最终深入了每个人的灵魂深处。[1]

但是这还只是整体状况的一个侧面而已。

正如我们刚刚看到的那样，当今统治者的权力不仅扩大到旧制度下权力范围的每个角度，而且并不就此满足。它从各个方面进行扩张，甚至开始侵犯私人空间。很多从前完全不受政府控制的行为，如今都已被政府控制，而且数量在不断增长。

在贵族制国家，社会权力通常仅在与全国利益有直接、明显联系的事务上领导和监督公民。对于其余事务，它愿意让公民自己去处理。在这些国家，政府似乎忘了个人的缺点和苦难也会影响整体的幸福，忘了阻止个人生活的恶化有时应该是国家的任务。

而当今的民主国家似乎走向了另一个极端。

显然，当代的大多数君主不仅想要领导整个国家，而且自认为应对每个臣民的个人行为和个人命运负责，应在臣民一生的

1　随着中央政权的职权不断扩大，代表中央政权的公职人员数目也在增多。这些公职人员形成了国中之国。他们的职位像政府一样稳定，因此越来越取代了贵族的地位。在欧洲各地，统治者几乎都采用以下两种方法进行统治：对一部分公民，让他们害怕公职人员；对另一部分公民，让他们怀有成为公职人员的希望。

不同行动中引导和教育他们，甚至在必要的时候，不管他们愿不愿意，都要让他们幸福。

另一方面，个人也越来越这样看待政府。一有什么需要就去找政府，时刻将政府视为导师和向导。

我认为，现在欧洲所有国家的政府都变得更集权，而且政府对社会生活的干预越来越细化。政府比从前更深入个人私生活当中。它以自己的方式管理更多、更琐碎的事务，它日益接近每个人，在他们的周围，在他们之上帮助、指导和恐吓他们。

从前，君主依靠土地收入和税收生活。如今，他的需求随着权力的增加而增加，因而不能再靠上述收入生活。从前如果有需要，君主会制定一项新税，如今则是举债。渐渐地，国家成为大部分富人的债务人，把大量资本集中到自己手里。

对于小额资金，政府用另一种方式吸收。

随着人们越来越相似和平等，穷人有了更多财产、知识和欲望。一个穷人想要改善自己的境遇，便会把钱存起来。因此，由于储蓄，每天都会产生数不清的小额资金，这些资金是长期劳动而积累起来的果实，数目在不断增多。但是，如果这些资金分散在个人手里，那么大部分都不会产生收益。这时便产生了一个慈善组织，如果我没弄错的话，这个组织后来成为我们今天最重要的政治机构之一。一些慈善人士想到将穷人的存款收集起来，利用这笔钱产生的收益。在某些国家，这些慈善组织完全独立于政府，但几乎在所有国家，它们都有依附政府的明显趋势。在有几个国家，政府已经代替了这些慈善组织，开始独自经营一项巨大的事业：将亿万劳动者日积月累的财富集中到一个地点并使之产生收益。

如此，政府通过举债吸收富人的资金，通过储蓄银行随意使用穷人的钱。国家的财富便这样源源不断向政府涌去，落到政府手里。人民身份越平等，政府积聚的财富就越多。因为在一个民主国家，个人只信赖政府，因为在他眼中，只有政府相对来说是强大和持久的。[1]

如此，统治者不再仅仅管理公共财富，而且还干预私人财富。统治者是每个公民的领袖，并且经常是他们的主人，甚至是他们的管家和账房先生。

中央政权不仅独自填满了从前所有形式的权力所形成的权力空间，拓展和超越了这一空间，而且比从前的政权更灵活、强大和独立。

如今欧洲各国政府都极大地改进了行政手段。它们做的事情更多了，在做每件事的时候都更有秩序，更迅捷，花费也更少。似乎它们不断用从私人那里得到的知识来丰富自己。欧洲的君主们每天都在加强代表自己的官员们的依附性。他们创造出一些新手段来直接领导这些官员和更方便地监督他们。他们不满足于依靠官员来管理一切事务，还想要支配官员的一切行为。如此，公共行政不仅依附于同一权力，而且越来越集中到一个地方和越来越少的几个人手里。政府在扩大特权的同时集中了政府活动。这是使它力量强大的两个原因。

当我们考察大多数欧洲国家从前的司法制度时，两样东西会使我们感到吃惊：司法权的独立性和司法权限之大。

法庭不但审理私人间的一切纠纷，而且在很多情况下，充当个人和国家间的仲裁。

我在这里不想谈某些国家法庭对政治权和行政权的僭越，而只谈各国法院所拥有的司法权限。在所有的欧洲国家，自古

---

1 一方面，人们不断追求物质享受，另一方面，政府控制着越来越多的物质资源。因此人们通过两条路走向奴化：人们因为爱好物质享受而不愿参与政府管理；对物质享受的爱好又使得他们越来越依附政府。

至今都有很多个人权利，这些个人权利大部分跟财产所有权相关。个人的财产所有权受法庭保护，未经法官允许，国家不得侵犯个人的财产所有权。

正是这半政治性的权力使欧洲的法庭区别于其他国家的法庭。因为虽然所有国家都有法庭，但并不是所有国家都赋予法官这样的特权。

现在，让我们来考察欧洲所谓自由国家的民主国家，在这些国家和在其他国家一样，除了上述法庭之外，还有一些不那么独立的法庭，这些法庭专门用来审理公共行政权力和公民之间的纠纷。旧司法权仍然保持其独立性，但是它的权限已经受到限制，渐渐只能充当私人利益冲突时的仲裁。

这些特别法庭的数目不断增多，权限也在不断扩大。于是，政府的意愿和权力越来越不必由另一权力来批准。政府尽管不能绕过法官，但至少要由它自己来选任法官，并将他们控制在自己手里。也就是说，在政府和个人之间，政府仍然设立了一个表面上公正，实际并非如此的机构。

因此，国家并不满足于统揽一切事务，而且还越来越自行决定一切而不受他人控制，也无须他人插手。[1]

有一个重大原因，和我之前给出的所有原因都不同，使得现代欧洲各国不断扩大统治者的活动范围或统治者的特权，而人们并未给予足够的注意。这个原因就是平等所促进的工业发展。

工业通常将很多人口集中到一个地点，在这些人中间建立

1　在法国，这个问题成为一种诡辩。当行政权和个人之间产生诉讼时，普通法庭无权审理，据说这是为了不让行政权和司法权混在一起。就好像同时赋予政府审判权和行政权并不是将两种权力混在一起，并不是以最有害、最暴戾的方式将二者混在一起。

起复杂的新关系。工业使得人一夜暴富，一夜骤贫，因此，社会再也得不到安宁。另外，工业劳动还可能对那些从中受益的人或工业劳动者的健康，甚至生命产生危害。因此，工业阶级比其他阶级更需要被管理、监督和控制，政府的权限自然随着这个阶级的壮大而增加。

这是一个普遍性的真理，在欧洲国家尤其适用。

在从前，贵族拥有土地，并时刻准备保卫自己的地产。因此，地产在当时能得到很好的保障，贵族也享有极大的独立性。尽管土地被分割，贵族也没落了，但是当时形成的一些法律和习惯一直持续下来。今天，土地所有者和农民仍然是最容易逃避政府控制的公民群体。

在这个能找到我们历史一切根源的贵族时代，不动产不太重要，其所有者也受到蔑视，力量薄弱。在贵族世界里，工业阶级是一个特殊阶级。他们得不到稳定的支持和外界的保护，而且经常无法自我保护。

因此，人们习惯认为工业财产是一种特殊性质的财产，不像一般财产那样值得重视和保护。工业阶级就像社会里的一个特殊小阶级。他们的独立没有什么价值，最好让他们由君主立法进行管理。确实，只要翻一翻中世纪的法典，我们就会惊讶地看到，在那个人独立的时代，工业的细枝末节却总是不断受到君主的管制。在工业领域，中央集权积极和细致的程度达到了顶点。

从那时起，世界上发生了一场大革命。本来只处于萌芽的工业财产开始迅速发展，并席卷了整个欧洲。工业阶级得到了壮大，并依靠其他阶级的残余发家致富。工业的从业人数、重要性和财富都大大增加。随着工业的不断发展，从前并不属于这一领域的人也纷纷加入，或至少在某一方面与工业产生联系。这个从前的特殊阶级，现在几乎要成为最重要的阶级，甚至可以说是唯一阶级。然而，跟工业相关的传统政治观念和习惯却仍然保留了下来。这些观念和习惯之所以没有改变，首先是因为它们历来如此，其次是因为它们与当今社会的新观念和一般习惯和谐一致。

因此，工业财产的权利并没有因为自身重要性的加强而得到扩大。工业阶级也并没有因为人数增加而减少自身的依赖性。相反，似乎专制就存在于它的内部，并自然而然地随着它的发展而扩张。[1]

国家越是工业化，就越需要公路、水渠、港口和其他一些有利于致富的半公共工程；国家越是民主化，个人就越难以实施这样的工程，而国家却是越容易实行。我敢说，如今一切统治者所表现出来的明显趋势是独揽这些工程，从而使人民的依赖性日益加强。

此外，随着国力的增强和需求的增加，国家本身消耗的工业产品也日益增加。这些工业产品一般由国有兵工厂和国有普通工厂制造，如此，在每个王国，国王都变成了最大的工业家。他吸引和吸收一大批工程师、建筑师、机械师和技工为他服务。

他不仅是头号工业家，而且还越来越想成为其他工业家的首领或者说主人。

---

1 我现在列举几个事实以资佐证。工业财富的天然源泉在矿业。随着工业在欧洲的发展，矿业收益逐渐增大，而由于平等造成的财富分散，又使得采矿变得更难。于是大多数国家的统治者都宣布矿藏归自己所有，并对采矿工作进行监督。这种情况是其他形式的财产所未曾遭遇的。

矿产受到其他不动产那样的监管和保护之后，便落入政府之手。它的开采权和转让权都归政府。原来的矿产所有者变成了使用人。他们从政府那里获得使用权。而且，政府几乎到处要求对矿业的领导权，为矿业制定章程，拟定管理办法，进行日常监督。如果经营者拒不服从，行政法庭便可取消他们的使用权，由政府指定他人来经营。可见，政府不仅占有矿产，而且控制着矿产经营人。

但是，随着工业的发展，老矿的开发仍在继续，而新矿不断出现。矿业人口日益增多。每天，统治者都在我们脚下扩大他们的领地，并让领地上住满他们的奴隶。

公民们因为日益平等而日益软弱，如果不彼此联合起来，在工业上就不能有任何作为。然而，政府自然会想把这些联合组织置于自己的控制之下。

应当承认，被称为社团的这种集体，比单个的个体更强大，更具有威慑力，而且这些组织对自身行为承担的责任要小于个人。因此，不让它们像个人那样对政府有较大的独立性，似乎是合理的。

统治者之所以倾向于这么做，还跟他们的喜好有关。在民主国家，公民只有联合起来才能对中央政权进行有效抵抗，所以中央政府对于不受自己控制的社团向来持不欢迎的态度。特别值得指出的是，在民主国家，公民们本来很需要社团，却往往对其怀有某种恐惧和嫉妒，因此不能很好地捍卫社团。在普遍性的软弱和不稳定的背景下，这些特殊的小团体所拥有的力量和生命力，使他们感到吃惊和不安。他们甚至会认为每个社团自由运用自身的能力是一种危险的特权。

另外，在我们这个时代诞生的社团，都是一些新法人。它们没有世袭的权利，在它们诞生的这个时代，个人权利观念淡薄而国家权力大得无限。因此，它们一出生便失去了自由，这是不足为奇的。

在所有的欧洲国家，有一些社团未经国家审查其章程和批准其成立是不能创设的。有些国家正努力将这套办法应用于所有的社团。如果成功的话，其后果是不难想象的。

一旦统治者拥有按一定的条件批准各种社团成立的全权，他接着便会要求取得监督和领导社团的权力，以使社团不偏离他定下的规则。如此，国家先是使所有想要结社的人从属于自己，然后又使得那些已经结社的人处于附属地位，也就是说，几乎使所有生活在这个时代的人附属于国家。

统治者们便这样将工业在当今世界所创造的新力量大部分据为己有和为己所用。工业主宰着我们，而统治者们主宰着工业。

我特别重视刚才所讲的一切，唯恐不能很好地表达自己的想法。

要是有哪位读者觉得我为了说明道理而举的例子不够充分或不恰当，认为我关于国家权力扩张的某些想法有些夸张，而对个人独立仍能活动的范围说得过小，那么，我请他暂时放下手中的书，亲自考察一下我在书中阐述的事物。请他仔细观察每天发生在我们身上和我们周围的一切，请他询问自己的邻居，最终请他审视自己的生活。如果他不能独自通过其他道路抵达我想要引他去的地点，那么一定是我出错了。

读者会发现，在过去的半个世纪，中央集权在各地以不同方式扩张。各种战争、革命、征服都促进了中央集权的发展。所有人都为中央集权的扩张出了力。在这个时期，重大事件层出不穷，各式人物轮番登场，他们的观念、利益和激情大不相同，然而都想以某种方式实行中央集权。对中央集权本能的爱好就好像是他们生活和思想无穷变化中唯一的不动点。

读者在观察到这一人类生活的细节之后，如果想要对它进行整体把握，就一定会大吃一惊。

一方面，最稳固的王朝都开始摇摇欲坠或已经垮台。各国人民以暴力方式逃脱王法管制，他们要么摧毁，要么限制领主和君主的权威。所有还未发生革命的国家至少看上去都惴惴不安，因为同样的革命精神随时可能点燃这些国家。另一方面，在无政府状态盛行的这一时期，在桀骜不驯的这些民族中间，社会权力在不断增强其特权。它变得更集中、更积极、更专断，范围也更大。公民每时每刻都受到国家行政机关的控制。他们渐渐地，好像毫无知觉地，每天都向国家行政机关牺牲自己的一部分独立。这些推翻君主宝座，将国王踩在脚底的人，却越来越不加抵抗地顺应一个政府小职员的要求。

因此，在我们这个时代，似乎同时发生了两种方向相反的革命：一种革命在不断削弱政权，另一种在不断加强政权。历史上再没有哪个时代像如今这个时代一样，政权显得如此软弱而又如此强大。

但是，只要我们仔细观察世界局势，便会发现这两种革命有着内在的联系，它们同出一源，虽然路线不同，但最终都会把人引向同一地点。

我不怕一再重复我在本书许多地方已经说过和指出的一点：千万不要将平等本身与把平等引入社会状况和法律的革命混为一谈。而人们之所以对一些现象感到吃惊，正是因为把两者混淆起来了。

欧洲所有的古老政权，不管强大还是弱小，都于贵族时代建立，它们都不同程度地代表或捍卫不平等和特权原则。为了让不断扩大的平等所产生的新需求和新利益能够在政府中占据优势地位，当代人就必须推翻或限制旧的政权。于是他们去闹革命。一切革命，无论其目的如何，总是会在很多人心中激起对混乱和独立的疯狂爱好。

我相信，不管在欧洲什么地方，要么是平等的发展导致所有权状况和人的状况发生激烈改变，要么是这种激烈改变导致平等的发展。无论怎样，所有这些改变都伴随着严重的无政府状态和种种暴行，因为这些改变是国民当中最无教养的一群人为反对最有教养的一群人而发起的。

由此产生了我刚才指出的那两种相反的倾向。只要民主革命方兴未艾，那些急于摧毁反革命的旧贵族政权的人都会表现出极大的独立精神。随着平等越来越取得压倒性的胜利，他们渐渐放弃了平等使他们产生的自然本能，而去加强和集中国家权力。起先，他们想要自由以获取平等，随后，借助于自由，他们逐渐建立起平等，这时却无法很好地享受自由了。

这两种状态并非总是相继出现。比如，我们的父辈在逃脱贵族统治和抵抗国王权势的同时，建立起了一个庞大的暴政，从而告诉世人获取独立同时又失去独立的方法。

当代人会发现旧政权纷纷垮台，会看到旧势力一个个走向灭亡，一切旧的阻碍都倒下了。这种现象会扰乱人的判断力，甚至是聪明人的判断力。他们只注意到眼前发生的这场轰轰烈烈的革命，就以为人类从此要进入无政府状态了。而如果他们想到这场革命的最终结果，他们也许会产生其他恐惧。

至于我，我承认自己并不相信我的同代人看上去洋溢着的自由精神。我固然看到当今各国都在激烈变动，但我并未清楚地发现它们是朝着自由主义的方向发展。我担心，在这些动摇王座的暴动平静之后，统治者会比以往任何时候都得到更大的权力。

第六章　民主国家害怕哪种专制

我在美国期间已经注意到，像美国人那样的民主社会状况可能会给专制的建立创造甚为便利的条件。回到欧洲之后，我发现欧洲大多数君主已在利用这种社会状况所产生的观念、情感和需求来扩张自己的权力。

这使我相信，基督教国家最终也许会受到类似于古代某些国家所受的那种压迫。

对这个问题更深入的考察和五年来的新思考丝毫没有减轻我的担忧，但使我担忧的对象改变了。

过去从未有哪个君主专断和强大到能不借助于次级权力而独自管理帝国的每一片疆土；也没有哪个君主试图不加区别地让全体臣民从细节上遵守同一个制度；更没有哪个君主亲自走到每个臣民身边去指挥和引导他们。这样的观念在从前不存在。即使哪个人产生过这样的念头，知识的不足、行政手段的不完善，尤其是身份不平等带来的自然障碍，也会阻止他实施一个如此庞大的计划。

我们知道，在罗马帝国鼎盛时期，居住在罗马版图内的不同民族仍然保留了各自的风俗习惯。虽然被同一皇帝统治，但大部分地区都实行独立管理。这些地区的城市都很强大和活跃。虽然帝国的统治权集中在皇帝一个人手里，必要时皇帝可以独断一切，然而在一般情况下，社会生活的具体细节和个人日常生活却可以逃脱他的控制。

确实，皇帝拥有不受制约的巨大权力，可以随心所欲地利用整个国家的人力物力，做出各种荒唐之事。皇帝还经常滥用私权随意夺取一个公民的财产乃至生命。他们的暴政沉重压迫着一些人，却并不扩及大多数人。暴政只以某些重大事物为对象，而放过其他东西。暴政是残酷的，但范围有限。

如果专制在当今民主国家建立起来，似乎会有不同特点，其范围更广，手段更温和，使人失去尊严却并不直接折磨人。

我不怀疑，在如今这个启蒙和平等的时代，统治者比古代任何一个帝王都更容易将一切公权集中到自己手里，都更习以为常、更深入地干涉私人利益空间。不过，平等在促成专制的同时，也对其产生了缓和作用。我们已经看到，随着人们日益相似和平等，公共风气趋于人性化和温和。当任何一个公民都没有巨大的权力和财富的时候，从某种意义上来说，专制就缺少实施的机会和舞台。如果所有人的富裕程度都一般，激情自然有所节制，想象力也受到限制，享乐也将是简朴的。这种普遍的节制会影响到统治者本人，使得他将不合理的欲望限制在一定程度之内。

除了这些来自社会状况性质的原因之外，我还可以举出许多话题范围之外的原因。但是，我不想超出自己为自己规定的范围。

民主政府可能在激变和大难时变得粗暴甚至残忍，但这些危机将是少见而短暂的。

我一想到现代人温吞的激情、恭顺的习性、广泛的学识、纯洁的宗教、良好的道德、勤劳规矩的习惯，想到他们既无重大恶习亦无重大德行，我就不担心他们会遇到一个暴君式的领袖，我担心的是监护人式的领袖。

因此我认为，民主国家可能遭受的压迫丝毫不同于在世界历史上已经发生过的那些压迫。现代人在他们的统治者身上看不到那些压迫者的影子。我自己也找不到一个合适的词来表达和定义我已经形成的这一观念。专制、暴政之类的词根本就不适用。事物是新的，既然我无法给它命名，就试着先去定义它。

我试图想象专制在这个世界上发生时会有什么样的新特征。我看到数不清的相似而平等的人，整天为了追逐一些渺小而平庸的享乐忙碌个不停，他们就靠这些享乐来填塞自己的灵魂。人与人之间是疏离的，每个人都对他人的命运漠不关心。对于一个人来说，子女和朋友就是整个人类。至于其他同胞，他虽在他们身边，却视而不见；虽触摸到他们，却毫无感觉。他只靠自己也只为自己而存在。如果说他还有个家的话，至少可以说他已经没有祖国了。

在这些人之上耸立着一个巨大的监护性政权，独自保障他们的享乐，负责照看他们的一生。这是一个专制的、深入细节的、常规性的、有预见性的、温和的政权。它像是父权——如果也和父权一样，旨在让人们做好进入成年生活的准备的话，可它不是。相反，它只希望人们无可救药地永远停留在童年。它喜欢看到人们享乐，只要人们不想别的只图享乐。它心甘情愿地为了人们的幸福而工作，但是它要求成为他们唯一的代理人和仲裁人。它保障他们的安全，预见和满足他们的需求，创造便利供他们享乐，指挥他们的主要活动，领导他们的工业，管理他们的遗产继承，分配他们的遗产，这不是让他们完全不用费心去思考、费力去生活吗？

就这样，它使得公民的自由意志越来越没有用处，也越来越少得到使用。它把公民的意志活动限制在很小的范围内，使每个公民逐渐失去自我生存的能力。平等使人养成了接受这一切的习惯,也就是使人们习惯忍受这一切,甚至将这一切看作是一种恩惠。

统治者就这样将公民一个个置于自己的铁掌之内,按照自己的心意塑造他们,最后控制了整个社会。他用那些琐碎、复杂、详尽、统一的规章制度交织成一张大网,即使最有才华、最坚强的人都无法挣脱这张大网,从人群中脱颖而出。他不摧毁公民的意志,但是会软化、弯曲、领导他们的意志。他不强迫公民去行动,但是会不停反对公民的行动。他不去破坏什么,但是阻止新事物诞生。他不暴戾,但是让人觉得不舒服、不自在、不愉快。他使人消沉,使人愚笨。最终,他使得所有国民不过是一群胆怯而又很会干活的牲畜,而政府就是那牧羊人。

我一直相信,我刚才指出的这种平缓、温和、制度化的奴役,会比人们想象的更容易具有某些自由的外表,而且不是不可能在人民主权的背后建立起来。

现代人不断同时受到两种相对的激情的支配:他们既感到需要被领导,又想保持自由。这两种相对的本能,他们无法消除其中的任何一个,因此就想同时满足二者。他们想到由公民来选举一个单一的、监护人式的、全能的政权。他们把集权和人民主权结合在一起,然后松了一口气。既有监护人保护,又是由自己选出的监护人,如此,他们感到很安慰。每个人都能容忍被系上那根锁链,因为他们看到在那头牵着锁链的,不是一个人,也不是一个阶级,而是人民自己。

在这种制度下,公民们暂时脱离依附地位,出来指定一个主人,然后又回到原先的位置。

如今很多人轻易就接受了行政专制和人民主权之间的这种妥协,认为只要将个人自由托付给国家政权,个人自由就能得到很好的保障。这对我来说是不够的。对我而言,无论主人的性质是什么，都无法改变服从这一事实本身。

然而，我并不否认，这种政体远胜过将一切权力集中在一个人或一个不负责任的团体手里的政体。在民主专制可能具有的一切不同形式当中，那种政体是最恶劣的。

当统治者是选举产生的或受真正选举的独立的立法机构监督的时候，他施加给个人的压迫有时更大。但这种压迫不那么让人感到屈辱，因为虽然统治者管制着每个公民，使其处于软弱无力的境地，但公民在服从的时候会以为服从的是自己，以为是为了自己的一个意志而牺牲了自己的其余意志。

我也理解，当统治者代表国家和依靠人民的时候，从每个公民身上拿来的力量和权利不仅服务于国家元首，也有利于国家本身，而个人为了国家牺牲了自己的独立，这种牺牲也能得到某种程度的补偿。

因此，在一个非常集权的国家建立国民代表制度，可以减少高度集权可能造成的危害，但无法根除弊端。

我完全清楚，用这种方法可以让个人参与重大事务，但是在小事和私事上却取消了个人自由。不要忘记在小事上奴役人是最危险的。假如在大事和在小事上的自由能够分别独立存在的话，我宁愿相信在大事上的自由不如在小事上的自由必要。

小事上的服从每天都能看出来，而且每个公民都能感受到。这种服从并不使他们绝望，但处处使他们受限，最终使他们放弃使用自己的意志。它使公民的精神之火渐渐熄灭，心灵之光逐渐暗淡。而只在极少数严重情况下才有的服从，只是远远地表现出奴役，而且只施加在某些人身上。你让公民如此依附于中央政权，再让他们时不时地选出这个政权的代表，这是徒劳无益的。这如此重要，然而却如此短暂和稀少的对自由意志的运用，无法阻止他们渐渐失去独立思考、感受和行动的能力，逐渐丧失人格。

我还要补充一点：他们不久将无力行使他们仅存的唯一的重大特权。民主国家将自由引入政治领域，同时又在行政系统加强专制，因此必然会产生一些离奇的现象。一些仅凭常识就可处理的小事，它却认为公民没有能力自己完成；而涉及国家管理这样的大事，它却赋予公民巨大的特权。它使得公民一会儿是统治者的玩物，一会儿是统治者的主人；一会儿胜似国王，一会儿不配做人。它尝试过各种各样的选举制度而始终找不到合适的，吃惊不已，但还是去找，就好像它意识到有问题，但并不认为问题在于国家的政体，而认为在于选举制度。

确实，很难想象一个完全失去自我管理习惯的民族，能够为自己挑选出合适的领导人。也不应相信，一个充满活力与智慧的自由政府，会从一群奴隶所举行的普选中产生。

我一直认为，上层是共和制而其余部分是极端君主制的政体是个短命的怪物。统治者的腐败和被统治者的低能，迟早会使这个怪物灭亡。而对自己和自己的代表感到厌烦的人民，要么会创造出更自由的制度，要么将重新匍匐在一个独夫脚下。

第七章　以上各章的延续

我相信，在一个身份平等的国家比在其他国家更容易建立一个专断极权的政府。我同时相信，一旦在这样的国家建立起这样的政府，不仅政府会压迫人民，而且长此以往，它会使每个人都丧失一些人的属性。

因此，在我看来，专制在民主时代是最使人害怕的。

我想不管在什么时代我都是热爱自由的，但在如今我们这个时代，我简直要崇拜自由。

此外，我坚信，在我们即将进入的这个时代，任何想要将自由建立在特权和贵族制基础上的企图都会失败，任何想要将统治权赋予和保留给唯一一个阶级的企图也会失败。如今没有哪个统治者能够精明强大到通过在臣民中间建立永久的差别来建立专制；也没有哪个立法者高明强大到能不以平等作为第一原则和象征来维护自由制度。因此，当代人凡是想要创造和捍卫人类独立和尊严，就必须表现得热爱平等；而表现的唯一手段，就是在事实上与他人平等。他们的这项神圣事业成功与否，完全取决于此。

因此，问题不在于重建一个贵族社会，而是在上帝让我们生活的这个民主社会内部发掘自由。

在我看来，这前两条真理是简单明了的，而且会带来成效。它们使我自然而然地去思考，在人民身份平等的国家可以建立起怎样的自由政府。

民主国家的政体和它们的需求决定了在民主国家，统治者的权力要比在其他国家更统一、更集中、更广泛、更深入、更强大。在民主国家，社会自然比较活跃和强健，而个人比较顺服和软弱。一个做得多了，另一个就做得少了。这是必然的。

因此，不应指望个人在民主国家和在贵族制国家拥有同样大的独立性。不应该存有这样的希冀，因为在贵族制国家，常常为了个人而牺牲社会，为了成就某些人的伟大而牺牲大多数人的幸福。

领导一个民主国家的中央政权可以而且必须是积极而强大的。我们要做的，并非是使其变得软弱懒散，而是防止其滥用自己的能力和力量。

在贵族时代，最能够保证个人独立的原因，是君主并非独自领导和管理公民，而是让贵族成员参与进来。如此，社会权力便受到分割，不会整个地以同一方式倾轧在个人身上。

不仅君主不独揽一切，而且代表他的大部分官员也不总是受他控制，因为他们的权力并非来自君主，而是来自他们的出身。君主不可以在任何时候随意授予和免除他们的官职，让他们统一受自己意志的支配。这对个人独立也起到了保障作用。

我很清楚，在如今这个时代，不能再求助于同样的手段，但是我看到一些代替性的民主措施。

把从各种自治团体或贵族手里收回的行政权不完全交给统治者，而部分地分给由普通公民临时组成的次级团体。这样，个人的自由将会更有保证，而他们的平等丝毫不会受损。

美国人不像我们法国人那样咬文嚼字，他们仍用“县”来称呼最大的行政区，但是县的一部分职权却由州议会行使。

我自然承认，在我们这样一个平等时代，设立世袭官员是不公正也不合理的，但不妨在一定范围内以选举的办法来产生官员。选举是一种民主方法，就像贵族时代的世袭制一样，可以保证官员对中央政府的独立性，这种独立性甚至会超过贵族制下世袭官员的独立性。

贵族制国家充满着一些富裕和有影响力的个人，他们自足自立，不会轻易忍受压迫，哪怕是隐秘的压迫。他们习惯以节制稳重的态度行使权力。

我很清楚，民主国家不会自然而然地产生这样的个人，但可以人为创造出类似的东西。

我坚信，贵族制不会在世界上重新建立起来。但是我认为，普通公民通过彼此联合，可以组成一些十分富裕、有影响力的强大组织，简而言之，组成一些具有贵族性质的法人。

这样，他们就可以获得一些贵族制的重大政治优势，而又不会有贵族制的不公正和危险。一个政治的、工业的、商业的，乃至科学和文艺的社团，就像一个既有知识又有力量的公民。对于这样一位公民，政府无法任意发号施令或暗中加以迫害。这些社团在维护自身利益、抵制政府的无理要求时，也捍卫了全体公民的自由。

在贵族时代，每个人总是和一些同胞紧密联系在一起，因此，只要受到攻击，他们的那些同胞就会赶来帮忙。在平等时代，每个人自然是孤立无援的。他们既没有可以求援的世交的朋友，又没有绝对同情他们的阶级。他们很容易被孤立，遭到压迫而无力反抗。如今，受到压迫的公民只有一种自卫的方法，那就是向全体国民求援。如果国人充耳不闻，那就向整个人类发出呼声。这时能使用的唯一手段是报刊。因此，出版自由在民主国家要比在其他国家更珍贵。只有出版自由可以医治平等可能造成的大部分恶果。平等使人孤立和失去力量，但报刊给予了每个人一个强大的武器，即使是最软弱和最孤立的人都可以加以利用。平等使每个人都失去了亲友的支持，但借助报刊，他们可以向所有同胞和整个人类求援。印刷术促进了平等的发展，同时又是医治平等恶果最好的药方之一。

我认为，生活在贵族制下的人并非绝对需要报刊自由，而民主国家的人则绝对需要。我不相信大规模的政治集会、议会的特权以及人民主权宣言能够保障民主国家的个人自由。

所有这些事物在某种程度上都和对个体的奴役是一致的，但如果报刊自由得以实行，这种奴役就不可能是完全的。报刊是保卫自由的绝佳民主工具。

对于司法权，我也有类似的看法。

司法权出于本质会照顾个人利益，也愿意关注人们呈现在它眼前的琐碎事务；同样，出于本质，司法权不会主动援助那些受压迫者，但是一直可以为最卑微者服务。这些人尽管软弱，却总是可以迫使法官听取他们的控诉并要求得到答复。这是司法制度本身使然。

因此，在一个统治者不断注意和干涉国民的最微小行为，个体过于软弱而不能自卫，过于孤立而不能寄希望于同胞援助的时代，司法权特别能够满足自由的需要。不管在什么时代，法庭的力量始终是维护个人独立最有力的保障，而在民主时代，这一保障尤其重要。如果司法权不随着平等的发展而增长和扩大，个人权利和利益便总是会受到损害。

平等使人产生几种相当危害自由的倾向，对此立法者应该始终保持警惕。我现在只谈一谈其中的主要倾向。

生活在民主时代的人不容易理解规章的功用，对规章抱有一种本能的蔑视。我已经在其他地方解释过原因。他们不仅蔑视，而且经常仇视规章。通常他们只渴求眼前容易达成的享乐，所以急不可耐地冲向他们所追求的每一享乐对象，如若不能立即得到满足，便会陷入绝望。他们把这种性情也带进了政治生活，对时常拖延或阻止他们实现某些计划的规章抱有敌对态度。

但是，民主时代的人在规章上感到的不便，正是规章有利于自由的地方，因为规章的主要功用在于在强者和弱者之间、统治者和被统治者之间树立一道屏障，延缓强者或统治者的决定，使弱者或被统治者有时间考虑对策。随着统治者更加积极和强大，个人变得更加萎靡和软弱，这时候规章就越发显得重要。因此，民主国家的人自然比其他国家的人更需要规章，但他们却又很自然地不太尊重规章。这个问题值得认真对待。

再没有什么比大部分当代人极端蔑视规章的问题更可悲的了，因为一些最小的规章问题现在都具有了以往所没有过的重要性。人类的若干重要利益，都与规章问题紧密相连。

我认为，如果说生活在贵族时代的政治家有时可以随便轻视规章，并且经常凌驾于规章之上，今天的各国领导人对于最细微的规章却都应该加以尊重，只有万不得已之时才能撇开规章。在贵族制下，人们往往迷信规章；而我们，则应该对规章采取一种明智而审慎的态度。

民主国家的另一个非常自然而又十分危险的本能，是蔑视和不太考虑个人权利。

一般来说，人们之所以热爱一项权利并对这种权利表示尊重，是因为这项权利很重要，或者是因为被人们长期享用。在民主国家，个人权利一般都不太重要，而且是新近出现和非常不稳定的。这就使得人们往往轻易牺牲个人权利，侵犯了个人权利也几乎毫无悔恨之心。

但是，在人们出自本能地蔑视个人权利的同时，在同样的国家，社会权力却自然而然地扩大和加强。也就是说，在人们最需要保持和捍卫仅存的零星个人权利的时候，却越来越不重视个人权利。

因此，尤其是在我们如今所处的民主时代，人类自由与光荣的真正友人们，应当不断站起来，随时准备阻止国家权力为全面推行其计划而牺牲某些个体的权利。在这个时代，没有哪个公民默默无闻到可以毫无顾忌地对之施以压迫，没有哪种个人权利轻微到可以被人拱手交给专横的当局。理由很简单：在个人权利被视为重要而神圣的权利的时代，侵犯某个人的个人权利只是侵害到这个人本身；而在如今，侵犯个人权利就是严重腐化国民的心理和习惯，危害整个社会，因为关于这种权利的观念将在我们中间逐渐蜕变和消失。

有一些独属于革命阶段的习惯、观念和恶行，一场长期革命，无论其性质、目标和舞台如何，必定会催生和普及这些习惯、观念和恶行。

任何一个国家如果在短期内多次更换国家元首，改变舆论和法律，其人民终究要染上对政治运动的喜好，并对各种运动借助于暴力所造成的一切习以为常。于是，他们自然蔑视每天都在表明无用的规章，他们亲眼见证人们屡次违反法规，因此只是出于无奈才忍受法规的约束。

由于公正和道德的一般概念不足以解释和论证革命每天都在创造的新事物，人们便谨遵社会效用原则，创造政治必要性理论，自愿习惯于心安理得地牺牲个人利益，践踏个人权利，以期在最短时间内达到他们所设想的总体目标。

我把这些习惯和观念称之为革命的习惯和观念，因为一切革命，无论发生在贵族社会还是民主社会，都会催生出这些习惯和观念。但是在贵族社会，这些习惯和观念往往不那么强势，也不太持久，因为贵族社会本身含有的一些习惯、观念、弱点和缺陷在抵制它们。因此，一旦革命结束，这些习惯和观念便自行消失，而国家也恢复到原先的政治状态。民主国家的情形却并非总是如此。在民主国家，需要担心的是，革命本能虽然有所缓和与节制，但并未完全熄灭，可能逐渐演化为政府作风和行政习惯。

因此，我不知道还有什么国家比民主国家发生革命更危险，因为除了革命必然会带来的一些偶然和临时的害处之外，革命在民主国家还可能造成长期的，甚至是永久的危害。

我相信存在正当的抵抗与合理的造反。因此，我的意思并不是说，民主时代的人们绝对不应该革命，但是我认为他们比其他国家的人民更应该三思而后行，哪怕忍受相当不足的现状，也胜过诉诸如此危险的救治手段。

最后，我以一个整体观念来做总结。这个整体观念不仅涵盖本章所述的个别观点，而且也包括本书所欲陈述的大部分个别观点。

在我们这个时代之前的贵族时代，个人权力是极为强大的，而社会权威非常微弱。甚至社会的形象都是模糊不清的，它消散于管理公民的各种不同权力之间。那个时代的人应该做出的主要努力一方面在于扩大和加强社会权力，增强和保障社会权力的特权，另一方面，要把个人独立限制在一定范围之内，使个人利益服从于整体利益。

在我们这个时代的人，则面临另一种危险和另一种顾虑。

在大部分现代国家，无论统治者的出身如何，体格是否健康，家族是否显赫，他们几乎总是独揽大权，而个人则逐渐变得软弱不堪，依附性极强。

在从前的社会，情形迥然不同。那时候，任何地方都没有统一或一致的现象。而如今，一切都可能变得相似，每个人的个体特性即将完全消失在大众形象之中。我们的祖辈总是盲目崇尚一个观念，即个人权利应当受到尊敬；而我们则自然而然地夸大了另一种观念，即个人利益应该服从多数人的利益。

政治世界正在变化，今后必须寻找新的方法去解决新问题。

给社会权力规定广泛、明确而固定的界限；让个人享有一定的权利并保证个人不受阻碍地享受这些权利；保护个人已经所剩无几的独立性、影响力和创造力。提升个人地位，使其与社会平起平坐，并在社会面前支持个人。在我看来，这些就是民主时代的立法者应该达成的首要目标。

当今的统治者似乎只想率领人民去成就伟大的事业。我希望他们多一点考虑去造就伟大的人，少看重事情本身而多看重做事的人，希望他们时刻谨记在心：一个国家如果每个国民都羸弱不堪，那这个国家不可能长期繁荣强大；迄今为止，还没有发现哪种社会制度或政治组织能够以一群胆怯软弱的公民来造就一个充满活力的国家。

我发现当代人有两种对立的却都有害的观念。

一些人只看到由平等引发的无政府主义倾向。他们害怕自己的自由意志，即自己害怕自己。

另一些人知识水平更高，人数较少，他们持另一种观念。他们发现，在由平等通往无政府状态的大道旁边，还有一条隐秘的小道，这条小道似乎会不可避免地将人们引向奴役。他们的灵魂已经屈服于这必然而至的奴役。由于对保持自由感到绝望，他们的内心已经开始崇拜这即将出现的主人。

第一种人放弃自由是因为他们认为自由是危险的，第二种人是因为他们认为自由是不可能实现的。

如果我属于第二种人，就不会写下这本书，而只会在内心悲叹人类的命运。

我之所以要将平等给人类独立造成的危害公之于众，是因为我坚信这些危害是未来隐患中最可怕也是最难预料的。但我认为它们并不是不可克服的。

生活在即将到来的民主时代的人们天生爱好独立。他们自然是无奈地忍受统治。社会现状尽管是他们自己选定的，但要是长久不变也会让他们感到厌烦。他们喜爱权力，但容易蔑视和憎恶行使权力的人。他们因为自身渺小和流动性强，容易逃脱权力的控制。

这些本能倾向总是存在的，因为它们来源于社会状况本身，而社会状况不会改变。在很长时期内，这些本能倾向将阻止任何极权的建立，并且给予每一代人为了自由而战的新武器。

因此，让我们对未来保持有益的担心，提高警惕，做好战斗的准备，而不要畏缩胆怯，让恐惧击倒信心和斗志。

第八章　主题概览

在结束我的研究之前，我想最后扫视一遍新世界面貌呈现的所有特征，判断平等对人类命运可能造成的整体影响。但这项工作的艰巨性使我止步不前。在如此重大的课题面前，我感到自己的视野不够清晰，智力不能胜任。

我试图描绘和评价的这个新社会才刚刚诞生。时间还未使它定型。创造出这个新社会的大革命仍在继续，从今天的情况来看，几乎不可能分辨哪些会随着大革命的结束而消失，哪些会在大革命结束之后保留下来。

新世界还有一半陷在衰败的旧世界的残垣断壁中。在世间万物呈现的巨大混乱中，没有人能指出旧制度和古老风俗的哪些部分能历经大劫而不倒，哪些部分将永远消失。

尽管人类的社会状况、法律、观念和情感所经历的革命远未结束，但这场革命现有的壮观程度已是史无前例。我往前追溯，一直追溯到远古时期，仍然找不到什么可以拿来跟眼前发生的一切相比。过去无法给未来提供借鉴，思想只能在黑暗中摸索。

然而，在这幅如此广阔、如此崭新而混乱的图景中，我已看出几点初具轮廓的重要特征，现在就来谈一谈。

我看到，世界上善与恶的分布相当平均。巨富已经不见，小康之家增多。各种欲望和享乐层出不穷。既无巨大的繁荣亦无极端的悲惨。人人都有上进心，但鲜有胸怀大志者。每个人都是孤立而软弱的，但社会却是活跃、有预见性和强大的。个人做小事，国家做大事。

人的精神乏软无力，但民风温和，法制人道。尽管见不到伟大的献身精神，无比高尚、光辉、纯洁的美德，但人们的习惯温良，不崇尚暴力，残暴行为几乎闻所未闻。人的寿命延长，财富越来越有保障。生活不那么光鲜亮丽，但是安逸平和。没有十分高雅也没有十分低级的趣味。不讲究繁文缛节，也绝少粗鲁的言行。既没有知识渊博的雅士，也没有愚昧无知的白丁。天才更为罕见而知识更为普及。所有人都献出各自微小的力量，共同推进人类精神的进步，而这进步在从前是由某几个人强力推动的。文艺作品杰作不会太多，但作品数量大为增加。一切种族、阶级、国别的联系都将消失，但人类的大团结却要增强。

如果要从所有这些特点中找出最普遍和最显著的那个，我会说，表现在财富上的特点也表现在其他方面。几乎一切极端都得到缓和与弱化；几乎一切突出点都消失了，被某种中等程度的东西所代替，与之前见到的相比，显得不高不低，不明不暗。

我看着芸芸众生全是一副相似的面孔，没有出类拔萃之人，亦无愚昧落后之徒。这番整齐划一的景象真使我感到悲凉，我几乎要怀念那一去不复返的社会。

当世界上充满着极为伟大和极端卑贱的人，极为富有和极端贫困的人，极为博学和极端无知的人，我的视线总是绕过后者而只关注前者，前者令我身心愉悦。但是我知道，这一快乐来自我的弱点。因为我不能同时看到身边的所有事物，所以会选择性地只观察那些赏心悦目的事物。全能的永恒的上帝就并非如此。他的目光必然及于所有事物，并且能把整个人类和每个人同时看得清清楚楚。

我们自然相信，这位人类的创造者和守卫者最喜欢看到的并非是某些人的极大繁荣,而是全体人类的最大幸福。因此,我眼中的堕落却是他眼中的进步,让我感到难过的却能使他感到愉悦。也许平等不那么高贵,却更加公正,而公正造就了它的伟大与美丽。

我努力循着上帝的目光去观察,希望能以这样的目光来考量和判断世间万物。

世界上没有一个人能够绝对和全面地断言新的社会状况优于旧的社会状况,但已经不难看到它们是不同的。

贵族制国家的体制所固有的一些弊端和美德,与现代民主国家的天性格格不入,因此不能引入其中。有些良好的倾向与恶劣的本性为贵族制国家所没有,而民主国家则自然生成。一方自然产生出来的观念却会被另一方所摈弃。这就像两个截然不同的个体,各有各的优点与不足,各有各的善与恶。

因此,应当警惕用从前社会留下的观念来判断正在产生的社会。这是不公正的,因为这两种社会截然不同,是不可比较的。

同样,要求现代人具有适合他们祖辈的社会状况的美德,也绝对是不明智的。因为那一社会状况已经瓦解,并且使得自身携带的善与恶乱作一团,跟着它一起崩溃。

但是如今,这些道理并没有得到很好的理解。

我发现很多当代人试图从旧社会贵族制中产生的各种制度、舆论和观念中做选择。他们欣然放弃其中一些,而希望保留另一些,将它们移植到新世界。

我认为这些人是在浪费时间和精力,他们的工作虽然出发点是好的,但最终一定没有成效。

我们要做的,不是保留身份不平等给予人们的好处,而是充分利用身份平等可能带来的新的益处。我们不应该竭力模仿祖辈,而应该努力达成属于自己的光荣与幸福。

至于我，在研究接近尾声时，远远地，但是全面回顾我曾分别深入观察的所有对象时，既感到恐惧又怀有希望。我看到一些可以克服的严重危害，一些可以避免或限制的重大弊端，我越来越坚信，民主国家只要愿意，还是能够建成高尚而繁荣的社会的。

我并非不知道，当代有些人认为人活在世间永远做不了自己的主人，而必然要服从于一些不可战胜也不可理喻的外部力量的控制，这些力量来源于历史事件、种族、土地、气候等。

这是一种错误而消极的观念。这种观念只能造就一些软弱的个体和胆怯的民族。上帝创造的人类既不完全独立，也不完全是奴隶。上帝确实在每个人四周划了一个命定的范围，没有人能越界。但是，在这界限以内还有广阔的空间，在这空间里，人是强大而自由的。一个民族也是如此。

当今各国不可能再让自己的国民身份不平等。但是，平等将导向奴役还是自由，开化还是野蛮，繁荣还是贫困，则取决于各国自身了。

“译林人文精选”书目

01.《精神分析引论》
■［奥地利］西格蒙德·弗洛伊德 著，洪天富 译

02.《精神分析新论》
■［奥地利］西格蒙德·弗洛伊德 著，洪天富 译

03.《国富论》
■［英国］亚当·斯密 著，章莉 译

04.《查拉图斯特拉如是说》
■［德国］弗里德里希·尼采 著，杨恒达 译

05.《理想国》
■［古希腊］柏拉图 著，张竹明 译

06.《战争论》
■［德国］克劳塞维茨 著，张蕾芳 译

07.《达·芬奇笔记》
■［意大利］莱奥纳多·达·芬奇 著，周莉 译

08.《论人类不平等的起源和基础》
■［法国］让—雅克·卢梭 著，黄小彦 译

09.《自然史》
■［法国］布封 著，陈筱卿 译

10.《论美国的民主》
■［法国］阿列克西·德·托克维尔 著，曹冬雪 译

11.《乌合之众》
■［法国］古斯塔夫·勒庞 著，陈剑 译

12.《社会契约论》
■［法国］让—雅克·卢梭 著，黄小彦 译

13.《菊与刀》
■［美国］鲁思·本尼迪克特 著，陆征 译

14.《沉思录》
■［古罗马］玛克斯·奥勒留 著，梁实秋 译

15.《君主论》
■［意大利］尼科洛·马基雅维里 著，阎克文 译

16.《旧制度与大革命》
■［法国］阿列克西·德·托克维尔 著，李焰明 译